Istrien

mit Kvarner-Bucht, Krk, Rab
Cres und Lošinj

Franz Wille

GPX-Daten zum Download

www.kompass.de/gpx

Kostenloser Download der GPX-Daten der im Wanderführer enthaltenen Wandertouren. Mehr Informationen auf Seite 3.

AUTOR

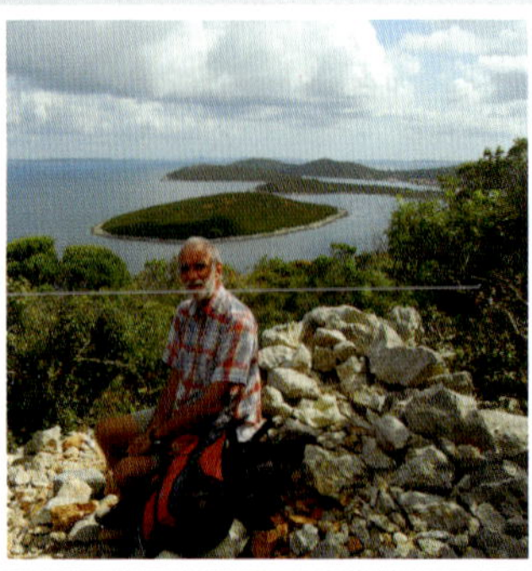

Franz Wille, gebürtiger Tiroler, ist passionierter und erfahrener Wanderer. In Innsbruck studierte er Deutsch und Geografie und unterrichtete anschließend am Gymnasium in Landeck. Seit seiner Pensionierung lebt er in Wien und und im Waldviertel und schreibt mit Engagement Wanderführer über seine liebsten Regionen. Im Kompass-Verlag sind die Wanderführer „Ligurien mit Cinque Terre", „Sizilien und Liparische Inseln", „Vierwaldstättersee, Gotthard", "Zürich, Zürichsee" und „Rennsteig" erschienen. Kontakt: franzwille.jimdofree.com

VORWORT

Istrien ist in erster Linie als beliebtes Urlaubsziel der Sonnenanbeter und Wassersportler bekannt. Doch auch Wanderfreunde werden begeistert sein – die unterschiedlichen Landschaften mit Küsten, Hügelland, Gebirgen und Inseln garantieren vielfältigen Wandergenuss, besonders im Frühjahr und Herbst, wenn die Temperaturen angenehm sind. Ähnlich vielfältig wie die Landschaften ist auch die Küche, hier vermengen sich Meer, Balkan und die k. u. k.-Tradition zu regionalen Spezialitäten. Und auch der Kulturinteressierte wird bei den Wanderungen viel zu entdecken haben in diesem Raum mit seiner bewegten Geschichte von der Römerzeit bis heute.

Da Kroatien bestrebt ist, die einseitige Ausrichtung des Tourismus auf die Küste zu überwinden, wird im Landesinneren und in den Gebirgsregionen die touristische Infrastruktur schrittweise verbessert, werden Wanderwege ausgebaut und markiert. Mit einer Auswahl schöner Touren soll der Führer dazu beitragen, Land und Leute auf eigene Faust kennen zu lernen. Etliche Wanderungen sind mit öffentlichen Verkehrsmitteln machbar, besonders im Landesinneren ist jedoch das Auto unverzichtbar.

Viel Freude und schöne Wandererlebnisse wünscht Ihnen

Franz Wille

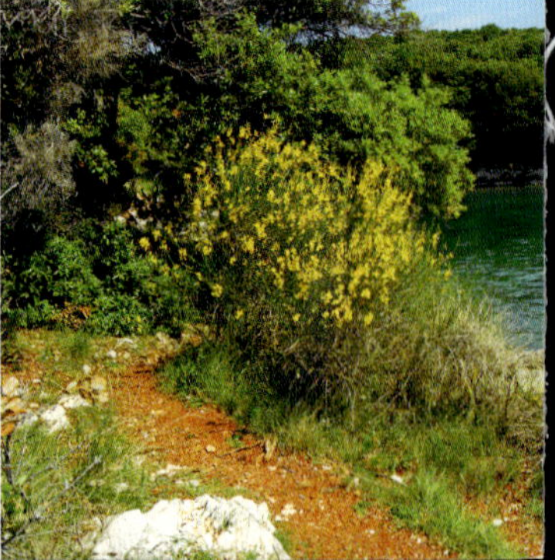

ORIENTIERUNG MIT GPS

Für Navigationsgeräte und Apps haben wir auf unserer Webseite alle Touren im GPX-Format zum Download bereitgestellt:

www.kompass.de/gpx

Hier findet man alle weiteren Informationen. Einfach das richtige Produkt auf der Seite auswählen, die Daten herunterladen und auf das Zielgerät oder in die gewünschte App importieren.

Mehrwert mit Spaßfaktor: Ob vorab zur Planung, als Sicherheit für unterwegs oder zum Erinnern und Archivieren der gegangenen Tour. Die digitale Wanderroute ist in vielerlei Hinsicht wertvoll. Ein Blick auf die Daten hilft Neues zu entdecken und liefert Inspirationen für die nächsten Touren. Alle Wandertouren aus diesem Führer stehen im GPX-Format kompakt und genau zur Verfügung.

Was ist ein GPX-Track? GPX ist ein Datenformat für Geodaten. Das Wort GPS steht für Global Positioning System (Globales Positionsbestimmungssystem). Mit einem GPX-Track bekommt man die rote Linie, also den Wanderpfad, als geografische Koordinaten.

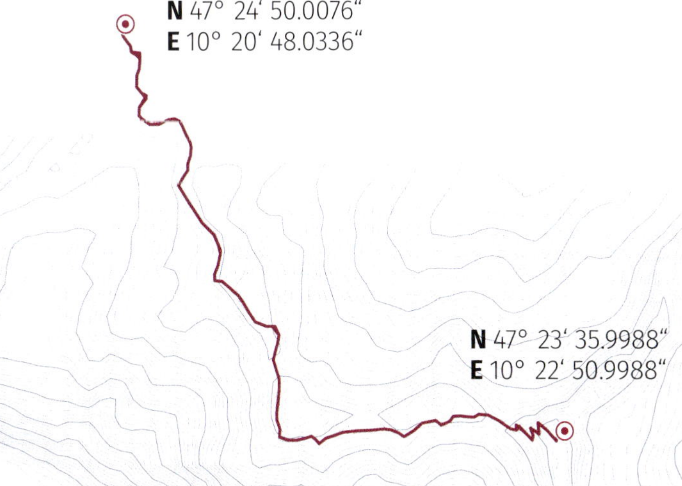

INHALT UND TOURENÜBERSICHT

AUFTAKT

ANHANG

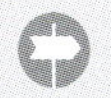 km	 h	 hm	 hm									
11,5	3:05	143	143	✓	✓		✓		✓	✓		238
13,2	3:10	95	95	✓	✓		✓		✓			238
14,6	3:10	143	143	✓					✓			238
10,4	2:45	61	61	✓			✓		✓	✓		238
3,4	1:15	59	54	✓	✓		✓		✓	✓		238
12,4	3:50	59	59	✓	✓		✓		✓	✓		238
11,3	4:00	470	470	✓					✓	✓		238
14,4	4:00	215	215	✓	✓		✓		✓	✓		238
6,1	2:15	309	309	✓	✓		✓		✓	✓		238
15,3	5:00	482	482	✓	✓			✓	✓	✓		238
10	2:30	7	0		✓		✓		✓			238
10,5	3:00	424	424	✓								238
9,4	3:00	156	156	✓	✓		✓			✓		238
16,6	4:20	286	286	✓	✓		✓					238
11	3:00	268	268	✓			✓					238
10,7	3:05	164	164	✓								238
13,7	3:45	246	246	✓								238

INHALT UND TOURENÜBERSICHT

KARSTRAND, ĆIĆARIJA-GEBIRGE

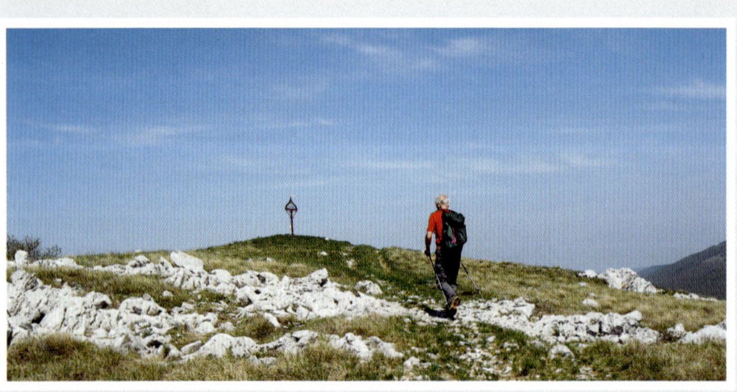

Am Golič (Tour 26)

km	h	hm	hm									
9,6	3:25	437	437	✓			✓					238
11,6	3:20	188	188	✓	✓							238
16,1	4:50	218	218	✓	✓		✓					238
7,5	2:30	282	282	✓	✓		✓					238
6,2	2:00	197	197	✓								238
9	3:20	450	450	✓	✓		✓	✓				238
9,6	3:00	177	177	✓								238
10,1	3:00	242	242	✓								238
13,6	4:10	480	480					✓				238
8,1	2:50	531	531	✓			✓	✓				238
8	3:00	324	324	✓	✓			✓				238
9	2:50	413	413	✓	✓			✓				238
12,8	4:20	549	549	✓				✓				238

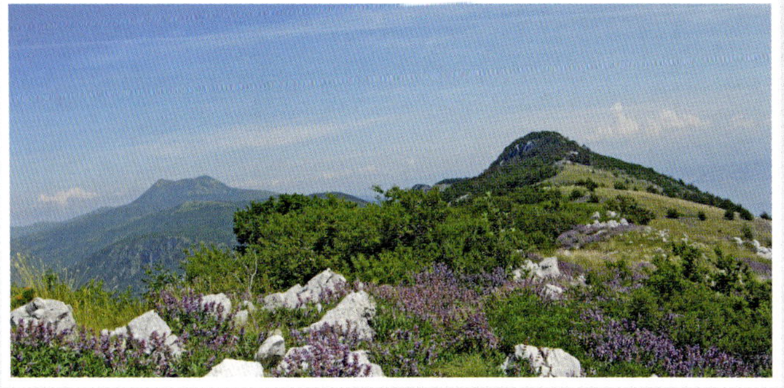

Blick vom Bukovo zum Sisol und Vojak (Tour 31)

INHALT UND TOURENÜBERSICHT

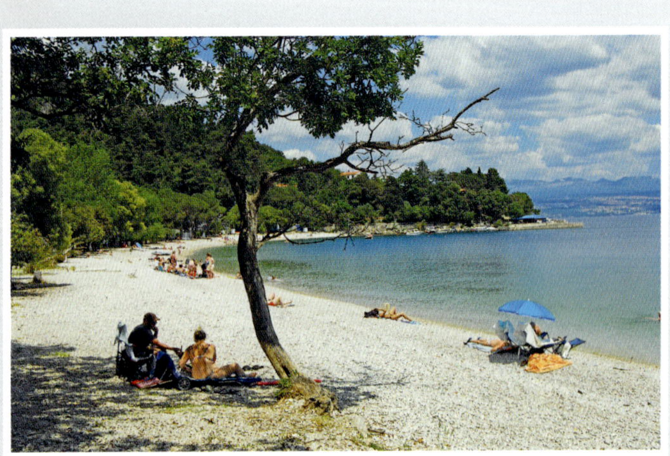

Strand von Medvejain der Vorsaison (Tour 33)

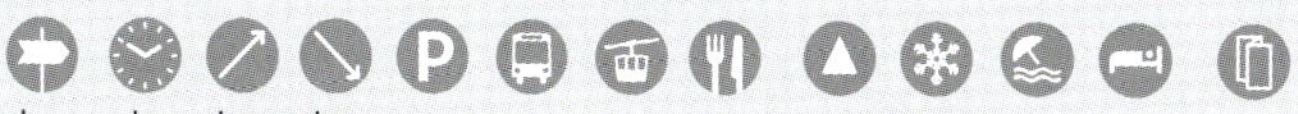

K.K. = keine Karte

km	h	hm	hm									
10,3	4:45	657	774	✓				✓				
11,5	3:20	450	450	✓	✓		✓			✓		238
9	3:30	518	518	✓	✓		✓			✓		238
14,2	4:45	496	521	✓	✓			✓				238
10	2:50	514	514	✓	✓							238
8,8	2:30	470	470	✓	✓			✓				238
12	3:00	80	370		✓							K.K
17,6	5:50	848	848	✓			✓	✓				K.K
14	4:00	456	456	✓	✓			✓				K.K
5,2	2:15	319	319	✓			✓	✓				K.K
11,2	3:25	338	338	✓	✓							2901
17,3	5:25	352	352	✓	✓			✓				2901

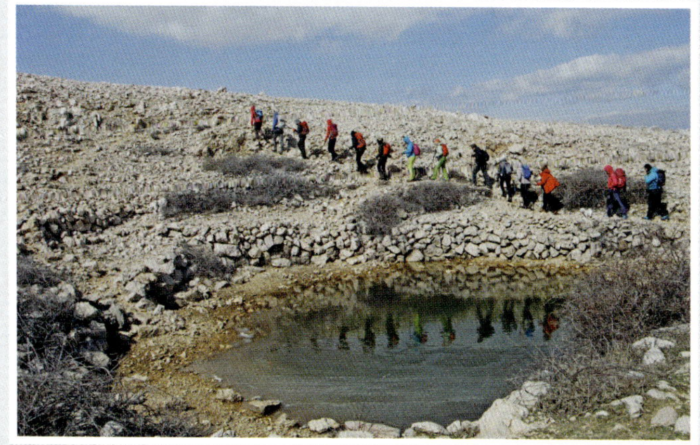

Quellteich im Karst (Tour 43)

INHALT UND TOURENÜBERSICHT

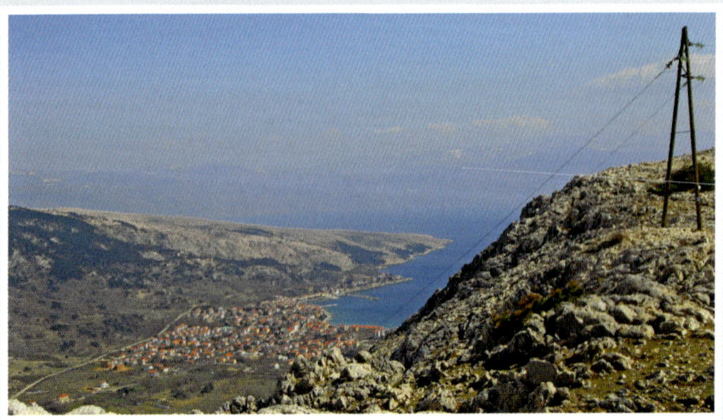

Blick vom Vratudih auf Baška (Tour 46)

km	h	hm	hm									
14	4:00	484	484	✓	✓			✓	✓			2901
10,4	3:00	196	196	✓	✓				✓			2901
13	3:40	335	355	✓	✓		✓	✓	✓			2901
15,5	4:20	420	733		✓			✓	✓			2901
11,5	3:10	408	408	✓	✓		✓	✓	✓			2901
15,1	3:50	113	113	✓	✓		✓	✓	✓			2901
10,8	2:50	140	140	✓	✓				✓	✓		2901
13,6	4:15	445	445	✓	✓				✓			2901
10,7	3:10	260	260	✓	✓				✓			2901
12,5	3:50	368	368	✓			✓		✓			2901
13,4	4:30	583	593	✓	✓			✓	✓			2901
15	4:10	88	88	✓	✓		✓		✓	✓		2901
17	5:20	311	311	✓	✓		✓		✓	✓		2901

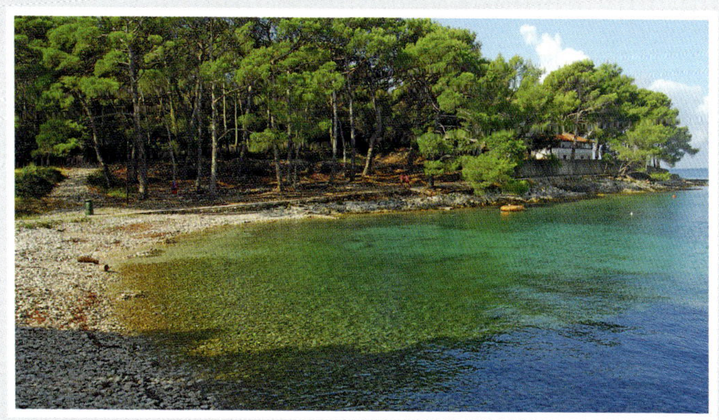

Bucht Slatina, eine der vielen schönen Buchten (Tour 54)

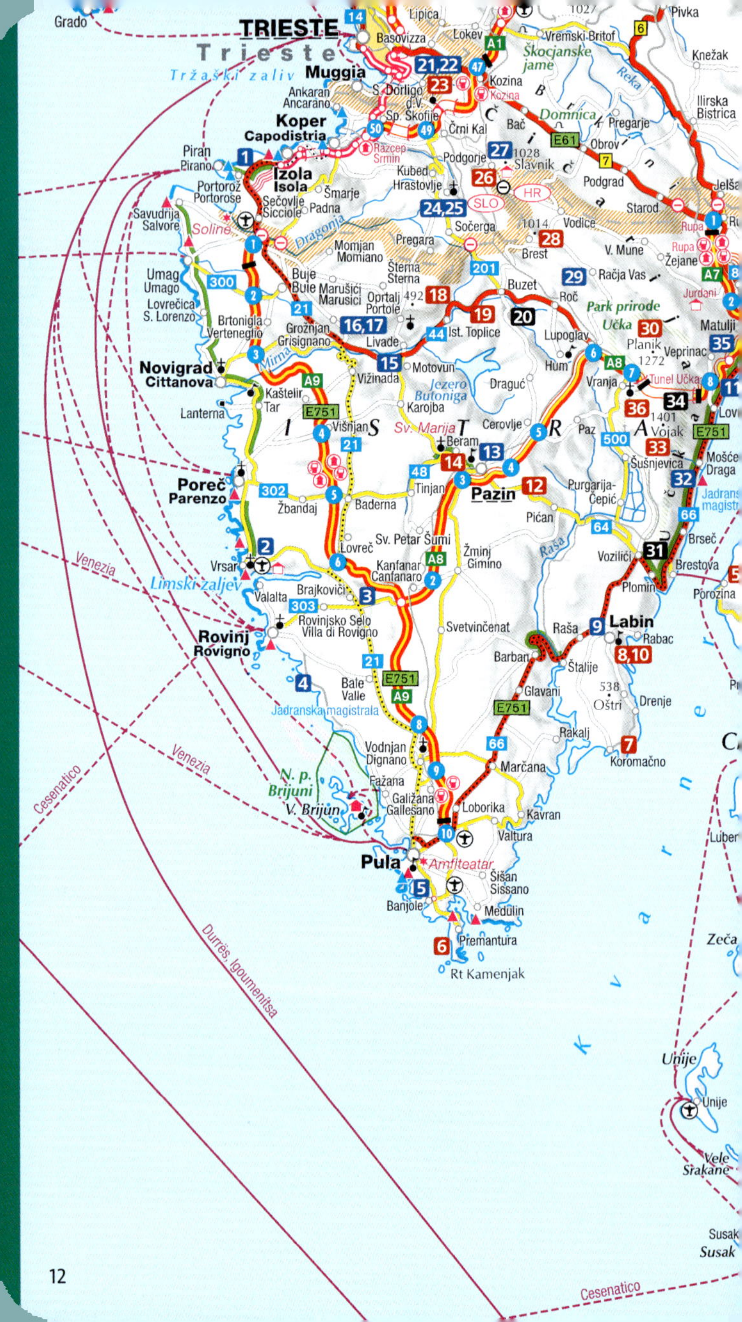

Grado
TRIESTE
Trieste
Tržaški zaliv
Muggia
Lipica
Basovizza
Lokev
Vremski Britof
Škocjanske jame
Pivka
Knežak
Reka
Ilirska Bistrica
Kozina
Ankaran
Ancarano
S. Dorligo d.V.
Sp. Škofije
Črni Kal
Bač
Domnica
Pregarje
Obrov
Koper
Capodistria
Razcep Srmin
Podgorje
1028 Slavnik
Podgrad
Jelšane
Piran
Pirano
Izola
Isola
Kubed
Hrastovlje
Portorož
Portorose
Šmarje
Sečovlje
Sicciole
Padna
SLO
HR
Starod
Savudrija
Salvore
Soline
Dragonja
Sočerga
1014
Vodice
Rupa
Momjan
Momiano
Pregara
Brest
V. Mune
Žejane
Umag
Umago
Buje
Buie
Šterna
Sterna
Marušići
Marusici
Oprtalj
Portole
492
Buzet
Račja Vas
Jurdani
Lovrečica
S. Lorenzo
Brtonigla
Verteneglio
Grožnjan
Grisignano
Livade
Ist. Toplice
Roč
Park prirode Učka
Matulji
Planik
1272
Veprinac
Lupoglav
Mirna
Novigrad
Cittanova
Motovun
Hum
Vižinada
Jezero Butoniga
Dragući
Vranja
Tunel Učka
Kaštelir
Tar
Karojba
Lanterna
Višnjan
Sv. Marija
Cerovlje
Paz
1401
Vojak
ISTRA
Beram
Mošćenička Draga
Šušnjevica
Poreč
Parenzo
Tinjan
Pazin
Purgarija-Čepić
Jadranska magistrala
Žbandaj
Baderna
Pićan
Sv. Petar u Šumi
Brseč
Lovreč
Žminj
Gimino
Raša
Vozilići
Brestova
Vrsar
Kanfanar
Canfanaro
Limski zaljev
Plomin
Porozina
Valalta
Brajkovići
Labin
Rabac
Venezia
Rovinjsko Selo
Villa di Rovigno
Svetvinčenat
Raša
Rovinj
Rovigno
Barban
Štalije
Bale
Valle
Glavani
538
Oštri
Drenje
Jadranska magistrala
Rakalj
Vodnjan
Dignano
Koromačno
N. p. Brijuni
Marčana
Fažana
V. Brijun
Galižana
Gallesano
Loborika
Kavran
Cesenatico
Valtura
Pula
Amfiteatar
Šišan
Sissano
Banjole
Medulin
Premantura
Rt Kamenjak
Kvarner
Zeča
Durrës, Igoumenitsa
Unije
Unije
Vele Srakane
Susak
Susak
Cesenatico

GEBIETSÜBERSICHTSKARTE

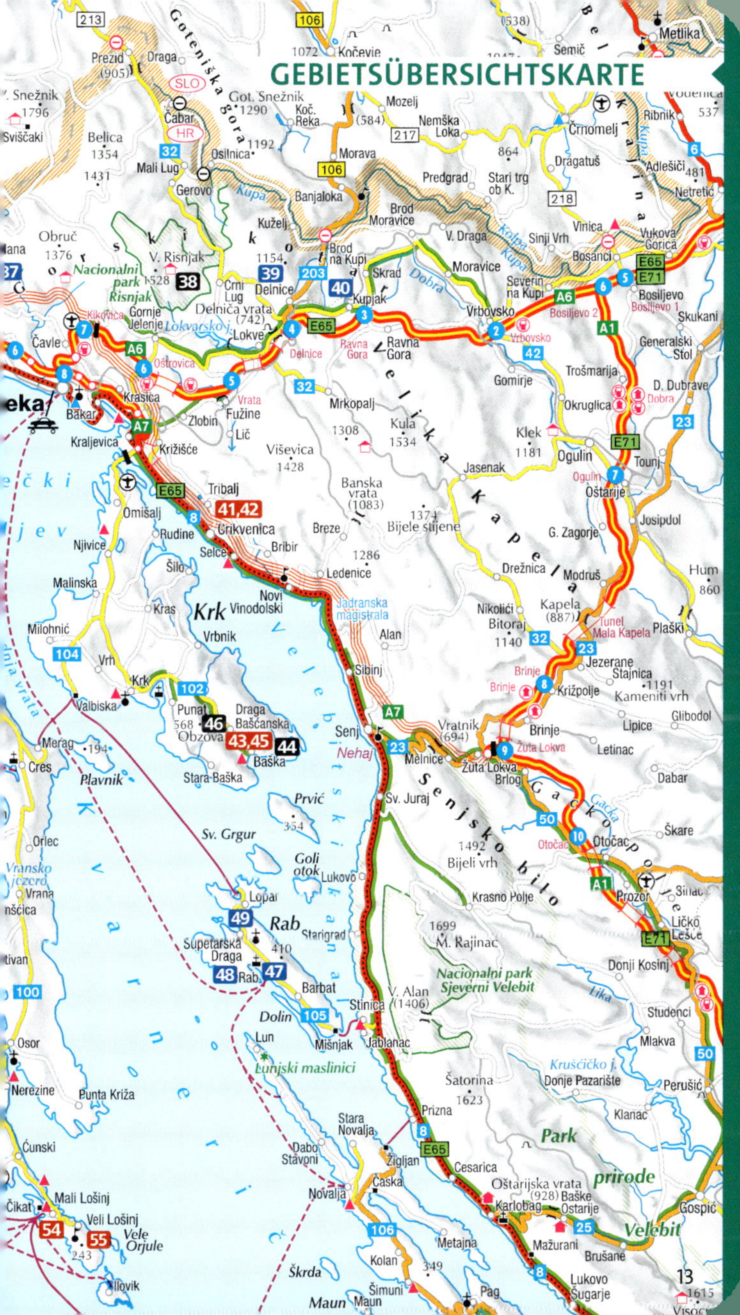

DAS GEBIET

Istrien (kroatisch/slowenisch Istra, italienisch Istria) ist mit einer Fläche von rund 3500 km² die größte Halbinsel an der nördlichen Adria, 2380 Sonnenstunden im Jahr und die buchtenreiche Küste machen das Gebiet zur beliebtesten Urlaubsregion Kroatiens.

Istrien ragt als Dreieck zwischen dem Golf von Triest und der Kvarner Bucht in die obere Adria. Das touristische Marketing teilt die Halbinsel in das **„blaue Istrien“**, die Küste, und das **„grüne Istrien“**, das Hinterland, Symbol ist die blau-grüne Ziege. Die Fläche von 3476 km² teilen sich drei Staaten: 1 % ist italienisch, 11 % gehören zu Slowenien und 88 % zu Kroatien (Gespanschaft Istrien). Die Küste ist stark gegliedert, oft reiht sich, zur Freude der Urlauber, Bucht an Bucht, die Küstenlinie von Kroatisch-Istrien misst so 539 km. Der höchste Gipfel ist der Vojak mit knapp 1.400 m im Naturpark Učka, dem Küstengebirge an der Kvarner Bucht. Die Nordgrenze bildet das Ćićarija-Karstmassiv, gegen Westen und Süden senkt sich das Land über das Hügelland Siva Istra aus Flysch langsam flacher werdend zum Meer.

Die **Kvarner Bucht** ist umgeben von den Küstengebirgen Učka-Massiv im Nordwesten, dem waldreichen Mittelgebirge Gorski Kotar im Norden und Velebit-Gebirge im Osten. Die Inseln Krk, Cres, Lošinj und Rab sind beliebte Feriendestinationen.

In der Region gibt es mehrere **Naturschutzgebiete:**
Zu den **Nationalparks** gehören das Risnjak-Gebirge im Hinterland von Rijeka und die Brjuni-Inseln vor der istrischen Westküste. Der Prirodní park Učka ist der größte **Naturpark** der Region, dazu kommen noch kleinere Naturschutzgebiete wie der Limski Kanal, der Motovuner Wald, die Waldparks Sijana (bei Pula) und Zlatni rt (Goldenes Kap), Kap Kamenjak und das Vogelreservat Palud bei Rovinj.

Vegetation, Klima und Reisezeit

Istriens Wälder sind durch Rodungen der Römer und Venezianer auf ein Drittel (inkl. Wiederaufforstung) ihrer ursprünglichen Größe geschrumpft, verstärkte Verkarstung war die Folge. Immergrüne **Macchia**, die sich als Sekundärvegetation nach der Rodung ausbreitete, ist weit verbreitet, ihre große Vielfalt an Sträuchern und Kräutern (Erdbeerbaum, Ginster, Lorbeer, Wacholder, Mastixstrauch, Rosmarin, Thymian, Salbei, Oregano, verschiedene Minzearten) bildet ein im Frühjahr herrlich blühendes, aber undurchdringliches Dickicht. Besonders an der Küste finden sich Wälder von Aleppokiefern, in den Hügelländern Stein- und Flaumeichen, Kastanien- und Johannisbrotbäume, in Höhen über 500 m Buchenwald.

An den Küsten herrscht typisches Mittelmeerklima mit warmen, trockenen Sommern und milden, feuchten Wintern. Im Landesinneren macht sich kontinentaler Einfluss bemerkbar, die Sommer werden heißer, die Winter kälter. In den Gebirgen gibt es oft kleinräumig große Unterschiede zwischen der heißen Sonnseite und der kühleren Schattseite.

Starke, unterschiedliche Winde haben einen großen Einfluss auf das

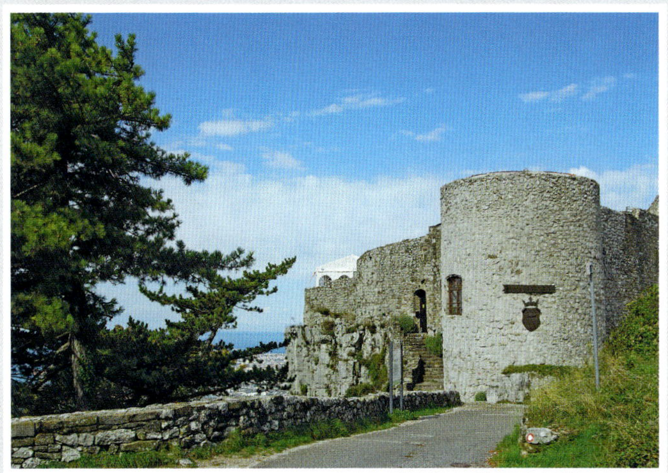

Die vielen Burganlagen künden von der strategischen Bedeutung des Landes – Burg Socerb

Wetter in Istrien und der Kvarner Bucht: Der kalte und böige Fallwind **Bora** kommt von Nordosten und bringt schönes Wetter, im Sommer weht sie nur tageweise, im Jänner bis zu zwei Wochen. Besonders berüchtigt ist die oft plötzlich auftretende Bora am Velebit, dann müssen bei extremer Sturmstärke sogar Autobahnen und Brücken gesperrt werden.

Der ganzjährig warme, feuchte Südwind **Jugo** oder Scirocco weht hauptsächlich im Frühjahr, er setzt langsam ein, Sturmstärke erreicht er oft erst am dritten Tag. Der milde **Maestral**, ein Fallwind aus dem Nordwesten, weht im Sommer vom Meer Richtung Festland und bringt schönes Wetter, meist frischt er nachmittags auf.

Bevölkerung, Geschichte

Die ältesten Siedlungsspuren in Istrien reichen bis in die Steinzeit zurück. Seither habe viele Völker ihre Spuren hinterlassen: Die illyrischen **Histrier**, nach denen die Halbinsel benannt ist, bauten ihre Siedlungen ringförmig auf den Hügelkuppen, umgeben von einer massiven Befestigungsanlage, ihre Kultur wird als **Gradina-Kultur** bezeichnet. Im 1. Jh. v. Chr. eroberten die Römer die Halbinsel und gründeten danach neue Städte, bauten Straßen, Kanäle, Thermen, Theater und Tempel, ihr bedeutendstes Bauwerk ist das Amphitheater in Pula. Aus dem Dnjepr-Gebiet kamen im 7. Jh. die Slowenen und Kroaten, sie übernahmen das Siedlungsprinzip der Gradina-Kultur, diese prägt so bis heute die Struktur vieler Ortschaften.

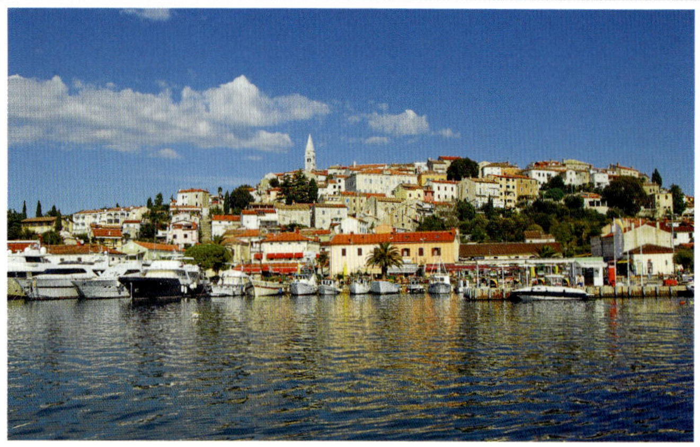

Vrsar - eines der venezianisch geprägten Küstenstädtchen

Doch weiterhin stand die Region unter der Hoheit fremder Mächte: Die **Byzantiner** errichteten ihre Basiliken im Stil der Kirchen von Ravenna, die **Venezianer** ihre Paläste, Wehrmauern, Kirchen und Campanile im Stil der Gotik und Renaissance, geschmückt mit dem Markuslöwen. Die **Österreicher** ließen im 19. Jh. die Seehäfen ausbauen, neue Bahnstrecken errichten und an den Seebädern der Kvarner Bucht vom Wiener Jugendstil geprägte Hotels bauen und Promenaden anlegen.

Zahlreiche Kriege, häufige Naturkatastrophen und die immer wiederkehrende Pest dezimierten die Bevölkerung immer wieder, Migranten, Flüchtlinge, Kolonisten und Bergarbeiter aus verschiedenen Regionen des Balkans und Italiens siedelten sich neu an. So entstand die für Istrien typische kulturelle Heterogenität, die

Lesetipp: Fulvio Tomizza: Eine bessere Welt

In seinem realistischen Roman „Eine bessere Welt" schildert F. Tomizza (1935–1999) die Geschichte eines istrischen Dorfes bei Umag von der k. u. k.-Monarchie über den italienischen Faschismus bis zum sozialistischen Jugoslawien Mitte der 1970er-Jahre. Ein Mesner beobachtet, wie die Politik langsam den Alltag der multiethnischen Dorfbevölkerung überlagert und zu unlösbaren Problemen führt, mit dem Wegzug der italienischsprachigen Bevölkerung ist die alte Zeit mit ihrer Buntheit, Vielfalt, aber auch bitteren Armut an ihr Ende gekommen.

Vielfalt der Kulturen, Sprachen, Lebensstile, dreizehn „ethnografische Nuancen“ stellten die Volkskundler vor dem Ersten Weltkrieg fest. Unter der Oberhoheit der Venezianer und Österreicher regierten aber lokal mächtige kroatische Adelsgeschlechter wie die Frankopanen oder Zrinski ihr Volk und förderten die nationale kroatische Identität.

Nach dem Ersten Weltkrieg kam Istrien zu Italien, die umstrittene Grenze zum Königreich der Serben, Kroaten und Slowenen verlief mitten durch die Kvarner Bucht. Nach dem Zweiten Weltkrieg verschoben sich die Grenzen erneut, Istrien wurde der Volksrepublik Jugoslawien angeschlossen, die ganz nahe an Triest heranrückte. Viele Angehörige der italienischen Minderheit wanderten nun aus, ihr Anteil liegt heute nur mehr bei 6 %.

Nach der Wende im Ostblock und der Vergrößerung des wirtschaftlichen Ungleichgewichts innerhalb Jugoslawiens erklärten Slowenien und Kroatien 1991 ihre Unabhängigkeit, 11 Jahre nach dem Tod des charismatischen Staatschefs Tito. Im nachfolgenden jugoslawischen Bürgerkrieg fanden in Istrien und der Kvarner Bucht zwar keine direkten Kampfhandlungen statt, aber viele Flüchtlinge suchten hier Schutz.

2004 wurde Slowenien EU-Mitglied, Kroatien folgte wegen seines nationalistischen Kurses erst 2013, bis heute sind die Beziehungen zwischen den beiden Bruderstaaten wegen Grenzstreitigkeiten angespannt. Bezahlt wird mit dem Euro - in Slowenien seit 2007, in Kroatien seit dem 1. 1. 2023.

Verkehr
Im öffentlichen Verkehr dominieren Busse, private Busgesellschaften teilen sich die lukrativen Strecken entlang der Küsten, im Landesinneren sind die Verbindungen und Informationen sehr mangelhaft.

Fahrpläne finden Sie in den Tourismusbüros, Busbahnhöfen und unter www.balkanviator.com

Größte Gesellschaft:
www.arriva.com.hr

Kazuni

„Kazuni“ heißen die runden, einfachen aus Steinplatten gebauten Unterstände für Hirten, Landarbeiter und Bauern im freien Feld. Früher waren sie weit verbreitet, heute sind aus ihnen beliebte Souvenirs, hochstilisiert zu einem Symbol istrianischer Identität, geworden. Es gibt sie in verschiedenen Materialien aus Holz, Metall, Keramik, Glas oder Gips, im Alltag sind sie auch Muster für neue Gebäude wie Garagen, Hundehütten oder Toiletten.

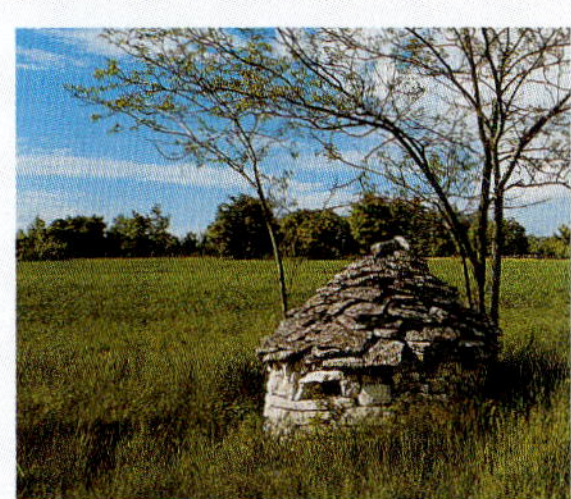

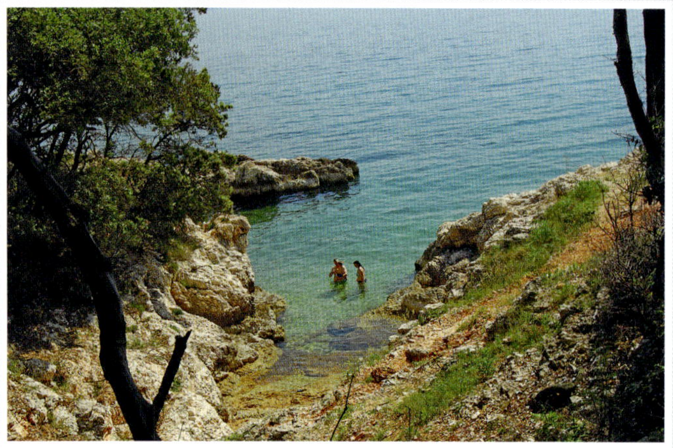

Die Küste ist bekannt für ihre vielen Buchten (Tour 08)

Blaues Istrien – die Küste

Küste, Sonne und Meer – das **„blaue Istrien"** ist eine international beliebte Tourismusregion. Die mediterrane Küste ist stark gegliedert, Bucht reiht sich an Bucht, meist mit Kiesstränden, einige Meeresarme wie der Limski-Kanal bei Vrsar oder die Bucht von Plomin reichen tief ins Innenland und haben fjordähnlichen Charakter. Ab den 1960er-Jahren begann der Ausbau der Küste zur Destination für den Massentourismus. Badevergnügen und alle Arten des Wassersports, aber auch die malerischen Städte mit ihrem reichen kulturellen Erbe aus der Römerzeit, der venezianischen und österreichischen Ära locken jährlich Millionen von Touristen. Manche Küstenabschnitte sind daher stark verbaut, abseits der touristischen Hotspots lassen sich jedoch auch an der Küste attraktive Wanderungen unternehmen, etwa beim slowenischen Piran, am Limfjord oder im Naturschutzgebiet Kap Kamenjak an der Südspitze der Halbinsel, oft mit schönen Bademöglichkeiten. Pula, der größten Stadt Istriens, ist ein eigener Stadtrundgang gewidmet, ergänzt durch einen Küstenspaziergang im Naherholungsgebiet.

Die Küstenstädte verfügen über ein reiches kulturelles Erbe: Pula aus der Römerzeit, venezianisch geprägt sind u. a. Piran, Poreč, Vrsar, Rovinj, Labin und die Inseln, an die Ära der k. u. k.-Monarchie erinnert die Riviera von Opatija am Kvarner.

Grünes Istrien – Inneristrien

Während an der Küste der Tourismus dominiert, spielt im Hügelland Inneristriens die Landwirtschaft mit

Wein- und Olivenanbau nach wie vor eine wichtige Rolle, weite Teile sind mit Wald bedeckt, die Region wird deshalb touristisch auch als **„grünes Istrien“** bezeichnet. Die ursprünglichen großen Eichen- und Ulmenwälder wurden jedoch von den Römern und besonders von den Venezianern stark dezimiert, an ihre Stelle trat ein artenreicher Sekundärwald.

Nach den verschiedenen Böden wird Istrien in eine rote, eine graue und eine weiße Region eingeteilt: Südlich und westlich von Pazin findet sich ein Kalksteinplateau mit aufliegenden Terra-Rossa-Böden, das **„rote Istrien“**. Die eisenhaltigen Böden eignen sich hervorragend für den Weinbau, die beliebtesten Rebsorten sind der Malvasia und der Muskateller bei den Weißweinen sowie der rubinrote Teran. Schon die Römer nutzten die Roterde auch zur Ziegelherstellung, in den eingeschnittenen Schluchten bauten sie Karstmarmore ab, ein begehrter Baustein bis heute.

Der hügelige mittlere Teil Istriens wird geprägt von Flyschablagerungen auf dem Kalk, nach den vielen grauen Mergelböden wird diese Region als **„graues Istrien“** bezeichnet. Die Mirna, der längste Fluss Istriens, hat sich stellenweise tief in das Plateau eingeschnitten, auf den Anhöhen liegen kleine Städte, als schönste gelten Motovun und Buzet. Die Region wird oft mit der Toskana verglichen, neben Wein und Oliven findet sich hier jedoch noch eine besondere Spezialität – die Trüffel, die in der grauen Tonerde besonders gut gedeihen.

In der Donaumonarchie war Istrien eine der ärmsten Provinzen, man-

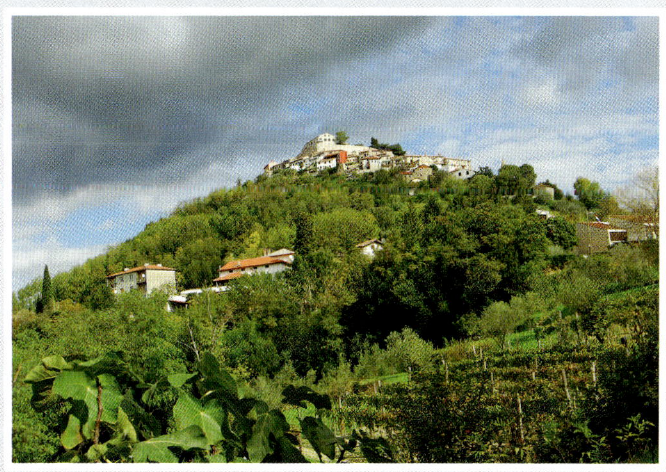

Hügelstadt Motovun (Tour 15)

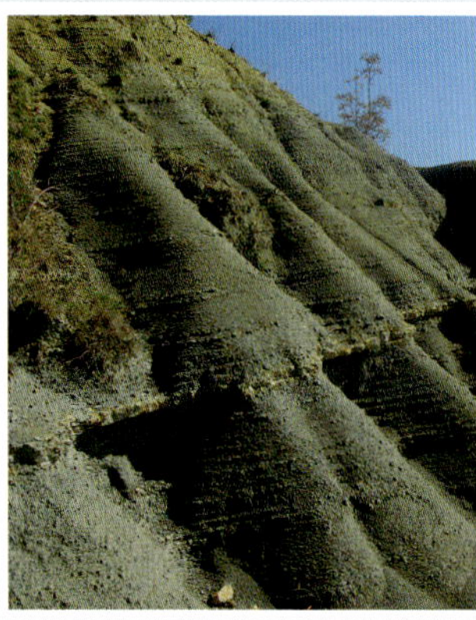

Graues Istrien

gelnde Infrastruktur, mangelnde Schulen und mangelnde Wirtschaftsentwicklung prägten das Hinterland. Die Erschließung durch die Eisenbahn ermöglichte die Entstehung eines organisierten Fremdenverkehrs an den Küsten, im Landesinneren brachte sie einen Modernisierungsschub in der Landwirtschaft, zusammen mit dem neu erstellten systematischen Grundkataster, der den Umstieg von den Feudalabgaben zur Fiskalsteuer ermöglichte. Der schnellere Verkehr von Leuten, Waren und Ideen veränderte auch das rückständige Landesinnere stark, die großen Unterschiede zwischen der gut entwickelten Küste und dem unterentwickelten Inneren Istriens wurden jedoch wegen der mehrfachen Grenzverschiebungen im 20. Jh. nicht geringer: Nach dem Zweiten Weltkrieg verließ ein Großteil der italienischsprachigen Bevölkerung ihre Dörfer und Städte in Istrien, viele Dörfer in Inneristrien verödeten vollends, als auch kroatische Landbevölkerung in die freigewordenen Küstenstädte zog. Bereits im Vielvölkerstaat Jugoslawien wurde die kulturelle Vielfalt der Halbinsel auf ein touristisch verwertbares Bild standardisiert, in den heutigen Nationalstaaten wird die einstige ethnographische Buntheit touristisch vermarktet – ihr Platz ist in der Folklore, im Alltag hat die Assimilation bereits stattgefunden.

So unterschiedlich wie die Landschaften, so verschieden sind auch die Wandermöglichkeiten: Spektakuläre Schluchten und Wasserfälle kontrastieren mit lieblichen Landschaften, in den alten Städten treffen sich Vergangenheit und Gegenwart.

Viele Touren lassen sich mit dem Auto als Tagesausflüge von der Küste aus unternehmen, günstige Standorte im Landesinneren sind Buzet und Pazin.

Weißes Istrien – Karstrand und Ćićarija-Gebirge

Im Norden schließt das **Ćićarija-Gebirge**, Tschitschenboden, die Halbinsel wie ein Sperrriegel ab; mit vergleichsweise niedrigen Gipfeln um die 800 m startet das Gebirge nahe Triest und erreicht am Veliki Planik beinahe 1.300 m. Die Hochebene und Hänge sind größtenteils bewaldet, meist ein niederer Eichen- und Buchenwald, in höheren Lagen Kiefern, von den freien Wiesengipfeln bieten sich überall weite Aussichten. Nach Süden fallen die Felswände oft senkrecht ab und bilden den typischen Karstrand, Kraški Rob, der geborstene helle Kalkstein gab der Region den Namen **„weißes Istrien“**.

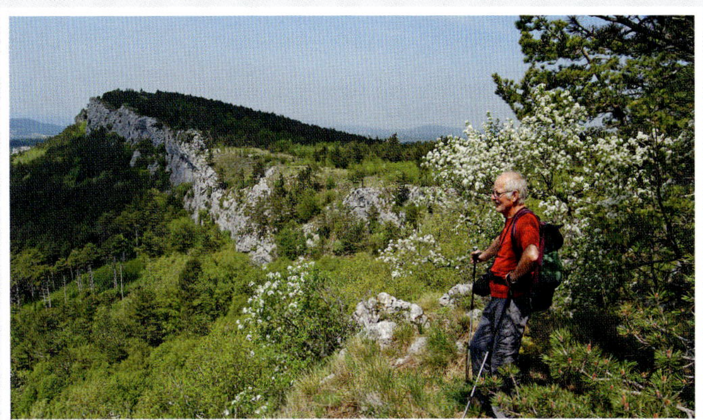

Karstrand (Tour 26)

Der Name Ćićarija stammt von den Ćići (Tschitschen), die im 12. Jh. aus Rumänien zugewandert waren. Die unwirtliche Region galt als die ärmste in Istrien, die Bevölkerung lebte von der Köhlerei und der Schafzucht, Ende Oktober mussten die Schafherden in die Ebenen des Südens getrieben werden, denn dann kamen mit der Bora die kalten Wintermonate. Heute ist in diesem Gebiet die Abwanderung besonders deutlich zu spüren, die 33 Bergdörfer der Ćići sind halb verlassen, der Rest der Bevölkerung ist assimiliert.

Küstengebirge um die Kvarner Bucht

Die Kvarner Bucht wird von Küstengebirgen umgeben: Im Westen steigt direkt vom Meer das **Učka-Massiv** bis zu einer Höhe von 1.394 m, dem Gipfel des Vojak, an und bildet so einen Schutz und eine Wetterscheide zwischen Istrien und der Kvarner Bucht. 1990 wurde das 146 km² große Küstengebirge zum **Naturpark** erklärt, es zeichnet sich, bedingt durch das von der Nähe zum Meer geprägte spezifische Bergklima, durch eine große Naturvielfalt aus. Charakteristisch sind Edelkastanien (Maronen), neben Oliven früher eine Grundlage der bäuerlichen Existenz. In höheren Lagen finden sich Nadel- und Laubwälder, vor allem Buchen, der Waldboden ist häufig mit Blaugras bewachsen. Der Naturpark ist auch Lebensraum vieler endemischer Pflanzen, darunter die nach ihrem Standort benannte Učka-Glockenblume. Aufgrund der reichlichen Niederschläge gibt es viele Quellen und kleine Bäche. Neben den Berggipfeln mit ihrer herrlichen Aussicht sind die idyllischen Wasserfälle beliebte Wanderziele, schon zur Zeit der Romantik machte der vom Bergwandern begeisterte sächsische König Friedrich August hier gerne Bergtouren.

Karst

Der Begriff Karst leitet sich vom eingedeutschten Namen der slowenischen Landschaft Kras = dünner Boden ab, weil hier die Formen und typischen Verwitterungsmerkmale zum ersten Mal systematisch beschrieben wurden. Kalk ist durch Kohlensäure lösbar, die sich wiederum durch die Lösung von Kohlendioxid in Wasser bildet.

Durch diese Lösungsverwitterung bilden sich die typischen **Karstformen**:

- **Karren und Rillen:** Schmale, furchenartige, scharfkantige Rippen an der Oberfläche (siehe Bild, Tour 27),
- **Dolinen:** Karsttrichter, sie können durch Verwitterung oder Höhleneinstürze entstehen,
- **Poljen:** Langgestreckte, wannenförmige Karstsenken, hier sammelt sich, wie auch bei den Dolinen, am tiefsten Punkt der Humus,
- **Schlucklöcher:** Öffnungen im Boden, in die das Regenwasser abfließt, das dann durch
- **Höhlen** und **Spalten** im Untergrund nach kurzer Zeit als große
- **Karstquelle** am Fuße eines Berges wieder an die Oberfläche tritt.

Dieser natürliche Verwitterungsvorgang wurde im Mittelmeerraum durch den Menschen wesentlich verstärkt: Abholzung oder Überweidung führten zu einer starken Erosion, so sind die Karstlandschaften oft zu lebensfeindlichen Landschaften geworden, die nur mehr extensiv durch Schafe und Ziegen genutzt werden können.

Ist das Kalkgestein z. T. von einer dünnen Humusschicht und Vegetation bedeckt, spricht man vom **„grünen Karst"** (Bild).

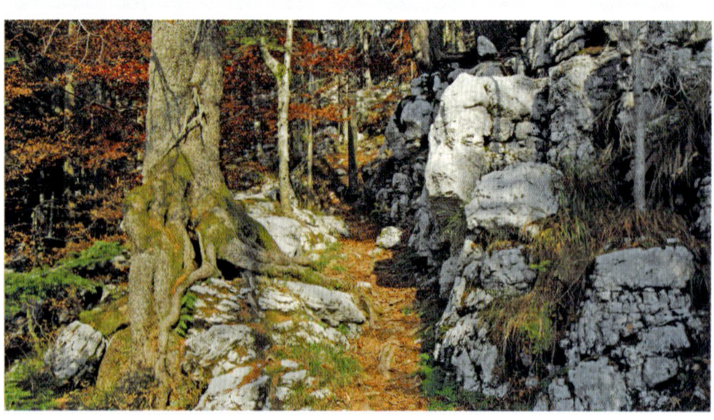

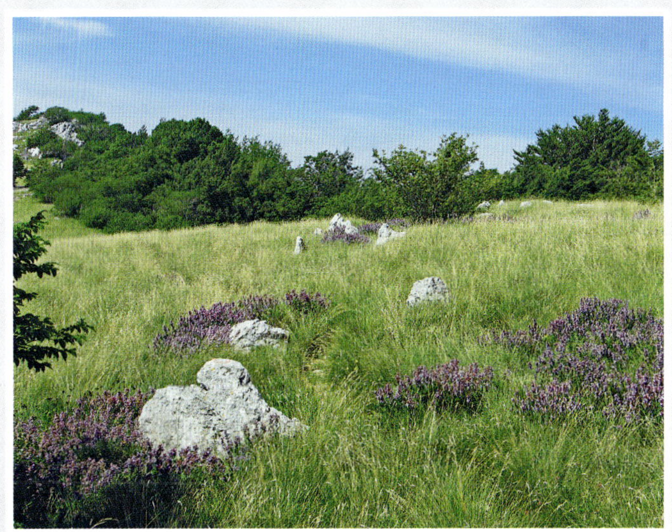

Salbeiblüte am Sisol (Tour 31)

Riviera von Opatija – Liburnische Riviera

Von Brseč bis Opatija erstreckt sich im Schatten des Učka-Gebirges die Liburnische Riviera, auch als Riviera von Opatija bezeichnet. Die Liburner waren ein Seefahrerstamm, der vor den Römern die Region prägte. Opatija ist der älteste Urlaubsort Kroatiens, die touristische Entwicklung begann in der zweiten Hälfte des 19. Jhs., als Opatija zum geschätzten Winteraufenthaltsort des Habsburger Adels wurde.

Im Nordosten des Kvarner liegt im Hinterland von Rijeka der **Gorksi Kotar**, ein Hochland des „grünen Karsts", aus dem die Berggipfel bis auf über 1.500 m emporsteigen. Es gehört zum dinarischen Gebirge, das die Alpen mit dem Balkan verbindet, in ihm befindet sich auch der 6.450 ha große **Nationalpark Risnjak**. Das Klima ist hier deutlich rauer und kühler als in der Küstenregion, die Winter sind schneereich und dauern länger, die Sommer sind frisch und feucht. Die Flora ist artenreich, Tannen- und Buchenwälder wachsen bis in eine Höhe von 1.250 m, den obersten Vegetationsgürtel bilden Bergkiefern. Nur die höchsten Gipfel wie der Risnjak oder Snježnik ragen mit ihren nackten Felsen aus den Bergwäldern heraus und sind somit bevorzugte Wanderziele.

In dieser abgeschiedenen Bergwelt leben zahlreiche Wildtiere wie Gämsen, Wölfe, Luchse und Bären, eher zu Gesicht bekommen wird man jedoch Greifvögel wie Adler oder Falken.

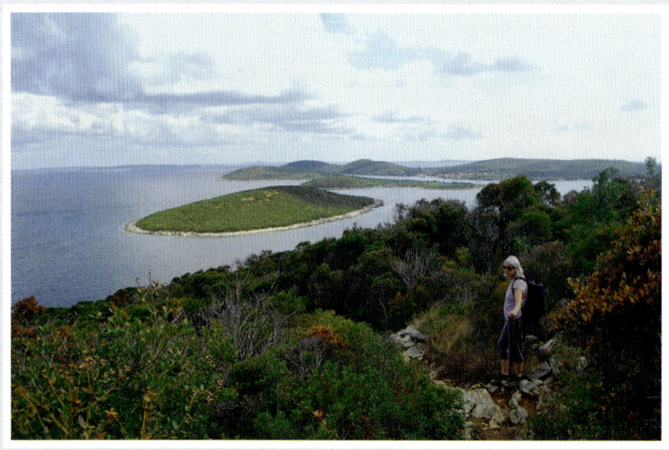

Blick vom Aussichtspunkt auf die vorgelagerten Inseln (Tour 55)

Inseln in der Kvarner Bucht

In der Kvarner Bucht liegen insgesamt 36 Inseln, die vier größten sind Krk, Cres, Lošinj und Rab. Bereits zur Römerzeit hatten sie große wirtschaftliche und strategische Bedeutung, die Städte Krk, Cres und Osor waren wichtige Häfen. Ihre Blütezeit erlebten die Inseln unter der Herrschaft der Venezianer, viele über das ganze Gebiet verstreute Kulturdenkmäler erinnern noch daran. Mit dem Niedergang Venedigs versank die Region vorübergehend in die Bedeutungslosigkeit, Ende des 19. Jhs. erblühte sie durch den aufkommenden Tourismus unter der Habsburgerherrschaft neu.

Krk

Krk ist über eine mautpflichtige Brücke mit dem Festland verbunden und deshalb touristisch am besten erschlossen. Der Ostteil der Insel und die Bergrücken sind weitgehend kahl und erinnern an eine Mondlandschaft, Ursache ist die kalte Bora, die im Winter oft mit orkanartigen Böen vom Festland her weht und kaum Wachstum zulässt. Die Hauptorte Krk, Malinska, Baška und Punat mit seiner großen Marina liegen in geschützten Buchten. Seit Jahrhunderten wird auf den Inseln extensive Schafzucht betrieben, selbst dafür musste man auf Krk kilometerlange Steinmauern errichten, um den genügsamen Schafen ein wenig Schutz zu bieten. Die Vegetation ist jedoch vielfältiger als es scheint, auf den karstigen Weiden wachsen bis zu 300 verschiedene Gras- und Kräuterarten. In günstigen Lagen wird traditionelle Landwirtschaft betrieben, Olivenöl, Gemüse, Käse, Pršut, der Žlahtina-Wein und das aromatische Lammfleisch sind kulinarische Spezialitäten.

Für den Wanderer ist der südliche, gebirgige Teil der Insel am interessantesten. Zwei parallele Bergrücken umschließen das weite Tal Baško polje, der höchste Gipfel ist die 569 m hohe Obzova.

Rab

Der 400 m hohe Bergrücken des Kamenjak auf Rab schützt die Stadt Rab auf der Südwestseite vor der Bora, 1889 erklärte sich die Stadt zum Seebad und Luftkurort. Hier gedeihen Zedern, Föhren, Steineichen und immergrüne Buschwälder, angebaut werden Gemüse, Oliven, Feigen und Wein.

Cres und Lošinj

Cres und Lošinj waren ursprünglich eine einzige lang gestreckte Insel, die die Römer durch einen Kanal an der schmalsten Stelle bei der alten Inselhauptstadt Osor teilten, um den Schiffen einen weiten Umweg zu ersparen.

Cres ist ein 66 km langer, schmaler Inselrücken, die Hauptstraße führt vom Fährhafen Porozina im Norden am Kamm entlang bis zur alten Inselhauptstadt Osor am Südende, Stichstraßen zweigen von ihr ab zu den Fischerdörfern und Badeorten an der Küste. An der Süd- und Westküste gibt es zahlreiche Buchten und Kiesstrände, die Nord- und Ostküste ist meist felsig. Große Unterschiede gibt es auch in der Vegetation – in der Tramuntana im Norden stehen noch uralte Eichenwälder, die gegen Süden hin in Macchia übergehen.

Die Insel ist dünn besiedelt, die größeren Orte, allen voran die Inselhauptstadt Cres, liegen alle an der Küste, früher lebten sie vom Fischfang und Handel, heute überwiegend vom Tourismus. Besonderheiten sind die Eichenwälder der Tramuntana mit den Wildschafen und der Kolonie Gänsegeier sowie der Süßwassersee Vrana südlich der Stadt Cres. Die Oberfläche des 5,75 km² großen Sees liegt höher als der Meeresspiegel, sein tiefster Punkt 74 m unter dem Meeresspiegel. Er ist das Trinkwasserreservoir der Insel und daher streng geschützt und nicht zugänglich.

Cres und Lošinj sind durch eine Drehbrücke miteinander verbunden, die Insel Lošinj hat durch das sonnige Klima und die subtropische Vegetation einen lieblichen Charakter und war schon in der Monarchie Luftkurort. Vor der Südspitze der Insel tummelt sich eine große Kolonie von Delphinen, Delphinsafaris siehe Kapitel „Alles außer wandern".

Verkehr

Öffentlich: Busse fahren von Rijeka nach Krk, über Porozina oder Krk nach Cres und Lošinj, und über Stinica nach Rab: www.arriva.com.hr

Katamaran von Rijeka über Cres nach Mali Lošinj und von Pula nach Mali Lošinj: www.jadrolinija.hr

Mit dem Auto: Die Insel Krk ist über eine mautpflichtige Brücke zu erreichen, Cres mit der Autofähre von Brestova – Porozina, Rab mit der Autofähre von Stinica.

Zwischen den Inseln verkehren Autofähren:
Valbiska/Krk – Merag/Cres
Valbiska/Krk – Lopar/Rab.

ALLGEMEINE TOURENHINWEISE

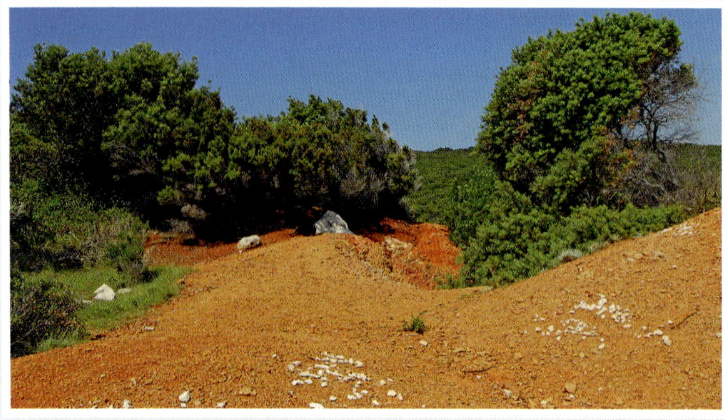

Rotes Istrien, bei der Bucht Prklog

SCHWIERIGKEITSGRADE

Die Einstufung der Schwierigkeit der Tour erfolgt nach dem gebräuchlichen Schema und berücksichtigt dabei auch die Dauer und die Höhenmeter:

■ **LEICHT**

In der Regel gut angelegte und gut markierte Wege ohne echte Gefahrenstellen, die jedermann begehen kann. Das schließt aber kurze, kräftige Steigungen nicht aus.

■ **MITTEL**

Wege und Steige auch in steilem Gelände, ein Mindestmaß an Wandererfahrung, Trittsicherheit und festes Schuhwerk sollten nicht fehlen.

■ **SCHWER**

Anspruchsvolle, teilweise auch recht lange Touren mit teils ausgesetzten und gefährlichen Stellen. Kondition, Orientierungsvermögen, Schwindelfreiheit und Trittsicherheit sind ebenso notwendig wie die richtige Ausrüstung.

HINWEISE

- Gehzeiten und Schwierigkeitsgrade können nur Richtwerte sein. Angegeben ist die reine Gehzeit ohne Pausen, Faktoren wie Wetter und individuelle Vorraussetzungen sind zu berücksichtigen. Für alle Touren gilt: Wasser und Sonnenschutz mitnehmen!.
- Bei Touren in den **Karstgebirgen** sind feste Schuhe ein Muss, wegen der oft dornigen Vegetation und scharfkantiger Felsen sind auch lange, strapazierfähige Hosen zu empfehlen.
- Im gesamten Wandergebiet gibt es Schlangen, darunter auch giftige wie Kreuzottern oder Vipern. Kontrollieren Sie daher vor dem Rasten Ihren Lagerplatz und schauen Sie beim Klettern über kleine Felsbänder immer, wo Sie hingreifen.
- Über die Einkehrmöglichkeiten unterwegs sollten Sie sich bei Bedarf vorher genauer informieren, da die Öffnungszeiten saisonal häufig wechseln.

MEINE LIEBLINGSTOUR

Der große Abwechslungsreichtum – grüner Karst, Wald- und Felspassagen, die große Karstquelle mit der einzigartigen Brunnenanlage, die Aussicht vom Kamm und Gipfel – machen die Tour 30 auf den Veliki Planik zu meiner Lieblingstour. Seite 134.

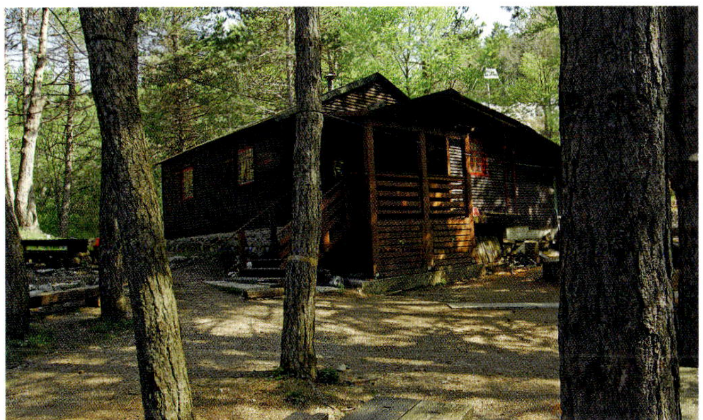

Berghütte Korita

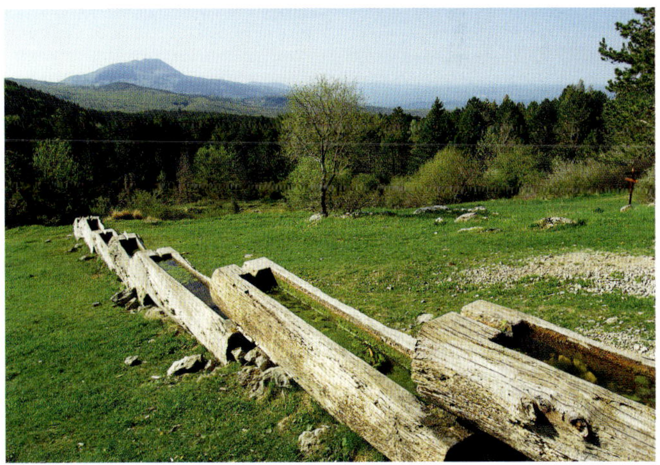

Brunnenanlage der Korita-Quelle

MEINE HIGHLIGHTS

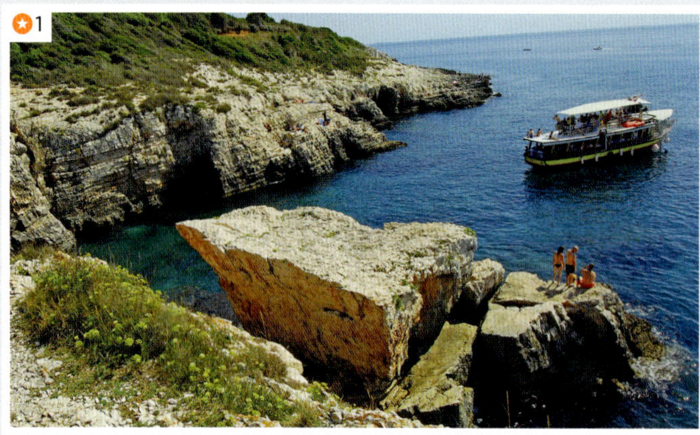

1

1: Viele Buchten, attraktive Klippen und schöne Küstenwege sind charakteristisch für das Naturreservat Kamenjak, dem beliebten Ausflugsziel an der Südspitze Istriens. → Tour 6, Seite 52

2: Der „Weg der sieben Wasserfälle“ gilt als einer der attraktivsten in Inneristrien. Er führt durch Talschluchten mit steilen Kletterfelsen, durch Wald und am Bach entlang an sieben Wasserfällen vorbei. → Tour 20, Seite 101

3: Die Tour zum Veliki Planik, dem höchsten Gipfel der Ćićarija-Kette, führt durch den „grünen Karst“, eine bewaldete Karstlandschaft mit Felsen, Klüften, Dolinen und der großen Karstquelle Korita.
→ Tour 30, Seite 134

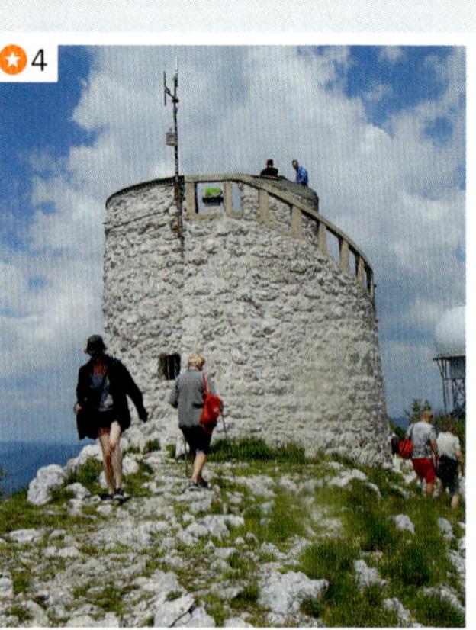

4

4: Bereits in der Monarchie wurde die Aussichtswarte auf dem Vojak errichtet, die Tour auf den Aussichtsgipfel gehörte schon damals zu den beliebtesten der Region.
→ Tour 36, Seite 154

5: Ebenfalls schon in der Monarchie erschloss man Sveti Mikul, den schönsten Aussichtspunkt der Insel Lošinj, für den Wandertourismus, vorher war das unzugängliche Karstmassiv Rückzugsgebiet für Eremiten.
→ Tour 53, Seite 213

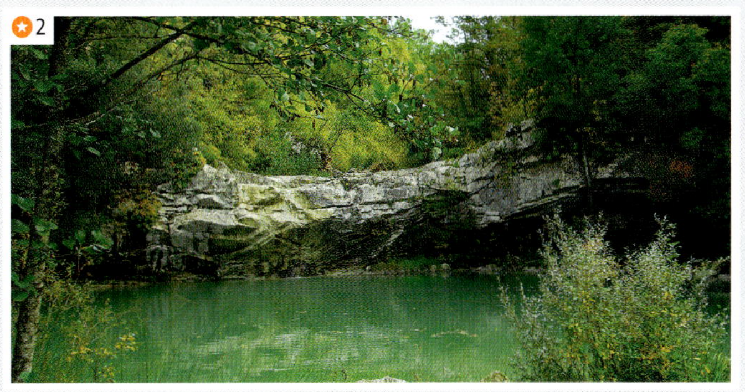
2

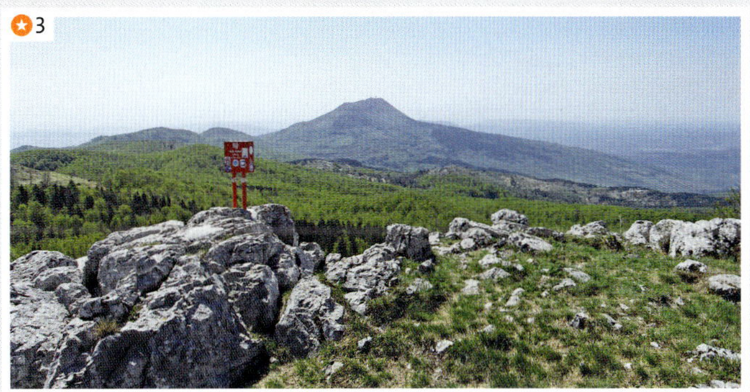
3

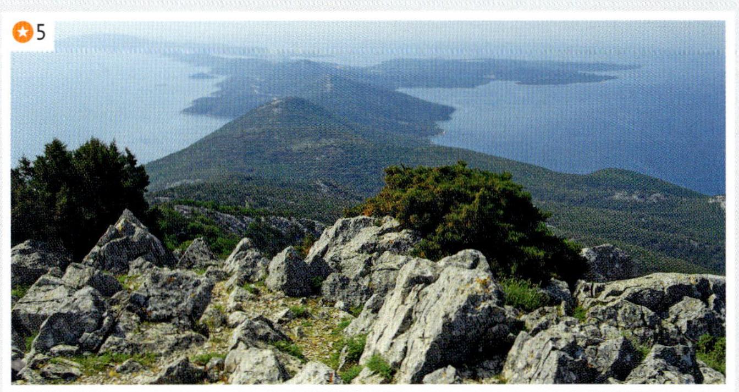
5

IZOLA – PIRAN

Malerische Küstenstädtchen, steile Klippen

  11,5 km 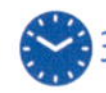 3:05 h  143 hm 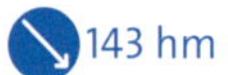 143 hm 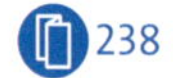 238

START | Izola, Bushaltestelle, Parkplatz am Hafen
[GPS: UTM Zone 33 x: 339.530 m y: 5.043.444 m]
Anfahrt: Busse (Triest) Koper – Izola – Piran.
CHARAKTER | Küstenwanderung mit herrlicher Aussicht von den Klippen, rot-gelbe Markierung, unvollständig.

Die Tour verbindet die zwei venezianisch geprägten Küstenstädtchen Izola und Piran. Herzstück ist der Klippenweg über Kap Ronek mit seinen spektakulären Tiefblicken und der weiten Aussicht. Bade- und Einkehrmöglichkeiten machen die Tour zu einer Genusstour, an Sommerwochenenden herrscht allerdings sehr viel Betrieb.

Von der **Bushaltestelle** in **Izola** 01 gehen Sie vor zum Hafen, rechts hinter dem alten Fischerhafen ist die Altstadt. Der Name Izola erinnert noch daran, dass die Stadt früher, bevor der Meeresarm aufgeschüttet wurde, auf einer Insel lag. Sie gehen links auf der Uferpromenade entlang des Jachthafens Richtung Südwesten, vorbei am Resort San Simon mit Kiesstrand, ganz bis zum Ende des gepflasterten Weges an den Klippen des Kap Ronek, **Terrassenbar** 02 (bei Schönwetter ab 11 Uhr).

Hier biegt der **rot-gelb** markierte Weg nach links hinauf zum großen Parkplatz. Auf unbefahrenem Sträßchen steigen Sie auf zum **Hotel Belvedere** 03, unterhalb von Holzhäusern kürzt ein Pfad nach rechts eine Serpentine ab, hier genießen Sie einen schönen Blick

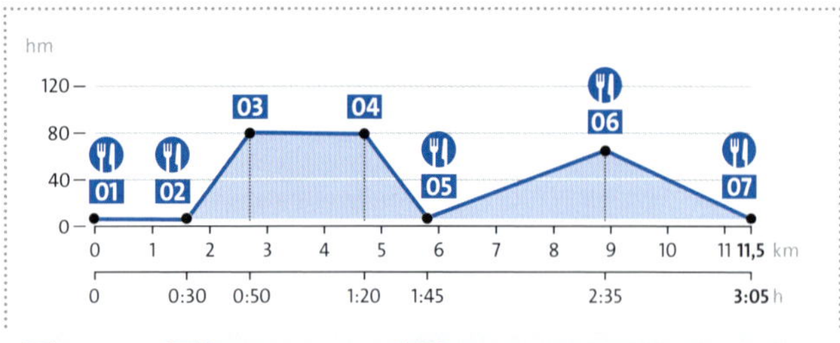

01 Izola, 1 m; 02 Terrassencafé, 1 m; 03 Hotel Belvedere, 80 m; 04 Aussichtspunkt Ronek, 80 m; 05 Strunjan, 1 m; 06 Pacug, 65 m; 07 Piran, 1 m

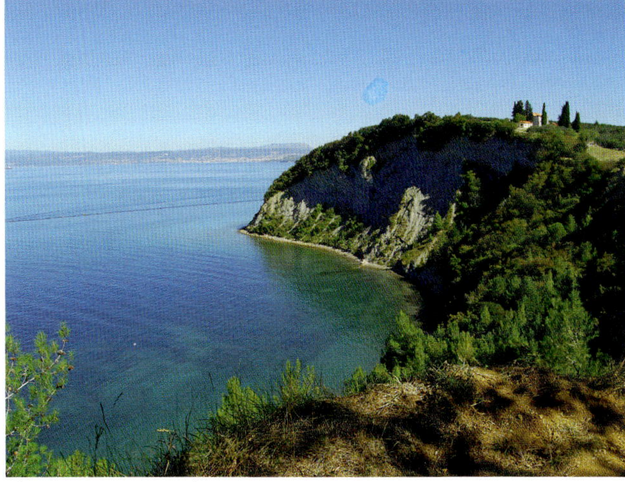
Klippen am Kap Ronek

zurück auf Izola. Sie gehen ganz hinauf bis zur Straße, nicht in den kurz vorher nach rechts abzweigenden Pfad abbiegen, er führt zur Küste hinunter. Sie folgen nun dem Sträßchen nach rechts, am Ende eines Olivenhaines rechter Hand biegen Sie rechts in den Pfad parallel zur Straße. Er geht über in einen Makadamweg, mit schöner Aussicht wandern Sie über den Kamm und dann durch Niederwald und Olivenhaine leicht abwärts.

Nach einem kurzen Asphaltstück beginnt rechts der herrliche von Niederwald und Pinien gesäumte **Klippenweg** entlang der Abbruchkante mit weiter Sicht bis zu den Julischen Alpen. Auf halber Höhe zweigt ein Steig steil hinunter zur Küste ab, knapp danach erreichen Sie den **Aussichtspunkt Ronek** 04 mit dem großen weißen Kreuz.

Links führt ein Schotterweg zur Wallfahrtskirche Sv. Marija mit alten Wandmalereien und dann weiter nach Strunjan. Sie gehen auf dem Klippenweg weiter, beim Abstieg zum Hotel Svoboda in **Strunjan** 05 genießen Sie eine schöne Sicht auf Piran. Hinunter zur Hauptstraße, hier rechts, im Restaurant Primorka mit schattigem Gastgarten können Sie gut einkehren, es ist bekannt für seine Fischgerichte. Weiter der Küste entlang, Strandbad, Strandcafé, gelangen Sie zu einem Damm, der das Meer von einer Lagune, in der früher Salz gewonnen wurde, trennt. Heute sind die ehemaligen Salzgärten Naturschutzgebiet, in dem sich zahlreiche Wasservögel tummeln.

Sie überqueren den Damm und wandern auf der wenig befahrenen Straße dem Ufer entlang und dann den Hang hinauf. Bei der ersten Linkskehre biegt rechts der Wanderweg ab, der über die Anhöhe von **Pacug** 06 und wieder hinunter zum Strand von Fiesa führt,

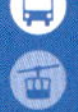

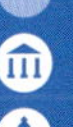

Strandbar. Auf der Uferpromenade geht's anschließend zur Altstadt von **Piran** 07 auf dem Sporn. Von der erhöht liegenden Kathedrale Sv. Juraj mit dem Campanile nach venezianischem Vorbild genießen Sie einen schönen Blick über die Altstadt und den Hafen, bevor Sie zum Wahrzeichen der Stadt, der Kirche Sv. Klementa mit ihrem runden Turm an der äußersten Spitze der Halbinsel, hinunter

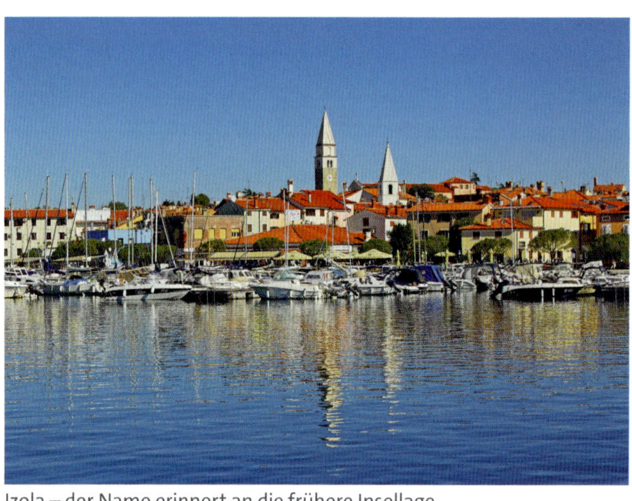

Izola – der Name erinnert an die frühere Insellage

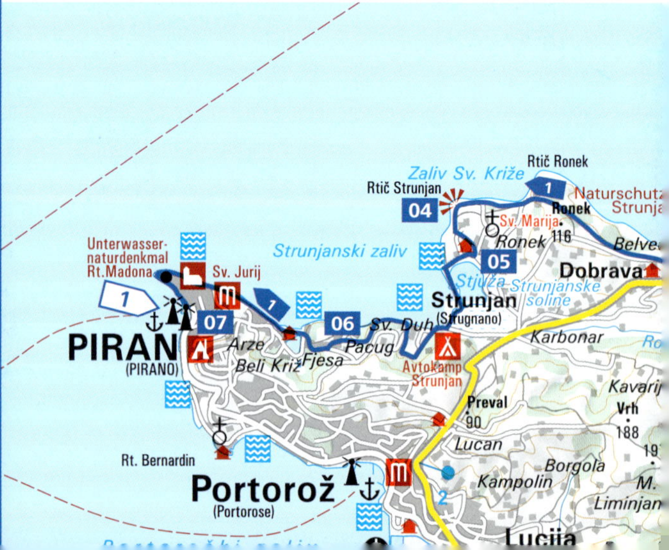

gehen. An der städtischen Uferpromenade reiht sich ein Lokal ans andere, Herz der Altstadt ist der Tartinijev trg, Tartiniplatz, der 1894 entstand, als der zu klein gewordene Hafen zugeschüttet wurde. Er ist benannt nach dem berühmten Geiger und Komponisten Giuseppe Tartini, der 1692 in Piran geboren wurde. Die Bushaltestelle befindet sich 250 m weiter der Küste entlang beim Parkplatz.

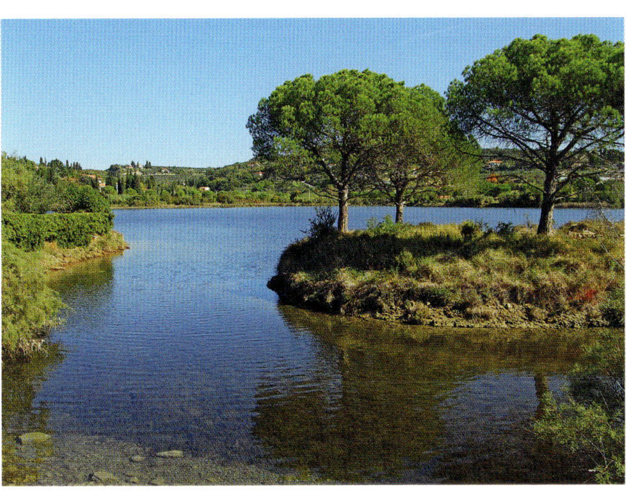

In der Lagune bei Strunjan

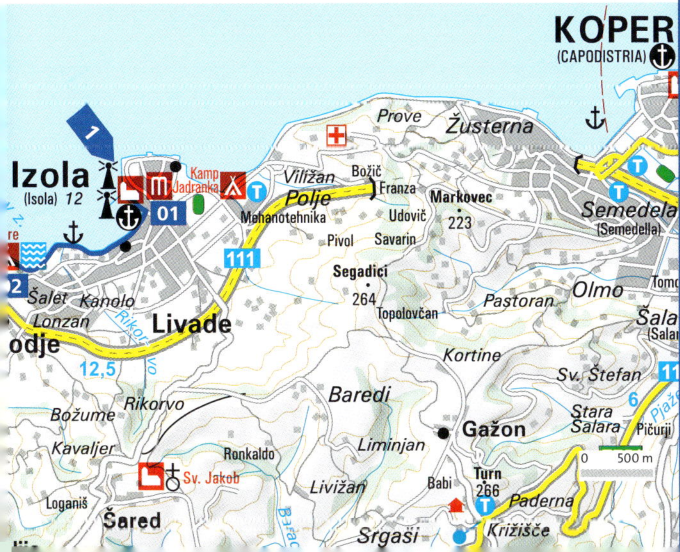

2

LIMSKI-KANAL

Überflutetes Flusstal und alter Wald

 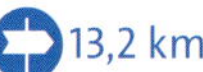 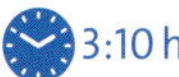 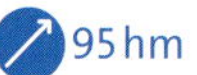 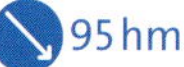 

START | Vrsar, Busbahnhof, gebührenpflichtiger Parkplatz [GPS: UTM Zone 33 x: 390.416 m y: 5.000.207 m]
Anfahrt: Busse von Poreč oder Rovinj.
CHARAKTER | Einfache Wanderung durch bäuerliches Kulturland, Nieder- und Hochwald oberhalb des Limfjords, halb schattig.

Die Wanderung führt vom venezianisch geprägten Küstenstädtchen Vrsar oberhalb des Limski-Kanals zum Kontija Wald mit seinen alten orientalischen Hainbuchen und Flaumeichen. Ein Abstecher zur Bar Pirate in einer Höhle in den Felsen oberhalb des Fjords bietet eine willkommene Einkehr und hervorragende Aussicht. Als Radroute 171 und 191 ausgeschildert: Die Route 191 beginnt am Busbahnhof und macht eine kleinere Runde, die längere Route 171 führt von Vrsar nach Kloštar und zurück.

▶ Die Wanderung zum Limfjord und Kontija Wald beginnt am Busbahnhof von **Vrsar** 01. Gegenüber den Busboxen startet der Radweg 191, dem Sie in südlicher Richtung folgen. Sie queren die Straße und wandern auf der Nebenstraße nach **Montigun**, Radroute 171, 191, danach beginnt der Schotterweg durch Olivenhaine. Olivenöl zählt wie Wein und Trüffel zu den Spezialitäten aus Istrien, seit der Römerzeit wird hier Olivenanbau betrieben. Der Fahrweg mündet in eine Zufahrtsstraße, auf dieser nach rechts und am Apartment vorbei zum **Aussichtspunkt** 02 mit schönem Blick über die Mündung des Limfjords.

Sie folgen weiter dem Fahrweg, Radroute 171, 191, durch Olivenhaine und Macchia bis zu einer deutlichen **Abzweigung** 03 zur Pirate

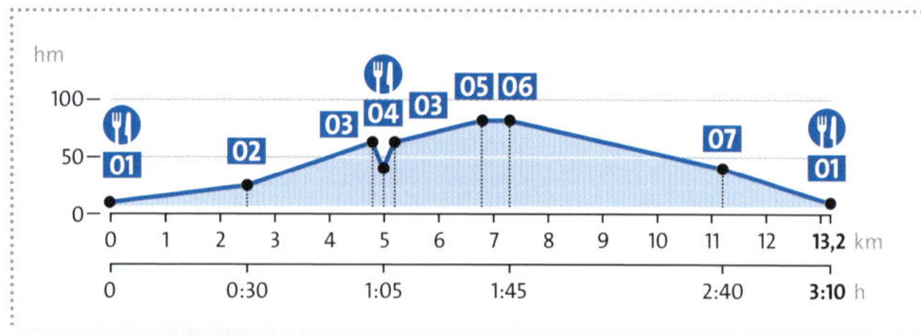

01 Vrsar, 10 m; 02 Aussichtspunkt, 25 m; 03 Abzweigung, 63 m; 04 Bar Pirate, 40 m; 05 Kreuzung, 82 m; 06 Rastplatz, 82 m; 07 Straße, 40 m

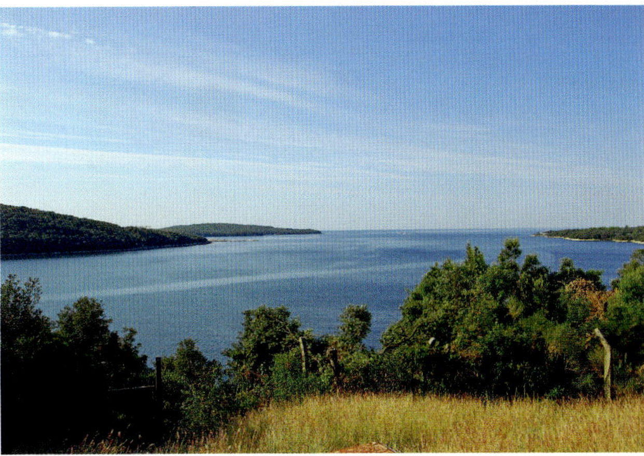
Mündung des Limfjords

Bar bei mehreren Schautafeln. Auf dem Schotterweg und dann über etliche Stufen erreichen Sie die **Bar Pirate** 04 vor einer Höhle über dem Meer. In der Sommersaison herrscht Barbetrieb, der Besuch lohnt sich wegen der Aussicht und der Höhle auch sonst.

Zurück zur **Abzweigung** 03 wandern Sie auf dem Fahrweg weiter und durchqueren nun den **Kontija-Wald** mit vielen orientalischen Hainbuchen und Flaumeichen, der zu den ältesten Wäldern Istrien zählt. Sein Name erinnert an die frühere adelige Besitzerfamilie

Der Limski-Kanal – ein Fjord in Istrien?

Der Limski Kanal reicht 11 km wie ein Fjord ins Festland hinein, weshalb er auch, geografisch nicht ganz exakt, Limfjord genannt wird. Entstanden ist er nämlich nicht wie ein Fjord durch einen seewärts wandernden Talgletscher, sondern weil durch den nach der Eiszeit gestiegenen Meeresspiegel der Unterlauf des Tales der Pazinčica überflutet wurde. Der Name Limski geht auf die Römerzeit zurück, als das Tal die Grenze (lat. Limes) zwischen den römischen Kolonien Pola (Pula) und Parentium (Poreč) bildete. Die Ufer sind, ausgenommen im obersten Bereich, unzugänglich, steile Felswände mit mehreren Grotten ragen zu beiden Seiten auf. Steilhänge und Hochebene sind mit Macchia und Wald bewachsen, auf der nördlichen Seite befindet sich der alte Kontija-Wald, der 1964 unter Naturschutz gestellt wurde.

Das Wasser des Fjords weist einen geringeren Salzgehalt auf und eignet sich daher sehr gut für die Fisch- und Muschelzucht.

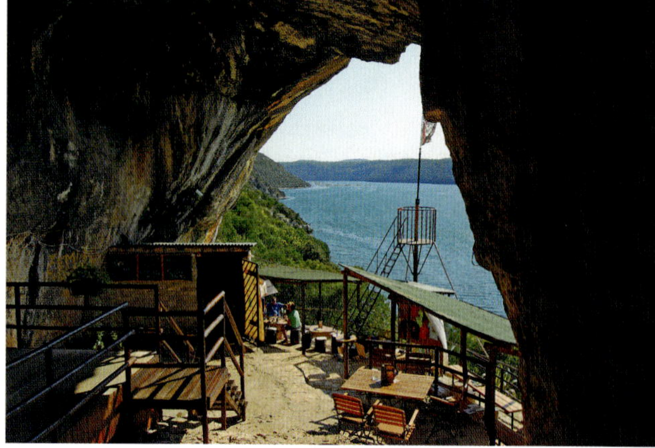

Bar Pirate

Coletti, Conte Coletti, seit 1964 steht er unter Naturschutz. Sie passieren einen Hochsitz, gehen bei der nächsten Kreuzung noch geradeaus weiter und biegen bei der folgenden **Kreuzung** **05**, Radwegweiser 171 geradeaus nach Kloštar, nach links in den Forstweg. Nach wenigen Minuten treffen Sie nach einem Haus bei einem **Rastplatz** **06** wieder auf die Fahrradroute 171 zurück nach Vrsar. Der Rückweg auf dem Fahrweg führt zuerst weiter durch

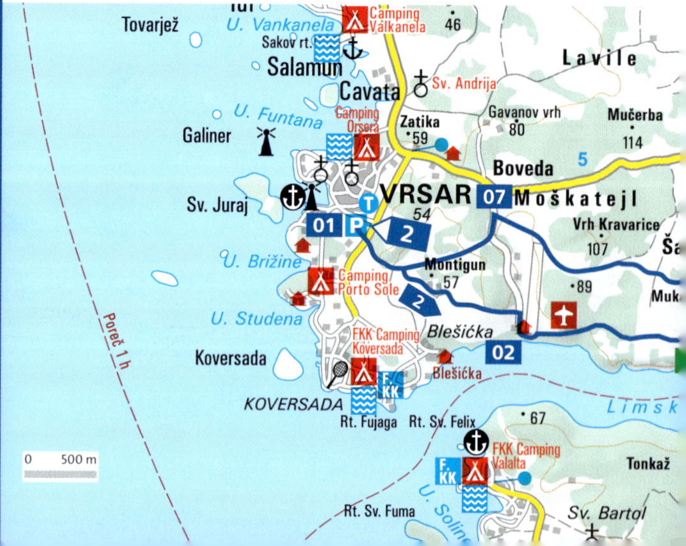

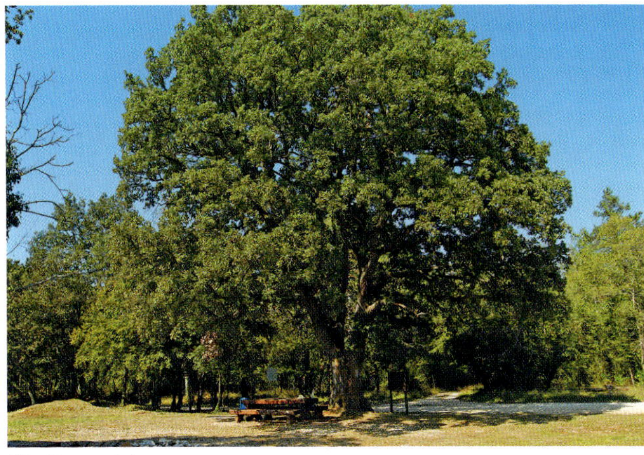

Alte Flaumeiche

den Wald, dann durch Macchia, nach einigen Weingärten treffen Sie auf die **Straße 07**. Auf dieser kurz nach links (Radroute 191), nach 200 m bei der Linkskurve nach rechts in den Schotterweg. Auf ihm gelangen Sie zum Herweg und auf diesem zurück nach **Vrsar 01** mit mehreren Einkehrmöglichkeiten am Hafen hinter dem Busbahnhof, auch ein Rundgang durch die verwinkelten Gassen der Altstadt auf dem Hügel lohnt sich.

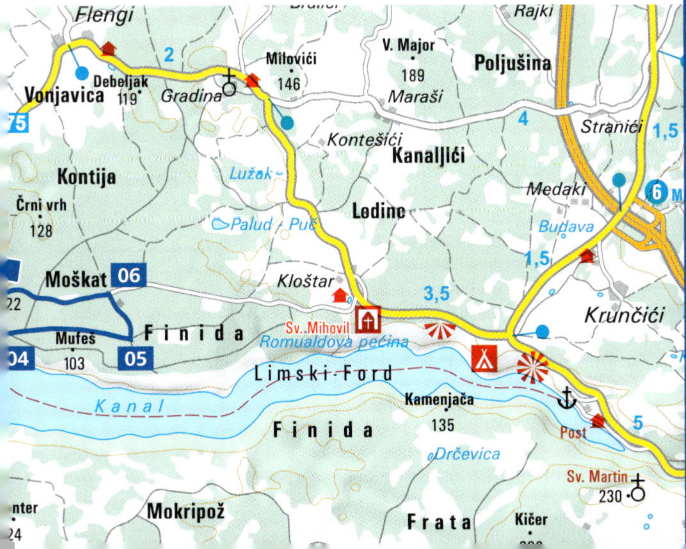

DVIGRAD

Zur Ruinenstadt über dem trockenen Flusstal

 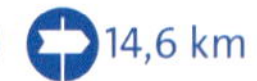 14,6 km 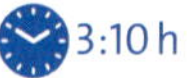 3:10 h 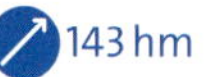 143 hm  143 hm 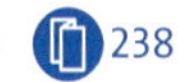 238

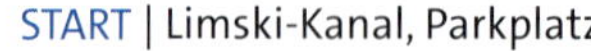
START | Limski-Kanal, Parkplatz
[GPS: UTM Zone 33 x: 401.044 m y: 4.998.044 m]
Anfahrt: Kein Bus. Mit dem Auto auf der Straße 21 bis zum Limski-Kanal, Parkplatz für Höhle Romualdo im Talboden.
CHARAKTER | Einfache Talwanderung auf Schotterweg zur sehenswerten Ruinenstadt Dvigrad. Radroute 271, halb schattig.

Das Flüsschen Pazinčica floss früher durch das Limska-Tal zum Meer, seit der letzten Eiszeit verschwindet es im großen Schluckloch bei Pazin (siehe Tour 13). Die Tour führt durch das Trockental zur im 17. Jh. verlassenen Ruinenstadt Dvigrad auf einem Hügel über dem Tal.

▶ Beim **Limski-Kanal 01** beginnt die Wanderung durch das Limska-Tal, ein ausgeschilderter Parkplatz befindet sich unterhalb der Romualdohöhle, 100 m abseits der Hauptstraße. Von dieser zweigt auf der anderen Seite der Schotterweg ab, Radroute 271, auf dem Sie nun durch das Trockental wandern. Der Weg führt abwechselnd durch Niederwald und an Feldern vorbei, gegen Ende überquert die Autobahn auf einer hohen Brücke elegant die breite Talschlucht. Nach der Brücke umrundet der Weg zur Hälfte einen Umlaufberg, ein Hinweis darauf, dass es sich hier um ein ehemaliges Flusstal mit Mäandern handelt. Nun wird bereits die Ruine von Dvigrad auf einem Hügel sichtbar, vorbei an der Friedhofskirche der hl. Maria von Lakuć aus dem 15. Jh. führt ein Sträßchen hinauf zur Ruinenstadt **Dvigrad 02**.

Die Geschichte der Stadt reicht bis in die Römerzeit zurück, aus den Resten kann man erkennen, dass es sich um eine gut entwickelte Stadt handelte. Sie stand unter der Herrschaft Venedigs und wurde von den Genuesen und Uskoken angegriffen, konnte aber nicht erobert werden. Im 17. Jh., als Malaria und Pest Istrien verseuchten, verließen die Bewohner für immer

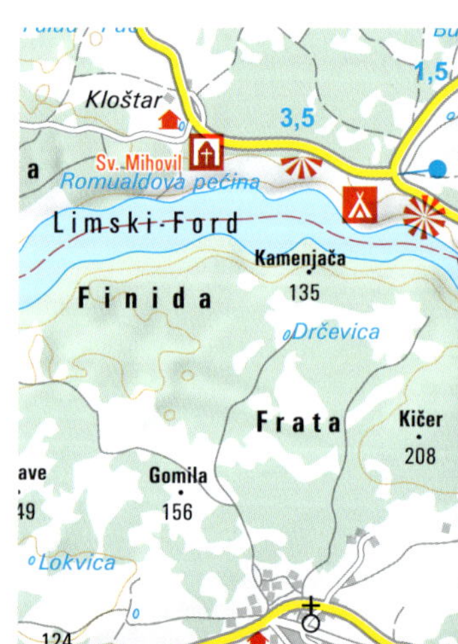

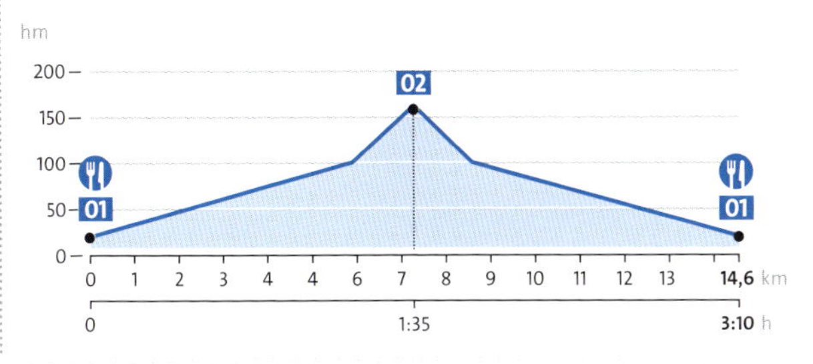

01 Limski-Kanal, 0 m; 02 Dvigrad, 163 m

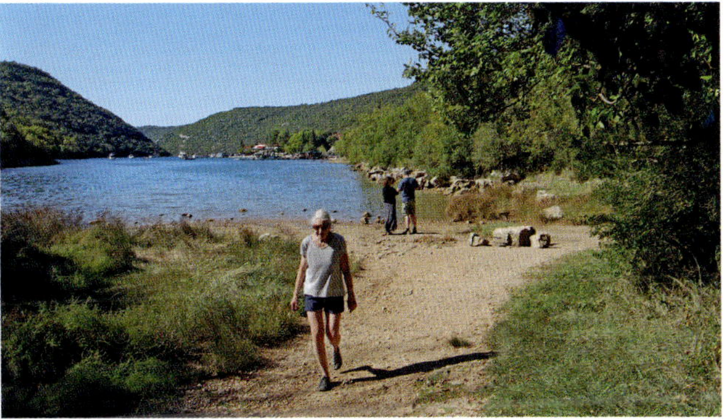

Am Limfjord

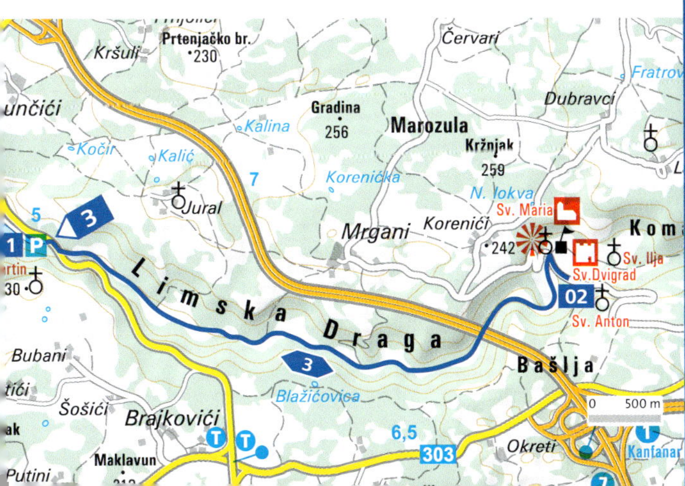

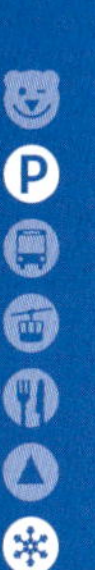

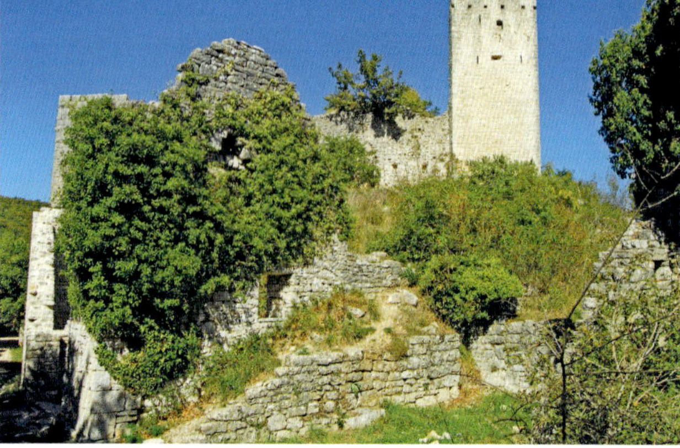

Ruine Dvigrad

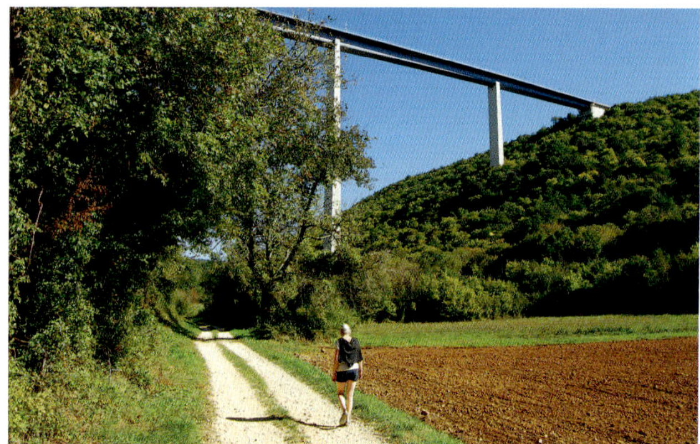

Autobahn über das Limska-Tal

die Stadt. Bei einem Rundgang sehen Sie das Stadttor, zwei Mauerringe, einige Abwehrtürme, den Pfarrhof und die Ruine der Kirche Hl. Sophia an der höchsten Stelle.

Im Sommer können Sie im Kiosk einkehren, bevor Sie auf demselben Weg zum **Limski-Kanal** **01** zurückkehren.

Vom Parkplatz weist ein Wegweiser zur **Romualdo-Grotte**, der Aufstieg beginnt am schönen Rastplatz beim Limfjord, die Grotte kann nur mit einem Führer besichtigt werden. Einkehren können Sie 200 m weiter in den Restaurants am Limfjord, hier kommen Fische und Muscheln aus den Zuchtbetrieben frisch auf den Tisch.

PALUD

Zum Vogelschutzreservat bei Rovinj

  10,4 km  2:45 h  61 hm  61 hm  238

START | Campingplatz Mon Paradis
[GPS: UTM Zone 33 x: 396.948 m y: 4.989.388 m]
Anfahrt: Busse von Rovinj oder Pula nur bis Kokuletovica an der Hauptstraße, von dort (zu Fuß 25 Min.) Richtung Camping Vestar, vor diesem links Richtung Camping Val Vidal, parken am Straßenrand bei der Einfahrt zum Camping Mon Paradis.
CHARAKTER | Ruhige Rundwanderung durch Niederwald im Hinterland zweier Badebuchten, halb schattig.

Auf Fahrwegen wandern Sie durch niedrige Eichenwälder, vorbei an Bauernhöfen und zwei Badebuchten zum **Palud**, dem einzigen Vogelschutzreservat Istriens und Hauptziel der Tour. Ein Beobachtungsstand ermöglicht eine gute Sicht über das Sumpfgebiet mit seinen zahlreichen Vogelarten, am Rückweg bietet die Konoba Mofardin eine ideale Einkehrmöglichkeit. Ein Fernglas ist nützlich, ebenso Badesachen.

▶ Kurz vor der Einfahrt zum **Camping Mon Paradis** 01 an der Bucht Luka Veštar gehen Sie links in den Fahrweg, Radroute 203. Auf dem Schotterweg wandern Sie über den Hügel **Paradiz** 02 durch Mischwald, vorwiegend Steineichen. Der Fahrweg macht dann einen Rechtsknick (hier kommen Sie später zurück) und führt hinunter zur Bucht **Cisterna** 03, im Sommer Strandbar. Der Name erinnert an die römische Zisterne, deren Mauern Sie noch sehen können – dort, wo der Fahrweg von der Küste weg führt, rechts. Die Technik der doppelten Mauern – außen behauene Steine, innen kleine Kalk-

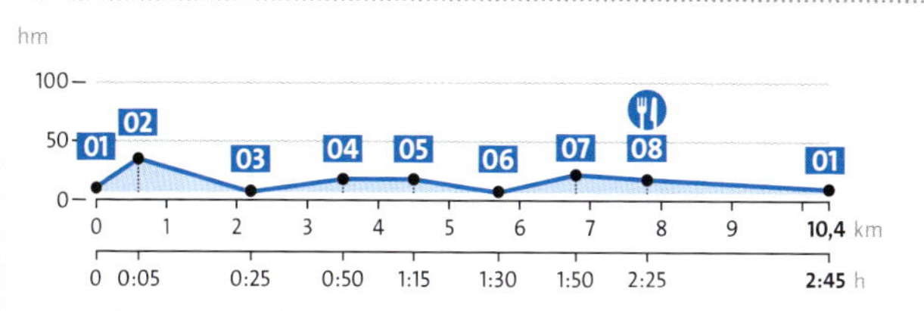

01 Camping Mon Paradis, 10 m; 02 Paradiz, 35 m; 03 Cisterna, 2 m; 04 Eingang, 18 m; 05 Beobachtungsstand, 18 m; 06 Sv. Pavao, 2 m; 07 Presveta Trojstva, 22 m; 08 Konoba Mofardin, 18 m

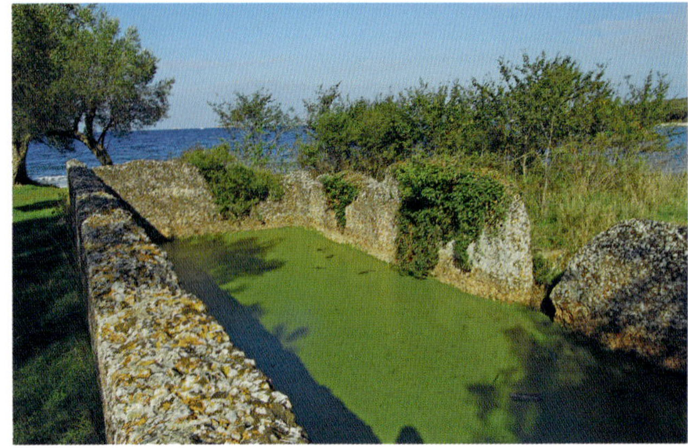

Römische Zisterne

steine – garantierte Langlebigkeit, seit 2000 Jahren trotzt sie Sonne, Wind und Wetter. Bei der Gabelung des Fahrweges gehen Sie rechts, Wegweiser Palud, er macht eine Schleife um eine Wiese mit Olivenbäumen, ein schöner Rastplatz mit Bademöglichkeit. Sie bleiben immer auf dem Fahrweg und ignorieren die Abzweigungen bis zu einer Rechtskurve, dort nehmen Sie den links abzweigenden Feldweg, Wegweiser Palud, er führt in wenigen Minuten zum **Eingang** **04** in das Vogelschutzreservat (Infotafel).

Auf schönem Weg wandern Sie nun durch Niederwald dem hinter dem Dickicht gelegenen Sumpfgebiet **Palud** entlang bis zum **Beobachtungsstand** **05**. Hier sollten Sie sich genügend Zeit zur Beobachtung der Vögel nehmen, je nach Wetter und Jahreszeit sind es viele oder wenige.

Sie gehen geradeaus weiter und biegen bei der T-Kreuzung nach rechts (links geht's in einer kleinen Runde zurück zum Eingang).

Der Weg führt an der Ruine einer ehemaligen kleinen Kirche St. Damajan vorbei und geht dann in einen Pfad über, auf dem Sie durch Niederwald, bei einer Gabelung links, zum Kiesstrand der Bucht **Sv. Pavao** **06** gelangen, in der Saison hat hier eine Strandbar geöffnet. Nach der Bar gehen Sie noch 50 m am Strand entlang und biegen dann in den Fahrweg nach links hinauf in den Wald. Der Weg schwenkt langsam in weitem Bogen gegen Westen, bei der T-Kreuzung nach 15 Min. links zur Kirchenruine **Presveta Trojstva** **07** hinter einem großen steinernen Stall.

Bei der nächsten T-Kreuzung (links ist eine Hofzufahrt) biegen Sie wieder nach links und wandern auf dem zum Teil etwas steinigen Fahrweg vorbei an einigen Bauernhöfen bis zu einer Linkskurve, davor stößt von rechts ein Weg dazu. Am Ende der Linkskurve biegen Sie in den Pfad nach rechts, nach 300 m durch Buschwald stoßen Sie gegenüber einer Hauseinfahrt auf einen Fahrweg, auf dem

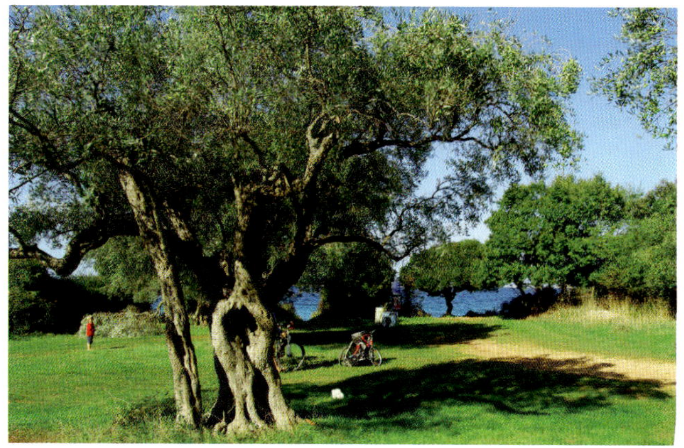

In der Bucht Cisterna

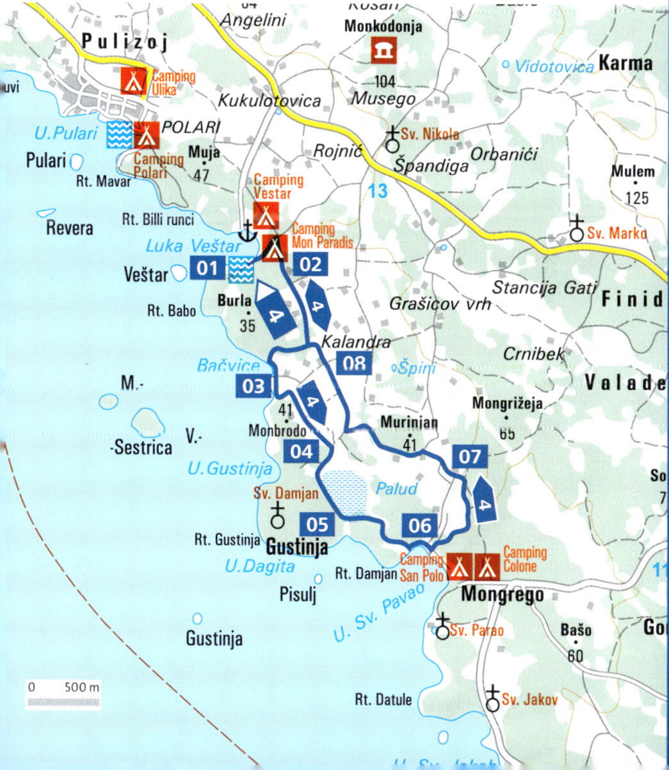

Angelini
Monkodonja
Pulizoj
Camping Ulika
Kukulotovica
104
Musego
Vidotovica
Karma
U. Pulari
POLARI
Sv. Nikola
Pulari
Muja
47
Rojnić
Špandiga
Orbanići
Camping Polari
Rt. Mavar
Camping Vestar
13
Mulem
125
Revera
Rt. Billi runci
Camping Mon Paradis
Sv. Marko
Luka Veštar
01
02
Veštar
Burla
35
Rt. Babo
Grašicov vrh
Stancija Gati
Kalandra
08
Crnibek
Bačvice
Špini
03
M.-
41
Valade
Monbrodo
Mongriževa
65
Murinjan
41
-Sestrica
V.-
04
07
U. Gustinja
Sv. Damjan
Palud
05
06
Rt. Gustinja
Gustinja
U. Dagita
Camping San Polo
Camping Colone
Rt. Damjan
Pisulj
Mongrego
U. Sv. Pavao
Gustinja
Sv. Parao
Bašo
60
0 500 m
Rt. Datule
Sv. Jakov

Vogelschutzreservat Palud

8 km südlich von Rovinj liegt in einer Senke nahe dem Meer in einem Sumpfgebiet ein See, der sich in Regenzeiten von 2 auf 20 ha ausdehnt. 1906 versuchten die Österreicher die Malaria dadurch zu bekämpfen, dass sie einen 200 m langen Kanal zum Meer gruben, damit das Seewasser einen höheren Salzgehalt erhält und die Stechmücken sich nicht mehr entwickeln können. Als Folge wurde der See von der Meeräsche und dem Aal besiedelt, beides Fische, die Brackwasser bevorzugen. Heute lebt eine große Vielzahl von Vögeln wie Wildenten, Blässhühner, Lappentaucher, Schnepfen, Samtkopfgrasmücken, Meisen, Spechte, Sperlinge, insgesamt rund 200 Arten, in dem seit 1969 geschützten Revier. Dazu kommen noch viele Zugvögel, die dieses Gebiet als Rastplatz benutzen oder hier überwintern. Auch verschiedene Krustentiere, Muscheltiere, Schnecken, Schildkröten, Insekten und Libellen haben hier ihren Lebensraum. Die beste Zeit für die Beobachtung der Vögel ist das Winterhalbjahr und regnerisches Wetter im Sommer, man kann auch Führungen buchen, Infos im Tourismusbüro in Rovinj.

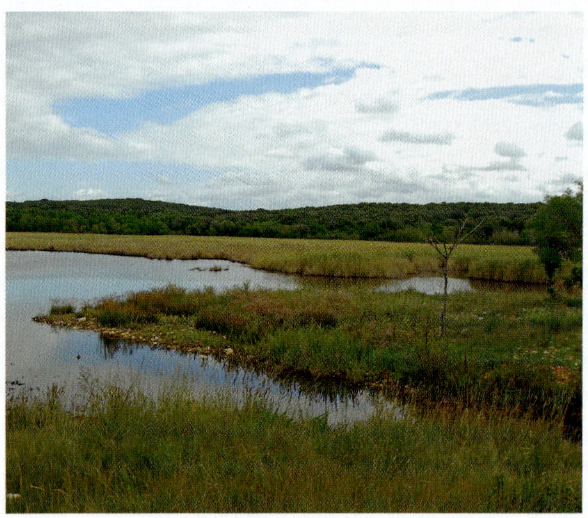

Sie dann nach rechts bis zur **Konoba Mofardin** 08 gehen. In diesem Landgasthaus mit Tischen im großen Hof kann man prima einkehren und gut essen. Ein Schild weist vom Gasthaus zur Cisterna-Bucht, Sie wandern auf dem Fahrweg geradeaus weiter, in wenigen Minuten erreichen Sie den Herweg, auf dem Sie zum **Camping Mon Paradis** 01 zurückkehren.

PULA

Stadtrundgang und Küstenpromenade

 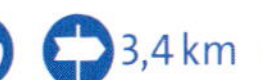 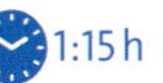 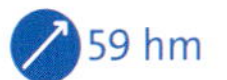 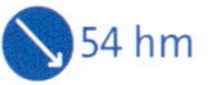 

3,4 km 1:15 h 59 hm 54 hm 238

START | Pula, Amphitheater
[GPS: UTM Zone 33 x: 409.111 m y: 4.969.516 m]
Anfahrt: Busverbindungen in alle Orte der Umgebung.
CHARAKTER | Die Tour besteht aus zwei selbständigen Teilen, verbunden mit dem Stadtbus 2A. **Teil 1:** Stadtrundgang mit vielen Besichtigungs- und Einkehrmöglichkeiten. **Teil 2:** Spaziergang auf dem Promenadenweg entlang der Küste um die Halbinsel Verudella, viele Bade- und Einkehrmöglichkeiten, halb schattig.

Eine gute Ergänzung zum Stadtrundgang bietet die Kurztour auf der Halbinsel Verudella zur kleinen, aber spektakulären Piratenschlucht. Kultur im ersten Teil, Natur im zweiten Teil.

TEIL 1 – STADTRUNDGANG

Sie beginnen Ihren Stadtrundgang am **römischen Amphitheater** 01, der bedeutendsten Sehenswürdigkeit und Wahrzeichen von Pula. Die elliptische Arena misst 132 x 105 m und wurde im 1. Jh. v. Chr. unter Kaiser Vespasian errichtet, mit einer Zuschauerkapazität von 23.000 Menschen war sie die sechstgrößte im römischen Imperium. Unterhalb der Kampfarena befanden sich die unteririschen Räume für Tiere und Geräte, heute ist hier das Museum zur Entstehungsgeschichte untergebracht. Eine besondere Spezialität waren die Naumachien, Seeschlachten, die im gefluteten Amphitheater

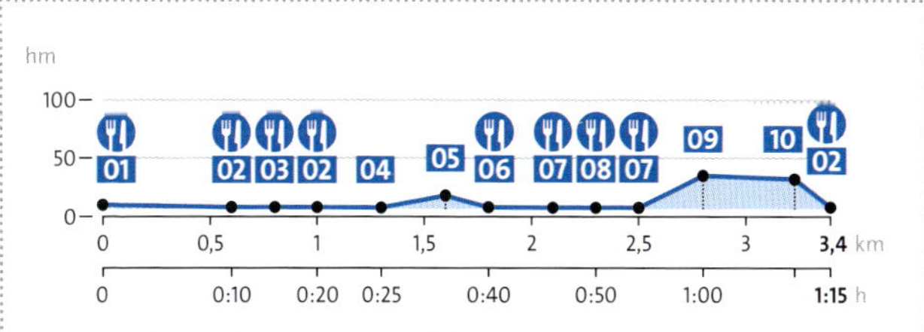

Teil 1: 01 Amphitheater, 10 m; 02 Sergier-Triumphbogen, 8 m; 03 Markthalle, 8 m; 04 S. Formosa, 6 m; 05 Franziskanerkloster, 18 m; 06 Forum, 6 m; 07 Kathedrale Sv. Marija, 6 m; 08 Olivenmuseum, 6 m; 09 Kastel, 35 m; 10 Römisches Theater, 32 m

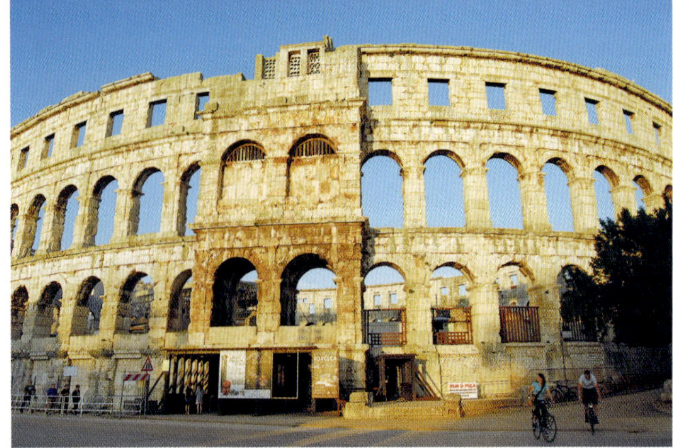

Arena - das römische Amphitheater

abgehalten wurden und die Zuschauer in Begeisterung versetzten. Mit dem Ende des römischen Imperiums verlor auch die Arena ihre Funktion, im Mittelalter diente sie als Turnierplatz für Ritterspiele, ab dem 14. Jh. begann unter venezianischer Herrschaft die teilweise Demontage, sie wurde als Baumateriallieferant verwendet. Heute ist das Amphitheater wieder restauriert und ein beliebter Veranstaltungsort für Konzerte. Von der oberen Seite kann man von zwei Bars direkt in die Arena blicken, der Eingang ist unten an der Istarska Ulica, geöffnet im Sommer Mo – So 8 – 20 Uhr, Winter 9 – 16.30 Uhr.

Anschließend gehen Sie die etwas heruntergekommene Istarska Ulica bis zum kleinen Park Petar Kresimir, im Hintergrund sehen Sie bereits das **Doppeltor**, das erste von drei erhaltenen Stadttoren aus der Römerzeit. Hier befindet sich auch der Zugang zu den ausgedehnten unteririschen Gängen, die die Österreicher als Schutzräume unter der Festung anlegten. Am Hang zur Festung sehen Sie das ehemalige österreichische Gymnasium, in dem heute das Archäologische Museum untergebracht ist, derzeit wegen Renovierung geschlossen. Auf der Via Carrarina gehen Sie, vorbei am **Herkulestor**, zur Straße Giardini. Nur der Name und die Allee erinnern noch daran, dass hier Ende des 19. Jhs. zu Ehren des Kaisers ein großer Garten vor der alten Stadtmauer angelegt wurde. Am Ende der von Cafés gesäumten Alleestraße steht rechts der **Sergier-Triumphbogen** 02, nach links empfiehlt sich auf der Fußgängerzone Flanatička ein kurzer Abstecher zur **Markthalle** 03, einer Stahlkonstruktion aus dem Jahr 1903. Besonders bunt ist der größte Obst- und Gemüsemarkt Istriens unter den Bäumen neben der Halle am Vormittag.

Zurück zum Triumphbogen, der im Auftrag des römischen Gouverneurs Salvia Sergius 30 v. Chr.

errichtet wurde. Hier beginnt die belebte Fußgängerzone Ulica Sergijevaca, auf der Sie durch die Altstadt spazieren. Bei der Nr. 20 gehen Sie links durch die Maksimilijanova U. zur ehemaligen **Basilika S. Formosa** 04. Von der ursprünglichen byzantinischen Basilika aus dem 6. Jh. steht nur mehr eine Kapelle, wesentliche Teile wurden zum Bau der San-Marco-Kirche in Venedig verwendet.

Beim Rückgang biegen Sie durch den Gastgarten (schöne Einkehrmöglichkeit) des Restaurants Mozaik nach links, hinter der Mauer beim Parkplatz liegt rechts das große **Mosaik „Bestrafung der Dirke"**, Überrest einer römischen Villa, erst nach dem Zweiten Weltkrieg entdeckt. Dirke wurde, da sie ihre Nichte Antiope aus Eifersucht gequält hatte, von den Söhnen der Antiope an die Hörner eine Stieres gebunden und durch das Gebirge geschleift, bis Dionysos sie in eine Quelle verwandelte.

Zurück zur Fußgängerzone führt kurz vor dem Forum ein gepflasterter Weg rechts zum **Franziskanerkloster** 05 hinauf. Die Ordenskirche wurde 1314 auf Fundamenten einer Vorgängerkirche errichtet, sehenswert sind ein prächtiges Polyptychon (holzgeschnitzter, reich verzierter Altar) aus dem Beginn des 15. Jhs. in reinster Gotik von Antonio Vivarini sowie der Kreuzgang im angrenzenden Kloster.

Zurück zur Fußgängerzone sind Sie in wenigen Schritten beim **Forum** 06, wie der Platz der Republik auch genannt wird. An diesem zentralen Platz steht neben dem Rathaus, ein Stilgemisch aus Romanik und Renaissance, der kleine Augustustempel. Er wurde um die Zeitenwende während der Herrschaft des Augustus erbaut, diente nach der Römerzeit als Kirche, Getreidesilo und Museum für Archäologie. Im Zweiten Weltkrieg wurde er fast vollständig zerstört und in den ersten Nachkriegsjahren noch unter italienischer Herrschaft orginalgetreu wiederaufgebaut. Hinter dem Forum heißt die Fußgängerzone Ulica Kandlerova und ist von Lokalen gesäumt. Auf

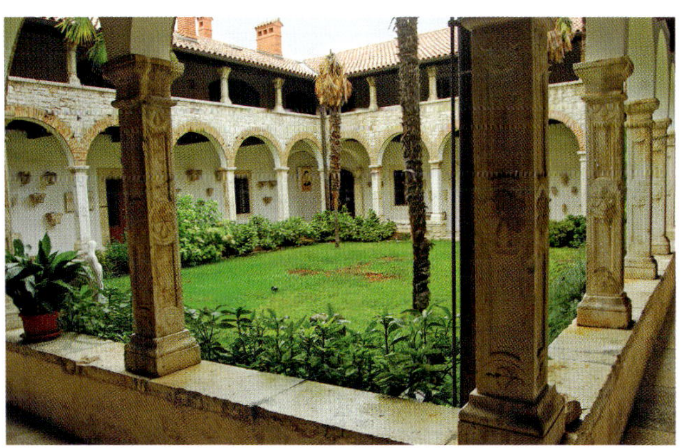

Kreuzgang im Franziskanerkloster

Pula – Stadtentwicklung

Pula, die Stadt mit dem vorzüglich geschützten Naturhafen, kann auf eine lange Besiedlungsgeschichte zurückblicken, wie altsteinzeitliche Funde beweisen. Eine erste Befestigungsanlage am Burgberg errichteten die illyrischen Histrer, als Pula 43 v. Chr. römische Kolonie wurde, erlebte die Stadt eine Blütezeit mit Wasserversorgung, Kanalisation, Forum, Tempel, Arena, Theater. Vieles davon ist noch erhalten, obwohl es in den folgenden Jahrhunderten durch Kriege und Seuchen zu einem totalen Niedergang der Stadt kam. Als Österreich die Stadt 1814 endgültig von Venedig übernahm, lebten nicht mehr als 600 Einwohner in der einstigen stolzen Römerstadt, und in der ersten Hälfte des 19. Jhs. änderte sich nicht viel daran.

Der Umschwung kam 1848/49: Nachdem auf Venedig kein Verlass mehr war, wurde Pula zur Zentralstation der k.k.-Flotte ausgewählt und kräftig ausgebaut: Ein Kriegshafen mit allen Versorgungseinrichtungen, Werften, Werkstätten, Lager für Waffen und Munition, eine eigene Marinesiedlung, ein Marinekasino wurden gebaut, der Anschluss an die Südbahn hergestellt, Kaffeehäuser, Hotels und Restaurants entstanden – all das sorgte für einen regen Zuzug, 1910 war Pula mit bereits 42.000 Einwohnern die bevölkerungsreichste Stadt in Istrien. Zwar war die Stadt eine überwiegend italienische, die fast ausschließliche Bestimmung als österreichischer Kriegshafen verlieh ihr jedoch ein besonderes Gepräge. Nach dem Ersten Weltkrieg fiel Pula gemäß dem Vertrag von Rapallo an Italien, ökonomisch bedeutete der Abzug der Österreicher einen schweren Verlust für die Stadt. Nach dem Zweiten Weltkrieg kam Istrien und damit Pula an Jugoslawien. Aus Protest dagegen und aus mangelnder Perspektive verließ fast die gesamte italienische Bevölkerung die Stadt, Italien hatte die Polesaner dazu aufgefordert, um der Welt zu zeigen, dass Pula eine italienische Stadt gewesen sei.

So übernahmen die Jugoslawen 1947 eine entvölkerte Stadt, der doppelte Exodus ist bis heute spürbar, die neu zugewanderte slawische Landbevölkerung konnte den Verlust zwar zahlenmäßig ausgleichen und Pula ist heute eine junge Stadt mit rund 50.000 Einwohnern, viele alte Gebäude wurden jedoch vernachlässigt und sind in einem desolaten Zustand.

dem Trg Sv. Tome steht die **Kathedrale Sv. Marija** 07, ein im 5. Jh. errichtetes und im 15. Jh. restauriertes Gotteshaus, der Glockenturm stammt aus dem 17. Jh. Bevor Sie hier nach rechts zum Kastel hinaufgehen, können Sie noch einen kurzen Abstecher zum neuen istrischen **Olivenmuseum** 08 am Ende der Fußgängerzone machen. Das istrische Olivenöl zählt zu den besten der Welt, auf dem relativ kleinen Raum werden 25 Sorten kultiviert. Das Museum informiert über Sorten und Herstellung, angeschlossen ist ein Verkaufsraum mit Verkostung.

Von der Kathedrale führt der Weg hinauf zum **Kastel** 09, einer alten venezianischen Festung, von den Österreichern ausgebaut, 1955 wurde hier das historische Museum eingerichtet (Mo – So 8 – 20/17 Uhr). Von den Festungsmauern genießen Sie einen weiten Blick über die Stadt und auf den Hafen, dessen Niedergang deutlich erkennbar ist. Sie gehen nun auf der oberen ringförmigen Ulica Castropola am Franziskanerkloster vorbei Richtung Osten.

Dort, wo die Straße einen Rechtsknick macht, gelangen Sie geradeaus zum kleinen **römischen Theater** 10 griechischen Stils, leider wie vieles am Festungshügel ziemlich verwahrlost. Von der Ringstraße gehen Sie wieder hinunter zum **Sergier-Triumphbogen** 02. Ganz in der Nähe am unteren Ende der Alleestraße Giardini ist die Bushaltestelle für den Bus 2A zur Fahrt nach Verudella.

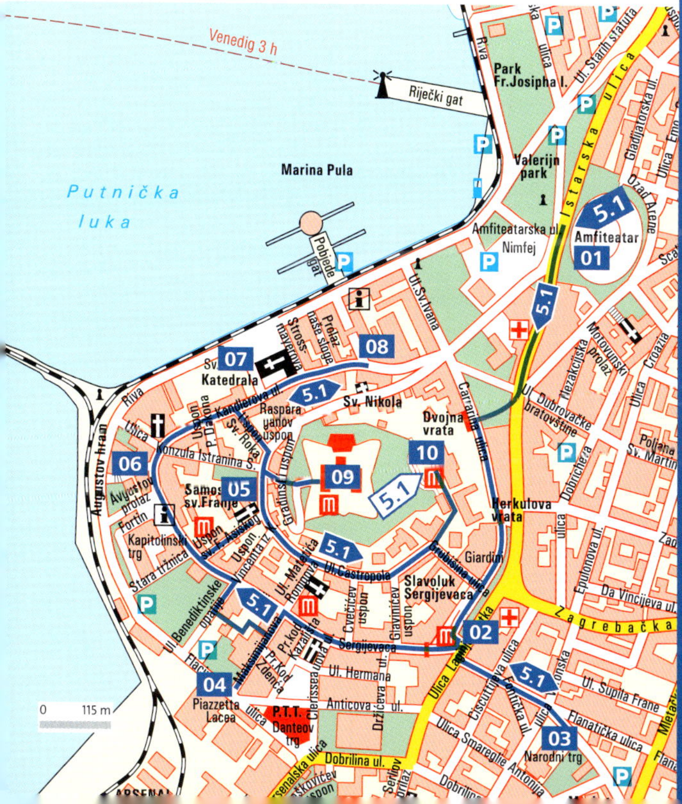

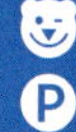

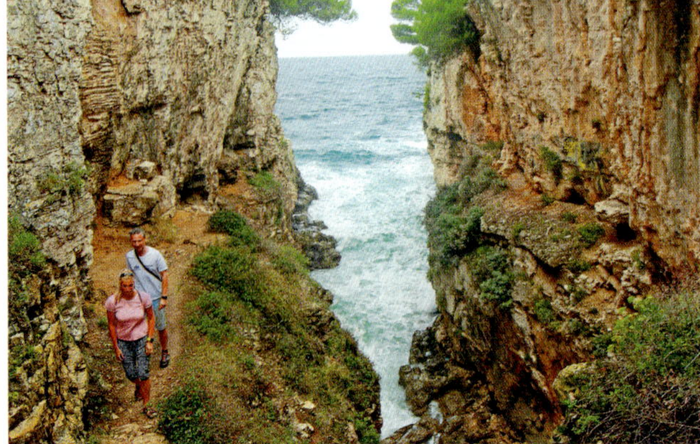

Piratenschlucht

TEIL 2 – HALBINSEL VERUDELLA

Sie fahren bis zur **Haltestelle Veruda** 01 am Beginn der Halbinsel. Auf asphaltiertem Weg gehen Sie Richtung Küste, bei der Kreuzung rechts auf dem Sträßchen weiter bis zum Parkplatz, dort beginnt links der Naturweg der Küste entlang. Sie passieren die **Strandbar Carling** 02, danach die neue Hotelanlage Splendid. Hier gehen Sie auf dem Durchfahrtsweg 30 m oberhalb der Küste zur anderen Seite und gleich wieder hinunter zum Ufer.

Auf asphaltiertem, schattigem Promenadenweg wandern Sie der Küste entlang, vorbei an einzelnen Hotels, Restaurants und Feriensiedlungen im Wald. Sie passieren die **Bucht Sakučani** und danach den **Beach Ambrela** 03, beide mit Strand und Restaurant.

Weiter am Ufer entlang gelangen Sie zum Hotel Brioni, hinter der Terrasse beginnt der **gelb-grün-weiß** markierte Naturweg durch Eichen- und Kiefernwald, auf dem Sie einen **Aussichtspunkt** 04

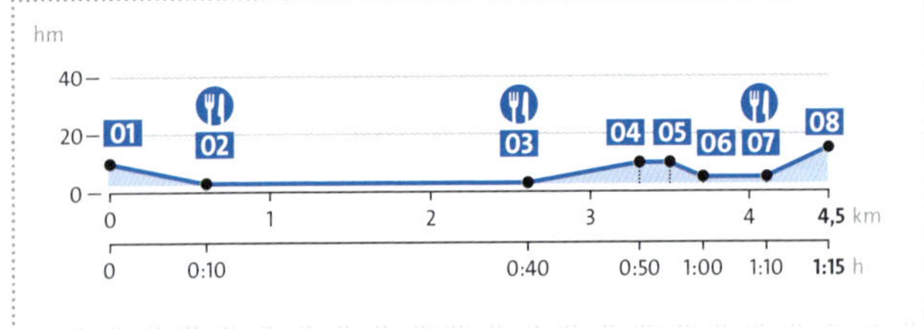

Teil 2: 01 Veruda, 10 m; 02 Strandbar Carling, 2 m; 03 Beach Ambrela, 2 m; 04 Aussichtspunkt, 10 m; 05 Gusarska Špilja, 10 m; 06 Havajska, 5 m; 07 Leuchtturmhaus, 6 m; 08 Aquarium, 15 m

mit weitem Blick über die Küste erreichen. Danach halten Sie sich weiterhin am Rand der Klippe, der Weg ist durch Eisengeländer gesichert. Bald erreichen Sie die spektakulärste Stelle der Küste, die **Gusarska Špilja** 05, die Piratenschlucht. Senkrecht fallen hier die Felswände zu beiden Seiten in die sich zum Meer hin öffnende Schlucht ab, bis auf halbe Höhe kann man zu einer Grotte absteigen, Vorsicht Rutschgefahr! Danach erreichen Sie auf dem Uferweg zunächst die **Bucht Havajska** 06 und dann das **Leuchtturmhaus** 07, daneben ein Bistro. Im dahinter liegenden Wald liegt die ausgedehnte Apartment-Siedlung Verudela. Beim Leuchtturmhaus biegen Sie in den Weg nach links hinauf zum nahen **Aquarium** 08 in der alten Festung. Zur Bushaltestelle gehen Sie auf der Zufahrtsstraße geradeaus weiter, beim Parkplatz rechts zur Straße, auf der linken Seite ist die Haltestelle für die Rückfahrt nach Pula.

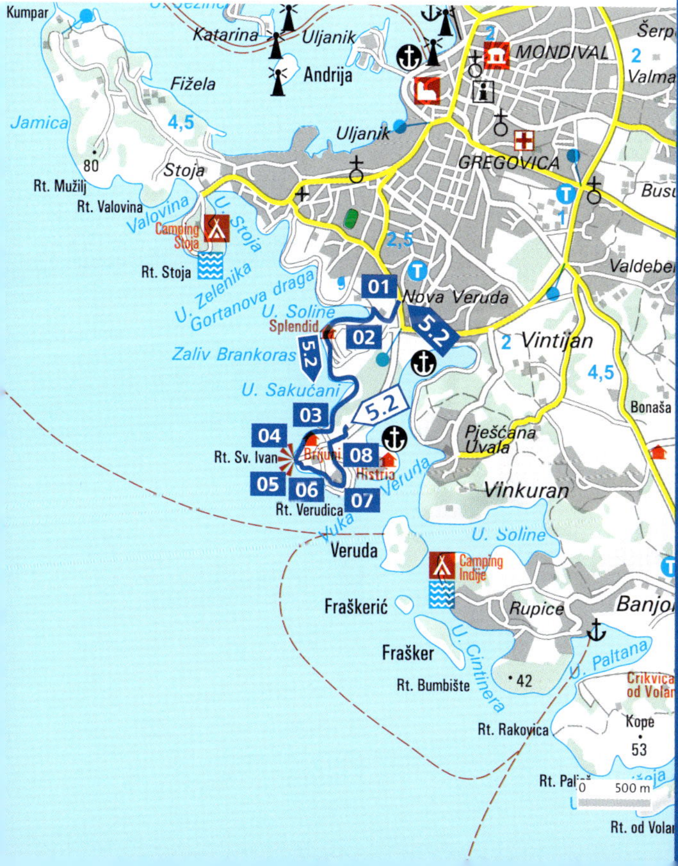

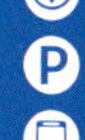
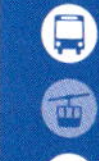

6

HALBINSEL KAMENJAK

Belebtes Naturreservat

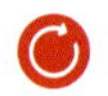 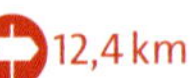 12,4 km  3:50 h  59 hm  59 hm   238

START | Premantura, Kirche
[GPS: UTM Zone 33 x: 413.774 m y: 4961469 m]
Anfahrt: Bus 28 von Pula Busbahnhof über Giardini, Haltestelle am oberen Ende der Allee, Premantura Kirche im Zentrum. Parkplätze im Ort, die Zufahrt zur Halbinsel ist gebührenpflichtig.
CHARAKTER | Ausgedehnte Küstenwanderung im Naturreservat Kamenjak, im Sommer viele Einkehr- und Bademöglichkeiten, halb schattig.

Die Halbinsel zwischen Premantura und Kap Kamenjak steht zwar wegen der seltenen Flora und Fauna unter Schutz, sie ist aber gleichzeitig ein beliebtes Naherholungs- und Ausflugsziel für Einheimische und Touristen. Ruhige Küstenwege wechseln mit belebten Stränden mit Strandbars, beliebte Ziele sind die Dinosaurierspuren in der Bucht Pinižule und die Klippen von Velika Kolumbarica.

▶ Von der Bushaltestelle bei der Kirche von **Premantura** **01** gehen Sie noch kurz auf der Hauptstraße weiter, bei der Linkskurve dann geradeaus durch die Nebenstraße, bei der Gabelung links und nach 100 m rechts gelangen Sie zum Kassahäuschen für die Autofahrer. Beim Kassahäuschen beginnt rechts der Pfad Richtung Küste: Durch eine Weide gelangen Sie zur zweiten Zufahrtsstraße, diese überqueren, weiter durch Kiefernwald, bei einer Wegkreuzung geradeaus, bei der darauf folgenden Gabelung nach links. Sie treffen auf einen Fahrweg, gehen wiede-

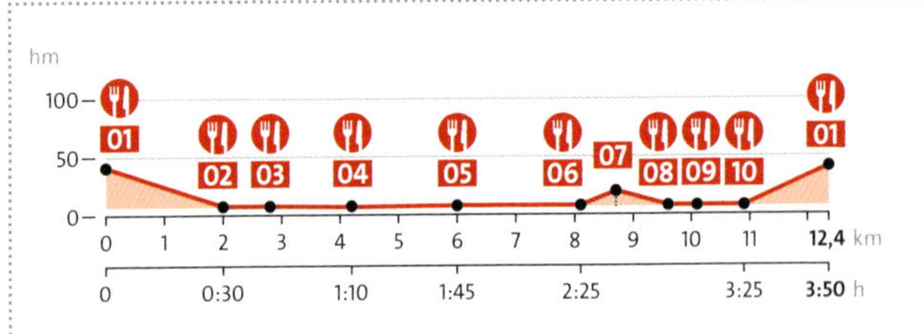

01 Premantura, 41 m; **02** Uv. Pinižule, 1 m; **03** Uv. Polje, 1 m; **04** Uv. Njive, 1 m; **05** Uv. Mala Kolumbarica, 1 m; **06** Uv. Debeljak, 1 m; **07** Parkplatz, 20 m; **08** Uv. Mali Portić, 1 m; **09** Uv. Škokovica, 1 m; **10** Uv. Dražice, 1 m

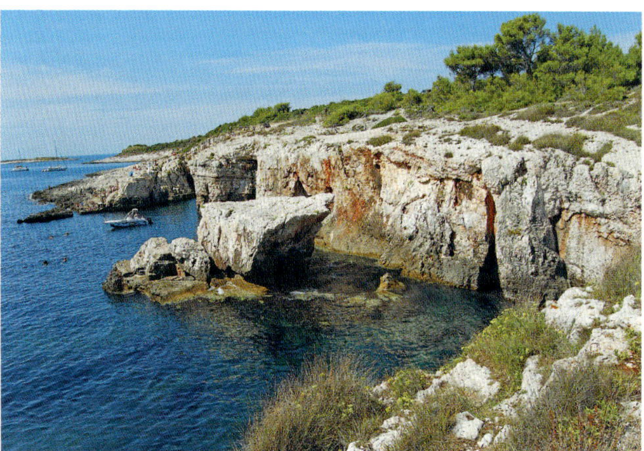

Die Klippen von Velika Kolumbarica

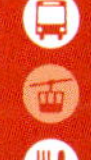

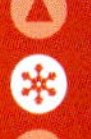

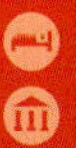

rum nach links, bei der T-Kreuzung dann nach rechts. Auf dem Schotterweg passieren Sie eine Attrappe eines Dinosauriers, auf dem **Dinosaurierpfad** wandern Sie nun hinunter zur Küste. Hier wurden auf den Felsen 12 Fußabdrücke von Dinosauriern gefunden, sie sind schwarz eingekreist und deutlich erkennbar. Der Pfad führt der felsigen Bucht **Uv. Pinižule** **02** entlang, beim kleinen Kiesstrand gibt es einen schönen Picknickplatz und Kiosk.

Durch schattigen Kiefernwald wandern Sie nun um die Landzunge zur Bucht **Uv. Poljc** **03**, wieder mit Kiesstrand und Kiosk. Der Weiterweg ist als Rad- und Wanderroute ausgeschildert, der Schotterweg verläuft manchmal etwas abseits der Küste, als Wanderer können Sie auf dem schmalen Küstenpfad weiter immer dem Ufer entlang wandern.

Durch Buschwald erreichen Sie die Bucht **Uv. Njive** **04**, Kiesstrand und Strandbar. Der Weg führt weiter durch Buschwald und Macchia, Infotafeln informieren über Flora und Fauna des Naturparks. (Wer die Tour abkürzen möchte, geht bei der Infotafel nach links hinauf zum nahen **Parkplatz** **07** beim hohen Signalturm mit schöner Aussicht).

Sie bleiben immer auf dem Küstenweg und gehen bei einer Gabelung entgegen den Wegweisern nach rechts Richtung Küste und dann links auf einem Fahrweg weiter. Er wird zum Pfad, auf dem Sie durch Macchia zur Safari-Bar gelangen, eine orginelle Sommer-Schönwetter-Bar im Schilf knapp oberhalb der großen Bucht **Uv. Mali Kolumbarica** **05**.

Der Pfad führt nun weiter direkt der felsigen Küste entlang zu den Klippen von Velika Kolumbarica. Steile Felswände, ein isolierter Felsen und eine vom Meer her zugängliche Höhle locken hier viele Ausflugsboote an, die Felsen sind

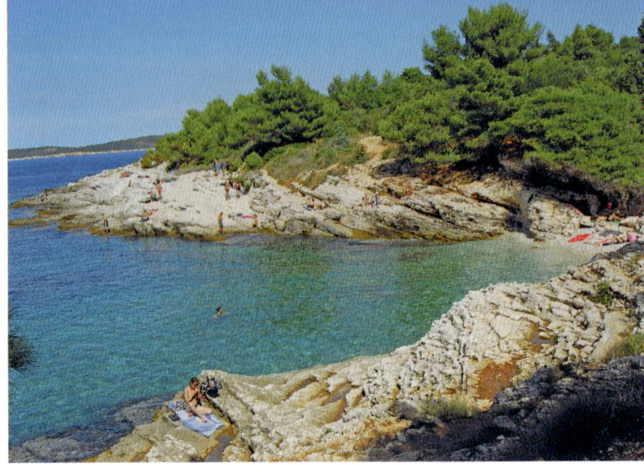

Zahlreiche Buchten liegen am Weg

bei Klippenspringern sehr beliebt. Auf dem Pfad wandern Sie weiter der felsigen Küste entlang, an einer Stelle ist er etwas beschwerlich, und dann hinauf zum Plateau. Sie queren zwei Schotterwege und gelangen zur Bucht Sveta Mikula mit ihren leicht abfallenden Felsplatten. Danach führt der Pfad wieder hinauf zum Weg, Sie folgen den Wegweisern über den Rücken. Der Weg dreht nach Norden und führt in Schleifen durch Macchia, bei einer Wegkreuzung biegen Sie entgegen dem Wegweiser nach rechts (geradeaus kommen Sie direkt zum **Parkplatz** **07**) zur Bucht **Uv. Debeljak** **06**, Kiesstrand und Strandbar.

Auf einem Fahrweg gehen Sie anschließend hinauf zum nahen **Parkplatz** **07** und bei der Kreuzung hinter den Müllcontainern nach rechts, Wegweiser, hinunter zur Küste. Dort nicht nach dem Wegweiser zurück, sondern auf dem Küstenpfad der großen Bucht Portić entlang. Der Pfad ist teilweise etwas steinig,

Sie überqueren die Zufahrtsstraße und sind bald bei der engen, kleinen Bucht **Uv. Mali Portić** **08**, wieder mit kleinem Strand und Bar. Der Pfad führt oberhalb der Bar vorbei und dann gleich links hinauf zu einem Schotterweg, auf diesem dann bei der Gabelung geradeaus, Wegweiser, durch Kiefernwald zur flachen Bucht **Uv. Škokovica** **09**, Strandbar mit schönem Blick hinüber zu den Inseln Cres und Lošinj.

An der Küste entlang wandern Sie weiter über die Bucht **Uv. Dražike** **10** (Strandbar) zur Bucht Lokva und biegen hier vor der Steinmauer nach links hinauf zum Fahrweg. Er mündet in ein Sträßchen, nach rechts gehen Sie auf diesem immer geradeaus bis zum Kassahäuschen und dann auf dem Herweg – bei der Gabelung links – zurück nach **Premantura** **01**.

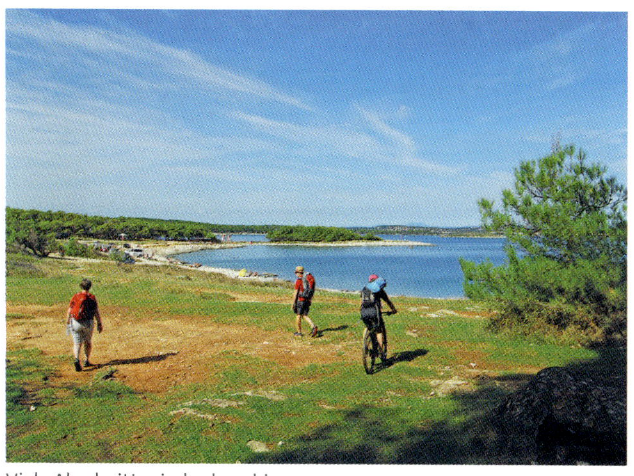

Viele Abschnitte sind sehr ruhig

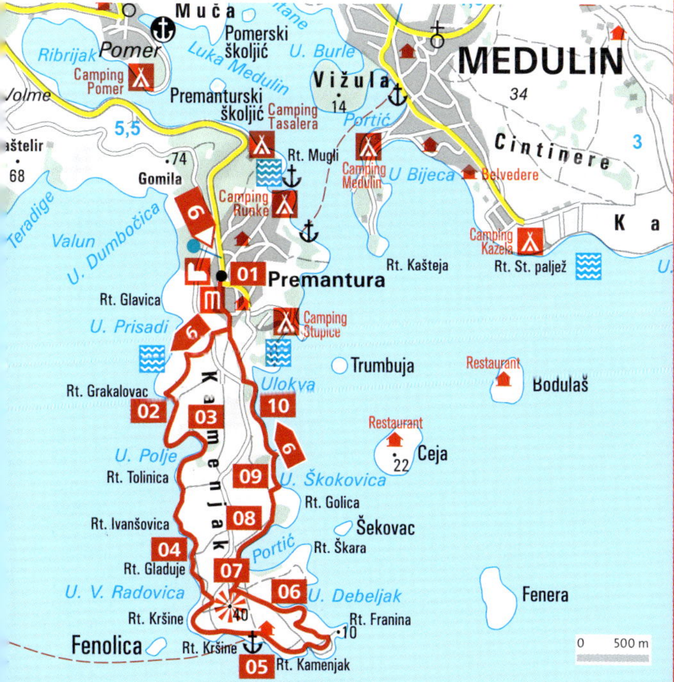

6

Kap Kamenjak

Die leicht hügelige Halbinsel zwischen Premantura und Kap Kamenjak bildet die Südspitze Istriens, entlang der zerklüfteten Küstenlinie reiht sich Bucht an Bucht mit Kies- und Felsstränden. Äußerst vielfältig ist die Vegetation: Äcker, trockene Wiesen und Macchia wechseln mit Aleppokiefernwäldern, unter den 550 verschiedenen Pflanzenarten sind besonders die rund 30 Orchideenarten bemerkenswert, sie stehen unter besonderem Schutz.

Durch die Abwanderung der Bauern kam es zur Verbuschung ungenutzter Flächen und einer Gefährdung der seltenen Orchideen. Um die Artenvielfalt zu erhalten und gleichzeitig der Bevölkerung eine wirtschaftliche Perspektive zu geben, erklärte man 1996 die Halbinsel zum Landschaftsschutzgebiet, d.h. traditionelle Landwirtschaft und das Abweiden der Wiesen sind erlaubt, ebenso die gebührenpflichtige Zufahrt auf bestimmten Wegen zu den Stränden, an schönen Tagen herrscht deshalb punktuell reger Betrieb.

Eine besondere Attraktion stellen darüber hinaus die gut erhaltenen **Dinosaurierspuren** in der Bucht Pinižule dar. Auf dem Dinosaurierpfad informieren Schautafeln über die verschiedenen Dinosaurierarten, die in der Kreidezeit, als sich die Kontinente bildeten, lebten.

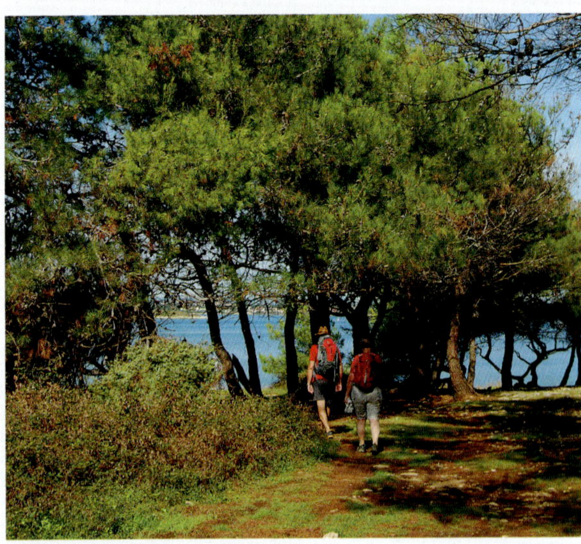

Am Kap Kamenjak

BRDO – CRNA PUNTA

Über die Labiner Halbinsel

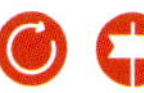 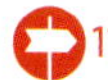 11,3 km 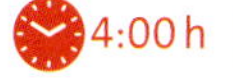 4:00 h 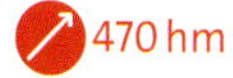 470 hm 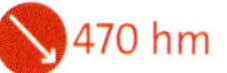 470 hm  238

START | Brovinje [GPS: UTM Zone 33 x: 413.775 m y: 4.980.933 m]
Anfahrt: Keine geeignete Busverbindung. Von Labin Richtung Koromačno bis Brovinje, durch den Ort und am südlichen Ortsende parken.
CHARAKTER | Rundtour über die verkarstete Labiner Halbinsel mit weiter Aussicht, teilweise steinige und schotterige Wege, kein Schatten.

Das verlassene Dorf Skitača weist auf die schwierigen Lebensbedingungen im Karst, die Kultstätte der hl. Lucia im Karst ist ein Beispiel volkstümlicher Heiligenverehrung, das Zementwerk gibt Arbeit und Einkommen.

▶ Sie beginnen die Tour am Parkplatz vor der Straßengabelung am südlichen Rand der Ortschaft **Brovinje** 01. Auf der linken Straße gehen Sie kurz bis zum letzten Haus und biegen danach in den Weg links aufwärts. Der fallweise rot-weiß markierte Fahrweg führt durch Buschwald den steilen Hang hinauf. Bei einer Rechtskurve des Fahrweges gehen Sie geradeaus auf dem grobschottrigen Weg weiter bergauf, bald öffnet sich ein weites Panorama über die Halbinsel Tunarica, etwas störend ist anfangs der Betriebslärm des Zementwerkes, der am Rücken dann aufhört. Sie passieren die **Abzweigung** 02 des Weges nach Viškovići, danach wird der Weg flacher. Sie

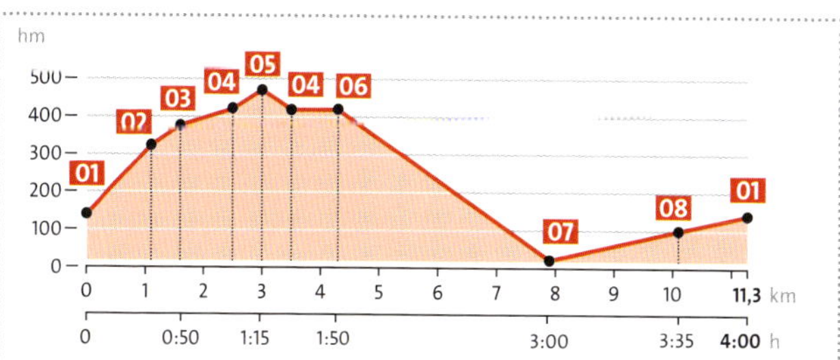

01 Brovinje, 140 m; 02 Abzweigung, 324 m; 03 Veli Kal, 376 m; 04 Abzweigung,422 m; 05 Brdo, 470 m; 06 Skitača, 420 m; 07 Crna Punta, 2 m; 08 Kirche Sv. Ivan Kristitelj, 100 m

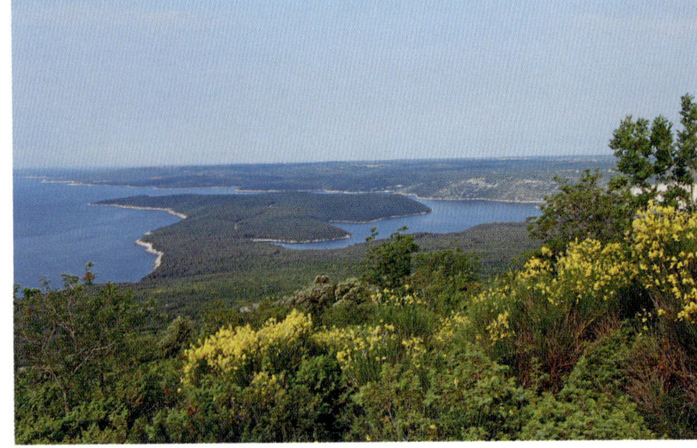

Halbinsel Tunarica

gehen nun über den Rücken mit Wiesen entlang einer Trockenmauer, der Weg gabelt sich, Sie folgen immer der Steinmauer und gelangen leicht abwärts zum idyllisch in einer bewachsenen Karstsenke gelegenen kleinen See **Veli Kal** **03**.

Sie gehen rechts weiter auf dem markierten, teils ruppigen Weg durch Macchia über den Rücken, von links stößt der Weg vom Ostri hinzu, das letzte Teilstück des LPP, Labinski Planinarski Put, des Labiner Weitwanderweges, Wegweiser Skitača nach rechts.

Kurz danach gelangen Sie zu einer **Abzweigung** **04**, wo Sie rechts einen Abstecher zu zwei nahen Punkten machen: Auf breitem Weg gehen Sie hinauf zum **Brdo** **05**, von dem Sie eine weite Rundsicht genießen: Auf der Terrasse unter dem flachen Gipfel die Häuser von Skitača, im Norden das bis zum Vojak ansteigende Učka-Massiv, in der Kvarner Bucht Cres und Lošinj mit der markanten Televrina.

Beim Rückweg führt auf halber Strecke ein markierter steiniger Pfad links zum Kreuz und Statue der hl. Lucia von Syrakus in einem Karstfeld. Der Legende nach stammt das Wasser bei einem Stein in der Mulde neben dem Kreuz von den Tränen der Heiligen und soll bei Augenleiden helfen, der Schutzpatronin der Armen, Blinden und kranken Kinder ist auch die Kirche in Skitača geweiht. Zurück zur **Abzweigung** **04** gehen Sie nun rechts hinunter nach **Skitača** **06**, einem heute verlassenen Ort, nur noch einige Ferienwohnungen sind zeitweise bewohnt. Ein schöner Rastplatz befindet sich neben der Kirche unter dem großen Zürgelbaum, eine Steinbank umschließt den dicken Stamm.

In vielen Orten Istriens wurden auf markanten Plätzen Ladogna- oder Zürgelbäume gepflanzt, unter ihren mächtigen Kronen trafen sich die Männer beim Boggia- oder Borellospiel, hier fanden Jahrmärkte, Kirchtage und Hochzeiten statt, die wilden Früchte wurden einst für die Speise der Lotophagen gehalten, deren Genuss den Menschen sein bisheriges Leben vergessen ließ.

Von der Kirche gehen Sie kurz rechts und biegen nach 50 m auf der Straße links in den Weg hinunter. Er geht in einen rot markierten Pfad über, der entlang von Trockenmauern ehemals genutzter Wiesen durch Buschwerk sanft nach unten führt. Mit schönem Blick auf Cres und Lošinj wandern Sie durch Macchia abwärts, queren zweimal die Straße und gehen dann auf dem langen Schotterweg; die letzten Minuten auf einem Pfad durch niederen Steineichenwald hinunter zur felsigen **Crna Punta** 07, wo der LPP endet. Der Leuchtturm links daneben ist privat, unzugänglich. Auf deutlichem Pfad wandern Sie anschließend oberhalb der Buchten durch niederen Mischwald und gelangen, leicht aufwärts, zur **Kirche Sv. Ivan Krstitelj** 08. Kurz davor, wo der Pfad breiter wird, kann man zur Kiesbucht absteigen. Sie gehen links an der etwas versteckt hinter Bäumen liegenden Kirche vorbei und geradeaus dem Zaun des Zementwerkes entlang weiter.

Das Zementwerk von Koromačno wurde 1912 noch in der k. u. k.-Monarchie errichtet, der Ort hieß damals Valmazzinghi. Seit der Privatisierung im jungen Staat Kroatien gehört es einer Schweizer Investmentgesellschaft. Bei der Gabelung, wo der Fahrweg links nach Koromačno abbiegt, gehen Sie geradeaus, der Weg steigt dann im Wald an und geht in ein Sträßchen über, auf dem Sie zum Ausgangspunkt in **Brovinje** 01 zurückkehren.

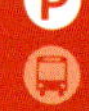

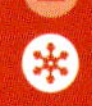

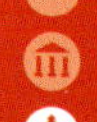

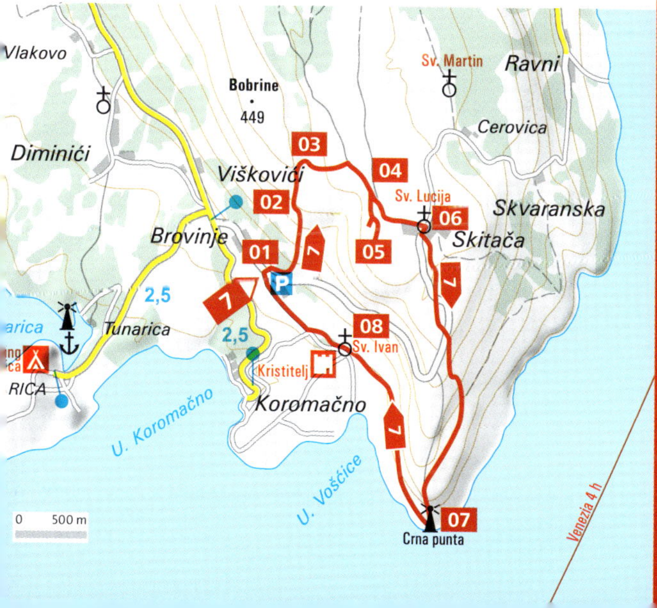

8

KAP PRKLOG

Zur Bucht Senicina bei Duga Luka

 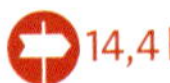 14,4 km  4:00 h ↗ 215 hm 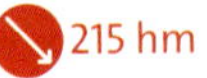 215 hm 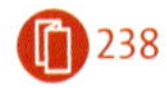 238

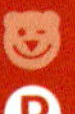

START | Rabac, Hafen
[GPS: UTM Zone 33 x: 433.825 m y: 4.991.969 m]
Anfahrt: Bus von Labin nach Rabac, Haltestelle 100 m oberhalb des Hafens. Parkplatz beim Camping.
CHARAKTER | Rundwanderung um die Halbinsel Duga Luka mit schönen Badegelegenheiten.

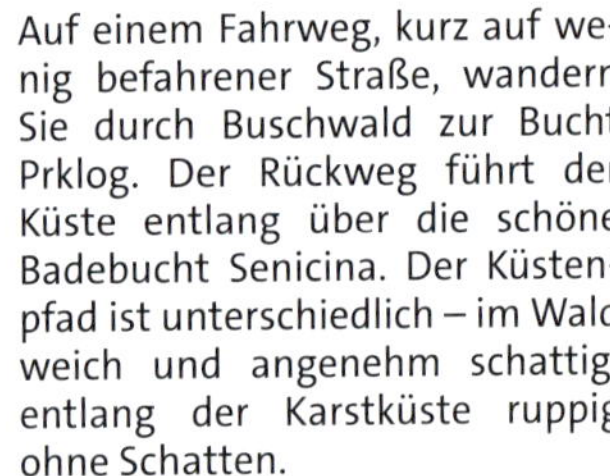

Auf einem Fahrweg, kurz auf wenig befahrener Straße, wandern Sie durch Buschwald zur Bucht Prklog. Der Rückweg führt der Küste entlang über die schöne Badebucht Senicina. Der Küstenpfad ist unterschiedlich – im Wald weich und angenehm schattig, entlang der Karstküste ruppig ohne Schatten.

▶ Sie starten die Tour am **Hafen** von **Rabac** 01 und gehen auf der Uferpromenade zum **Campingplatz** 02 in der Maslicina-Bucht. Autofahrer können auf dem Parkplatz nahe der Rezeption parken und die Tour hier beginnen. Nach dem Camping treffen Sie auf einen Bach, Sie gehen rechts 50 m dem Bach entlang und überqueren ihn auf einer Brücke, Weg 422. Durch niederen Steineichenwald führt der Weg leicht aufwärts, bei einer **Gabelung** 03 gehen Sie rechts, von links werden Sie zurückkommen. Der Pfad trifft auf einen Fahrweg, dem Sie nun weiter nach rechts folgen. Zuerst ansteigend, dann bald flach führt er durch Busch-

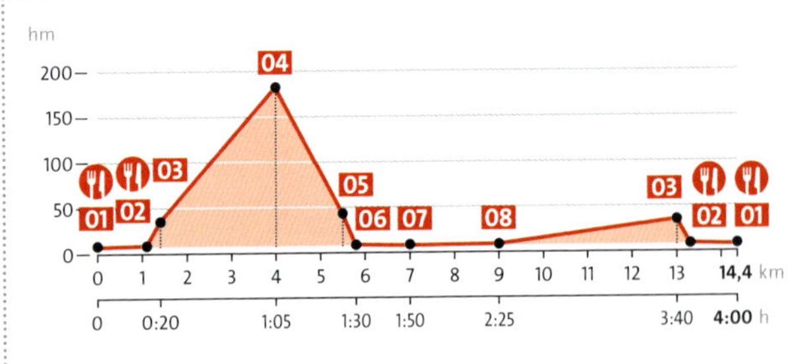

01 Rabac, Hafen,1 m; 02 Campingplatz, 1 m; 03 Gabelung, 35 m; 04 Gondolići, 182 m; 05 Fahrweg, 43 m; 06 Bucht Prklog, 2 m; 07 Kap Prklog, 1 m; 08 Bucht Senicina, 2 m

wald in ein kleines Tal und hinauf zu den Ferienhäusern unterhalb von **Gondolići** **04**.

Kurz danach treffen Sie auf eine wenig befahrene Straße, auf der Sie nach links Richtung Duga Luka gehen. Bald wird der Blick frei auf den Höhenzug des Oštri und Brdo im Westen (Tour 7) und auf Prklog. Dies ist die Bezeichnung für die Halbinsel, die lange Bucht, das Kap und den Ort, italienisch: Duga Luka. Sie gehen auf der Straße, vorbei an einigen Apartmenthäusern, hinunter und biegen, bevor die Straße flach wird, in den **Fahrweg** **05** nach rechts, der in wenigen Minuten hinunter zur **Bucht Prklog** **06** führt. Die Bucht war seit der Antike und noch in der Zeit Venedigs der Hafen von Labin.

Hier beginnt der Küstenweg, er geht bald in einen Pfad über, auf dem Sie durch Steineichenwald

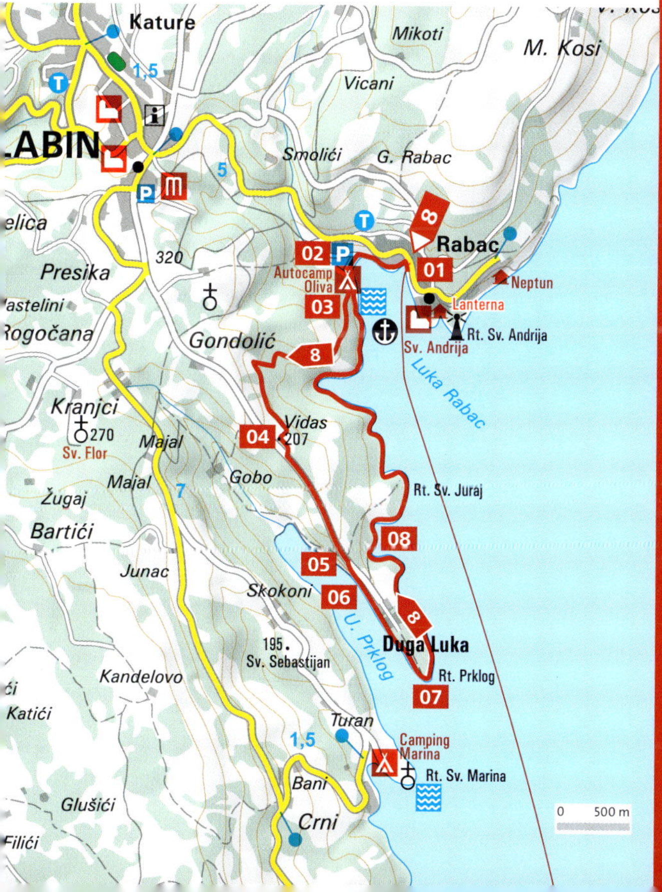

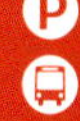

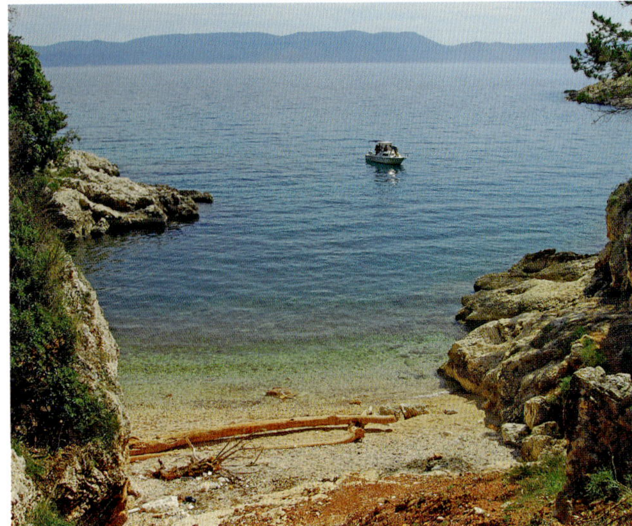

Romantische Buchten liegen am Weg

bis zum **Kap Prklog** 07 wandern. Von dort genießen Sie eine schöne Sicht auf die Inseln Cres und Lošinj, die Bucht von Rabac und das ansteigende Učka-Massiv.

Auch für die folgende Strecke bleiben Sie immer am küstennächsten Pfad, kurz gelb-rote Markierung, die jedoch bald von der Küste weg leitet. Der küstennahe Pfad ist landschaftlich schön, aber stellenweise steinig und ruppig. Bei einigen Passagen entlang der Klippen und Schründe ist mit Kindern Vorsicht geboten, besonders am Beginn der Bucht Senicina, wo der Pfad kurz abschüssig und etwas ausgesetzt ist.

Vom Kap Prklog führt der Pfad schattenlos am Karststrand entlang, in den Wald gelangen Sie wieder bei der **Bucht Senicina** 08 mit schönen Rast- und Badeplätzen. Am Ende des Fahrweges gehen Sie weiter direkt der Küste entlang, abwechselnd durch Wald und am schattenlosen Karststrand, umrunden das Kap St. Georg, Sv. Juraj, passieren die Bucht Remac, umgehen ein gelbes Haus auf steilem Pfad und gelangen dann zur ehemaligen Bauxitverladestelle.

Unter der italienischen Regierung wurde in den 1920er-Jahren eine 9 km lange Seilschwebebahn von den Bauxitabbaugruben von Cere bei Labin errichtet, mit der das Bauxit zum Hafen zur Verladung transportiert wurde. Nach dem Zweiten Weltkrieg wurde die Seilschwebebahn demontiert.

Kurz nach der ehemaligen Verladestelle treffen Sie bei der **Gabelung** 03 wieder auf den Herweg, auf dem Sie nach **Rabac** 01 zurückkehren.

RABAC – LABIN

Auf romantischem Weg ins mittelalterliche Hügelstädtchen

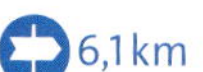

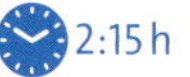

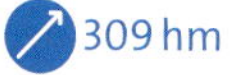

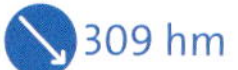

START | Rabac, Campingplatz
[GPS: UTM Zone 33 x: 433.825 m y: 4.991.969 m]
Anfahrt: wie bei Tour 08.
CHARAKTER | Familienfreundliche Rundtour durch das romantische Flusstal zur venezianisch geprägten Hügelstadt Labin. Überwiegend schattig.

Vom belebten Badeort Rabac wandern Sie auf guten Pfaden, vorbei an Wasserfällen und kleinen Kaskaden, hinauf zur sehenswerten Altstadt von Labin. Für die Besichtigung des Hügelstädtchens sollten Sie sich Zeit nehmen! Die Rückkehr erfolgt auf dem alten Verbindungsweg zwischen den beiden Orten.

▶ Wenn Sie mit dem Bus anreisen, starten Sie Ihre Wanderung am Hafen wie Tour 8, bei der Anreise mit dem Auto starten Sie vom Parkplatz beim Camping von **Rabac 01** in der Maslinica-Bucht. Von der Rezeption gehen Sie rechts dem Fußballplatz entlang, Weg 424, Wegweiser Wanderweg Labin, fallweise rot-weiße Markierungen.

Durch niederen Steineichenwald wandern Sie ins Tal hinein, der Weg steigt bald an, Sie erreichen

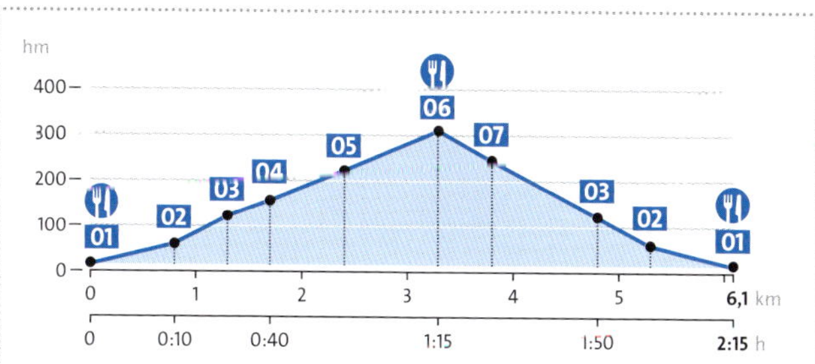

01 Rabac, 1 m; **02** Wasserfall, 60 m; **03** Brücke, 122 m; **04** Höhle Negri, 156 m; **05** Gabelung, 222 m; **06** Labin, Altstadt, 310 m; **07** Abzweigung, 245 m

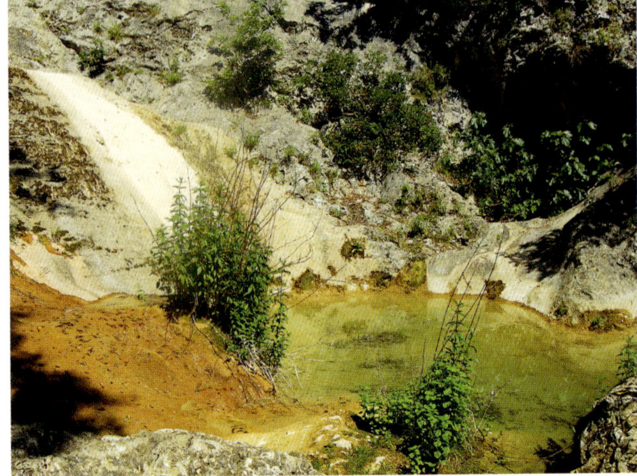

Großer Wasserfall

eine Rastbank bei einem großen **Wasserfall 02** in der Schlucht, neben der Steinbank sprudelt eine Quelle aus der bemoosten Felswand. Früher wurde hier auch eine Mühle betrieben, ihre Ruine ist noch unterhalb des Pfades zu sehen. Es folgt nun ein romantisches Wegstück: Auf felsigem Pfad steigen Sie kurz weiter auf, queren dann den Bach auf einer kleinen Brücke und gehen dem Bach entlang aufwärts. Nach einem weiteren steinernen Picknicktisch erreichen Sie eine weitere **Brücke 03**.

Unmittelbar danach verlassen Sie den Hauptweg, Rückweg, und biegen nach links. Der schmale Pfad führt durch Buschwald dem Bach Pećina entlang, Sie überqueren ihn bei einer Kaskade mit Teich, bei einer Gabelung danach rechts, gehen Sie nun vorbei an vielen kleinen Kaskaden, die an chinesische Reisfelder erinnern, bis zur großen **Höhle Negri 04**, in der sich eine Quelle befindet, davor ein kleiner See – wenige Meter rechts vom Weg.

Danach steigt der Pfad wieder kurz steil an und quert dann den im Sommer trockenen Bachlauf oberhalb der Höhle. Sie gelangen zu einer **Gabelung 05** und biegen hier nach rechts, Weg 423, bei einer Hausruine auf einem Fahrweg nach links und dann auf schmalem Pfad geradeaus. Der Pfad führt, am Ende über einige Stufen, direkt hinauf zur **Altstadt von Labin 06**, links zur zentralen Piazza mit Cafés und Restaurants.

Das Stadtbild beherrschen die prächtigen, gut erhaltenen Bauten aus der Venedig-Zeit: das Stadttor San Fior, die Stadtloge, die prächtigen Adelspaläste, im Palazzo Batiala-Lazzarini ist das Volkskundemuseum mit der Nachbildung eines Bergbaustollens im Keller untergebracht.

Labiner Republik

In der Region Labin wurde zwischen 1785 und 1984 Steinkohle unter Tage abgebaut. Durch den Steinkohlenabbau entwickelte sich eine Arbeiterklasse, die sich 1921 gegen die unmenschlichen Arbeitsbedingungen und die rücksichtslose Italienisierung durch das faschistische Italien wehrte. Im März 1921 brachen Unruhen aus, die Arbeiter riefen, unterstützt von den Bauern, die Labinska Republika, die Labiner Republik, aus. Sie konnte sich nur kurz halten, nach einem Monat wurde der Aufstand vom italienischen Militär niedergeschlagen.

Von der Piazza gehen Sie quer durch die Altstadt hinauf zum venezianischen Glockenturm, dem Stadtturm Zvonik, mit weiter Aussicht über die Stadt, die Bucht von Rabac und das Učka-Massiv. Hinter dem Turm kommen Sie zur Fortica, einer weiteren Aussichtsplattform bei der venezianischen Kanone.

Nun gehen Sie den kurzen breiten, gepflasterten Weg hinunter und biegen vor der Gasse nach rechts und gleich beim Parkplatz am Straßenende links die Stufen mit dem Eisengeländer hinunter. Der Pfad führt im Zickzack durch Kiefernwald den Hang hinunter, Weg 241, zur Straße. Beim Kreisverkehr geradeaus, danach folgt gleich die **Abzweigung** 07 nach rechts, Infotafel Wanderweg Labin-Rabac. Kurz auf asphaltiertem Weg abwärts und beim Apartmenthaus nach links, auf dem gut markierten Hauptweg kehren Sie durch das bewaldete Tal nach Rabac zurück, ab der **Brücke** 03 auf dem bekannten Herweg.

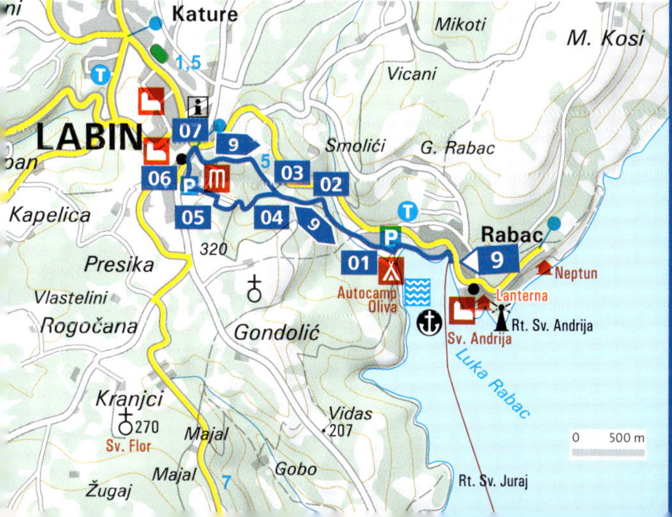

STANDAR • 475 m

Auf den Hausberg von Rabac

 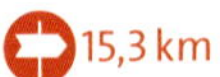 15,3 km  5:00 h 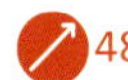 482 hm 482 hm  238

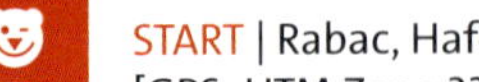

START | Rabac, Hafen
[GPS: UTM Zone 33 x: 433.825 m y: 4.991.969 m]
Anfahrt: Wie bei Tour 08.
CHARAKTER | Besonders im Frühjahr, wenn am Wegrand die vielen Blumen blühen, eine schöne Rundtour im ruhigen Hinterland der touristischen Hochburg Rabac. Im Aufstieg halb schattig, im Abstieg wenig Schatten, daher früh losgehen.

Auf gutem Pfad, häufig entlang von Trockenmauern, steigen Sie durch Buschwald und Lichtungen auf zum **Standar** mit seiner weiten Aussicht auf das Učka-Massiv. Mit freier Sicht auf den Kvarner steigen Sie ab, gegen Ende bietet die Bucht Prižnja eine schöne Badegelegenheit, bevor Sie über die belebte Strandpromenade nach Rabac zurückkehren.

▶ Sie starten die Tour am **Hafen von Rabac** 01, gehen auf der Uferpromenade Richtung Westen und biegen nach dem Restaurant Miramare nach rechts die Stufen hinauf. Der Treppenweg quert nach einer Nebenstraße auch die Hauptstraße. Danach gehen Sie durch die ansteigende Ulica G. Martinuzzi – Giuseppina Martinuzzi (1844–1925) war eine be-

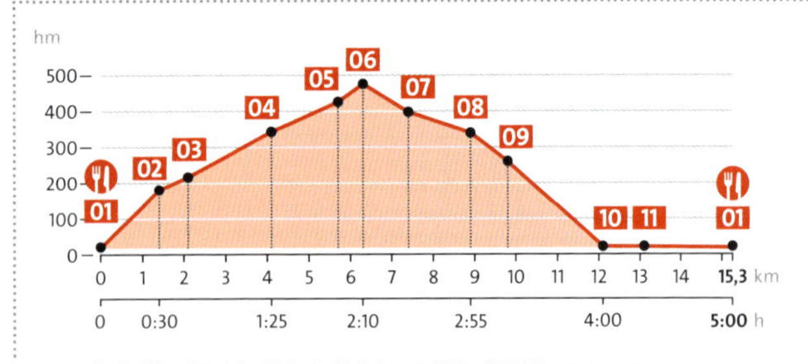

01 Rabac, Hafen, 1 m; 02 Querstraße, 180 m; 03 Abzweigung Pfad zum Standar, 216 m; 04 Ripenda Kras, 342 m; 05 Wegkreuzung, 425 m; 06 Standar, 475 m; 07 Abzweigung, 397 m; 08 Gabelung, 339 m; 09 Ripenda Kosi, 260 m; 10 Küste, 10 m; 11 Fahrweg, 18 m

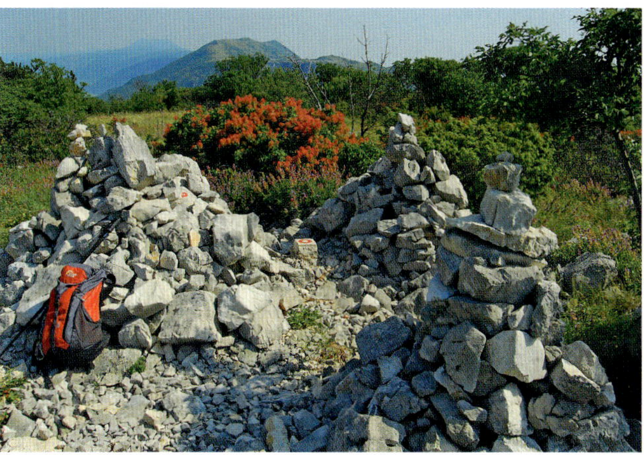

Am Gipfel des Standar

kannte Labiner Dichterin, Lehrerin und Kämpferin für Arbeiter- und Frauenrechte – vorbei an vielen Apartments, bis zu ihrem Ende. Hier beginnt der Pfad, auf dem Sie durch Buschwald aufsteigen. Sie passieren auf einer Lichtung einige Häuser mit Obstgärten und gelangen zu einer **Querstraße** 02, auf der Sie nach links weitergehen. Nach 10 Min. zweigt auf einer Kuppe rechts der **Pfad zum Standar** 03 ab, hier die rote Bodenmarkierung beachten.

Die folgende Strecke bis zum Gipfel ist besonders schön: Durch Buschwald und über Lichtungen, häufig begleitet von Trockenmauern, die an die frühere Nutzung des Hanges erinnern, führt der Pfad aufwärts. Im Frühjahr blühen am Wegrand zahlreiche Blumen wie Steinnelken, Flockenblumen, Knabenkräuter, Salbei oder Mädesüß, im oberen Teil viel Geißblatt.

Am Rande des Weilers **Ripenda Kras** 04 treffen Sie auf die Straße, gehen kurz nach links und biegen vor den Häusern in den Weg nach rechts. Bei der Gabelung nach links und dann nach rechts folgen Sie bis zum Gipfel nun der **roten** Markierung des LPP (Labiner Weitwanderweg). Durch Buschwald und über Lichtungen wandern Sie sanft aufwärts, nach 30 Min. biegen Sie bei einer **Wegkreuzung** 05 auf einer Lichtung nach rechts und gehen durch Kiefernwald, am Ende etwas steiler, hinauf zum Gipfelplateau des **Standars** 06. Hier genießen Sie eine weite Aussicht auf Labin, Innerlstrien, das Ćićarija-Gebirge und besonders schön das zum Vojak ansteigende Učka-Massiv.

Auf teils etwas steinigem, leicht abfallendem Pfad gehen Sie anschließend geradeaus weiter, er geht in einen Fahrweg über, der ein karges Karstplateau überquert. Sie passieren einen hohen Antennenmast und biegen vor der zweiten Antenne die **Abzweigung** 07 in den unmarkierten Fahrweg nach rechts hinab. Vor einer Wiese se-

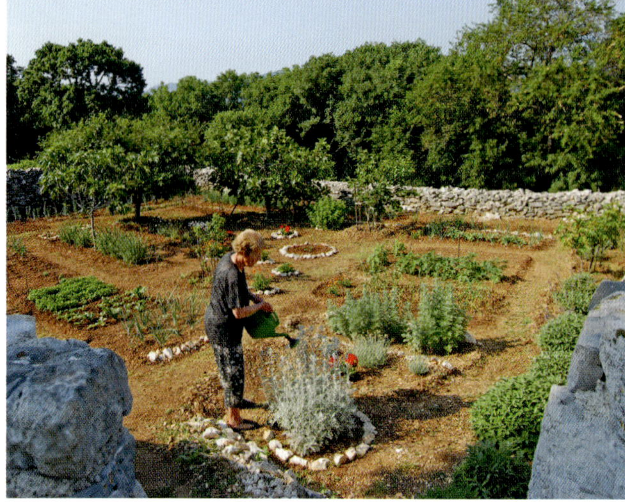

Garten im Karstgestein

hen Sie links einen Wasserspeicher, beim Wiesenweg dahinter gehen Sie links über die Wiese hinunter und biegen beim zweiten Wasserspeicher in den Weg nach rechts. Auf dem angenehmen, nur leicht abfallenden Weg wandern Sie, ähnlich wie beim Aufstieg, durch Buschwald und Lichtungen bis zu einer **Gabelung** 08 nach 25 Min. bei mehreren Wacholderbüschen.

Hier gehen Sie den linken Pfad weiter, er quert nach 100 m einen Weg und ist fallweise rot markiert bis zur Küste. Trotz mangelnder Markierung ist der Pfad über die Wiesen gut erkennbar, bei einigen Hausruinen treffen Sie auf die Straße am Rande des Weilers **Ripenda Kosi** 09 und biegen hier nach rechts. Sie verlassen die Straße nach 200 m vor einer Steigung nach links, der Fahrweg geht bald in einen Pfad über, auf dem Sie mit freier Sicht auf die Insel Cres den von Macchia mit viel Ginster bewachsenen Hang hinunterwandern, er ist gegen Ende etwas zugewachsen, aber viel begangen und deutlich erkennbar.

Oberhalb der **Küste** 10 schwenkt der Pfad nach rechts, führt oberhalb von Buchten der Küste entlang, kleinere Abzweigungen zur Küste ignorieren Sie. Bei einer Kehre trifft er auf einen **Fahrweg** 11, hier gehen Sie links, gleich danach können Sie über Stufen einen Abstecher zur schönen Badebucht Prižnja abseits des Touristenrummels machen.

Auf dem Fahrweg wandern Sie dann weiter durch Kiefernwald, anschließend auf einem Sträßchen, das in die Strandpromenade übergeht, zurück über die Halbinsel St. Andrea mit den ausgedehnten Ferienanlagen nach **Rabac** 01.

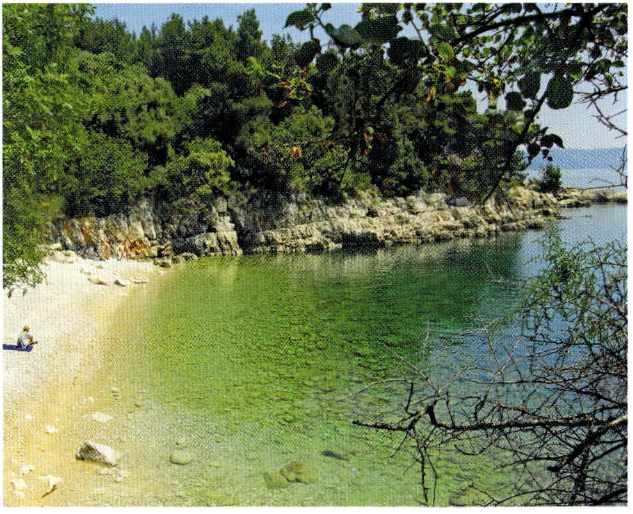

Ruhige Badebucht Prižnja

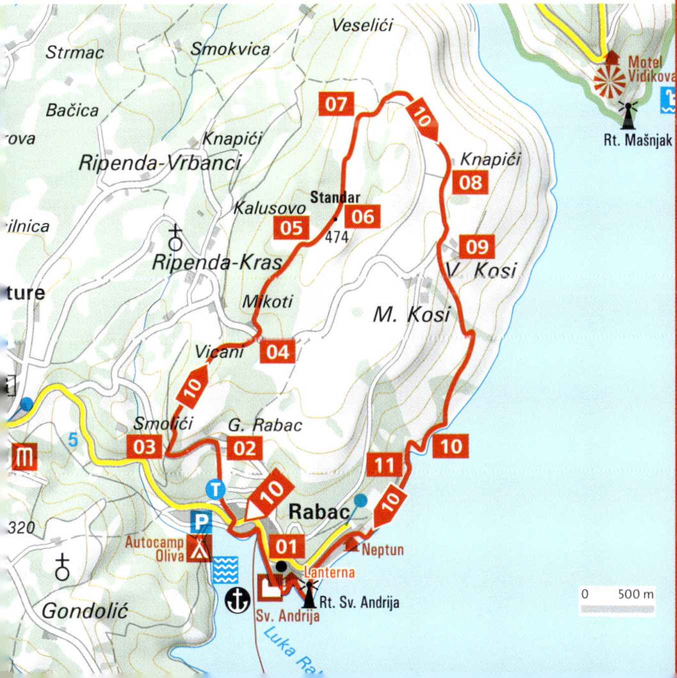

Veselići
Strmac
Smokvica
Motel Vidikovac
Bačica
07
10
Rt. Mašnjak
ova
Knapići
Knapići
Ripenda-Vrbanci
08
Standar
Kalusovo
06
05
474
ilnica
09
Ripenda-Kras
V. Kosi
ture
Mikoti
M. Kosi
Vičani
04
10
Smolići
G. Rabac
5
03
02
10
11
10
Rabac
10
320
Autocamp Oliva
01
Neptun
Lanterna
Rt. Sv. Andrija
Sv. Andrija
Gondolić
Luka Ra
0 500 m

LUNGOMARE: OPATIJA – LOVRAN

Wo einst der Kaiser promenierte

 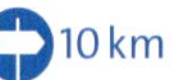

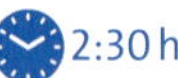

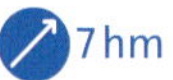

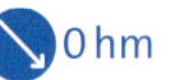

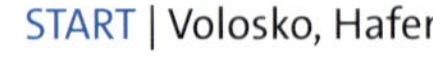
START | Volosko, Hafen
[GPS: UTM Zone 33 x: 446.763 m y: 5.021.865 m]
Anfahrt: Zwischen Rijeka und Lovran verkehrt alle 20 Min. Buslinie 32, Haltestelle Volosko.
CHARAKTER | Küstenspaziergang mit vielen Einkehr- und Bademöglichkeiten, halb schattig.

Eine 10 km lange, vor mehr als hundert Jahren angelegte Küstenpromenade, der Lungomare, verbindet die Ortschaften der Liburnischen Riviera von Volosko über Opatija bis Lovran miteinander. Der erste, 1889 fertig gestellte Abschnitt bei Opatija wurde nach Kaiser Franz Joseph benannt, der selbst hier gerne zu Gast war. Die aufwändige Bepflanzung mit Flaumeichen, Hainbuchen, Ahornbäumen, Eschen, Kastanien, Ulmen, Zypressen und Pinien vermittelt mediterranes Flair, spendet Schatten und schützt vor Erosion.

Der Spaziergang beginnt am Hafen von **Volosko** 01. Der alte Fischerort war einst Handels- und Wirtschaftszentrum der Region, seit 1884 mit einer Dampfschifffahrtslinie mit Rijeka und Opatija verbunden. Beide Orte überflügelten Volosko, das heute als ruhiger Ort mit Küstenatmosphäre und guten Restaurants bekannt ist. Auf dem Promenadenweg spazieren Sie nun über den Nordstrand Richtung Opatija. Hinter dem Kiesstrand der Badebucht Lipovica steht ein kleiner Bambuswald, auch die folgenden Kiesbuchten

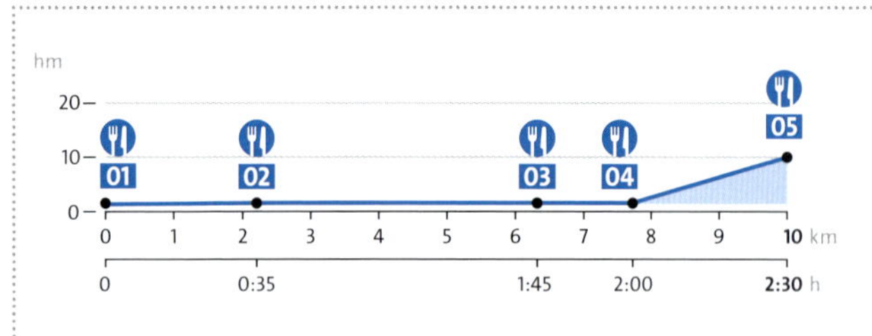

01 Volosko, Hafen 3 m; 02 Opatija, 3m; 03 Ičići, 3 m; 04 Ika, 3 m; 05 Lovran, 10 m

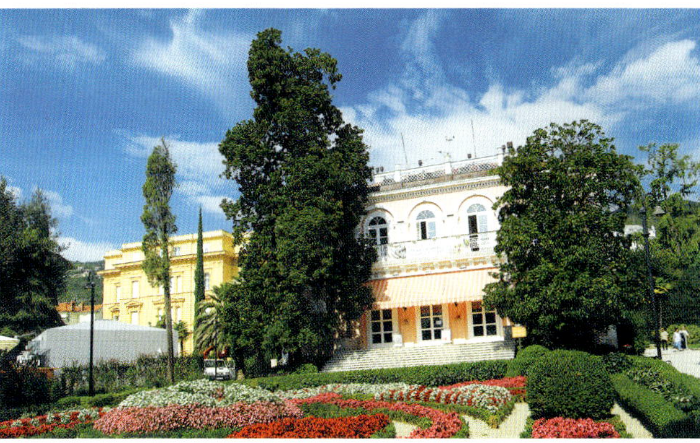

Villa Angiolina

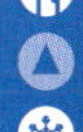

bieten schöne Badegelegenheiten, bevor Sie **Opatija** 02 beim Park der Villa Angiolina erreichen. 1844 erwarb der wohlhabende Kaufmann Iginio Scarpa aus Rijeka auf der kleinen Halbinsel eine bescheidene Villa und ließ sie zu einer prächtigen Sommerfrische umbauen, die er nach seiner früh verstorbenen Frau benannte. Im Park wachsen mehr als 150 Pflanzenarten aus aller Welt: Mammutbäume, Zitronenbäume, japanische Bananen, schwarzer Bambus, Himalaya-Zypressen, Ginkobäume.

Persönlichkeiten aus Politik und Kunst waren hier zu Gast, damit begann eine Entwicklung, die Opatija zum mondänen k. u. k.-Erholungsort und damit international bekannten Tourismusort machen sollte. 1884 eröffnete das Hotel Kvarner, das älteste an der kroatischen Adria, 1889 wurde Opatija zum Luftkurort erhoben, Mitglieder der Kaiserfamilie, Adelige, reiche Bürger und bekannte Künstler wie James Joyce, Anton Tschechow oder Gustav Mahler kurten gern und viel im milden Winter an der Riviera von Opatija. Prächtige Jugendstilvillen mit Palmen in den Vorgärten, erstklassige Hotels und Kaffeehäuser sorgen heute noch für nostalgisches Flair. Eine Dokumentation über die Entwicklung des Tourismus zeigt das in der Villa Angiolina untergebrachte Tourismusmuseum (Di – So 9 – 13, 17 – 20 Uhr).

Gleich hinter dem Park liegt das Hotel Kvarner, ursprünglich als Lungenheilanstalt für Adelige und andere Persönlichkeiten erbaut. Nachdem ein Brand die Thermalbäder zerstört hatte, wurde der Kristallsaal an ihrer Stelle errichtet, ein Prachtsaal für Tanz- und Konzertveranstaltungen bis heute. Wenige Schritte weiter erreichen Sie die St.-Jakobs-Kirche, eine 1420 von Benediktinern gegründete Abtei, die jedoch später so oft verändert wurde, dass nur mehr wenig von ihrem ursprünglichen Aussehen erhalten blieb, von ihr leitet sich der Name Opatija (ital. Abbazia) her. Vor der Spitze des kleinen Parks steht die Statue „Das Mädchen mit der Möwe“ auf einer

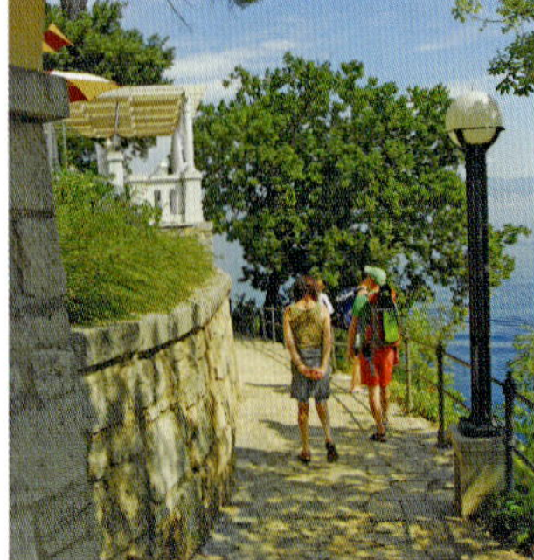
Auf dem Lungomare

Klippe im Meer, sie ist seit 1956 das neue Wahrzeichen der Stadt, nachdem das ehemalige, die „Madonna del Mare", durch einen Sturm zerstört worden war. In der kleinen Bucht sehen Sie ein schönes Beispiel für einen Mandracchio, einen Hafen im Hafen, besonders geschützt. Die Statue daneben stellt einen Bootsführer dar, der Touristen zum Einsteigen zu einer Rundfahrt auffordert.

Ganz in der Nähe ist das Hotel Milenij mit dem beliebten Café Wagner im Erdgeschoss und der großen Terrasse mit Meerblick. Der folgende Uferweg am Strandbad und vielen Souvenirständen vorbei wurde als „Walk of Fame" zur Erinnerung an bekannte kroatische Persönlichkeiten gestaltet. Nach der Terrasse des Restaurants Lungomare beginnt der 1911 fertig gestellte zweite Abschnitt der Promenade, der Südstrand von Opatija nach Lovran. Er war schwieriger zu realisieren, über weite Strecken führt er auf Kunstbauten oberhalb der felsigen Küste entlang.

Sie passieren das ehemalige Elektrizitätswerk, das an die frühe und gute Infrastruktur von Abbazia erinnert: Opatija wurde bereits 1896 elektrifiziert, ab 1908 verkehrte eine elektrische Straßenbahn zwischen Opatija, Ičići, Ika und Lovran. **Ičići** **03**, früher ein wichtiger Holzumschlagplatz, ist heute bekannt für seine große Marina und den zentralen Strand. **Ika** **04** hat eine lange Tradition im Schiffsbau, bis Mitte des 19. Jhs. stand hier eine große Werft; heute lebt der kleine Ort vom Tourismus.

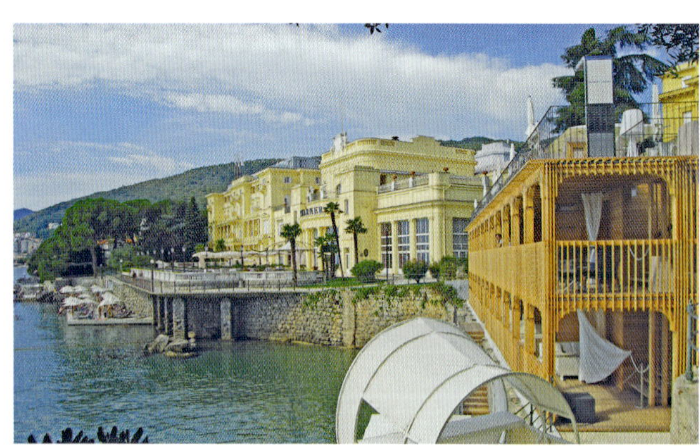
Hotel Kvarner

Vorbei an einigen historischen Villen erreichen Sie schließlich **Lovran** 05, die älteste Siedlung der Liburnischen Riviera, zum ersten Mal erwähnt im 1. Jh. v. Chr. Schon der römische Heerführer und Kartograph Marcus V. Agrippa schätzte das milde Klima und wählte den Ort für seine Sommerresidenz.

Benannt ist die Stadt nach dem Lorbeer, der in der Umgebung häufig zu finden ist, bekannt ist Lovran auch für seine Kirschen und Maroni, die Edelkastanien. Während der kompakte Altstadtkern mittelalterliches Flair ausstrahlt, erinnern die prachtvollen Parks und Villen im Stil der Wiener Secession an die Blütezeit des Nobeltourismus vor dem Ersten Weltkrieg. Gut essen kann man im Restaurant am Kirchplatz in der Altstadt.

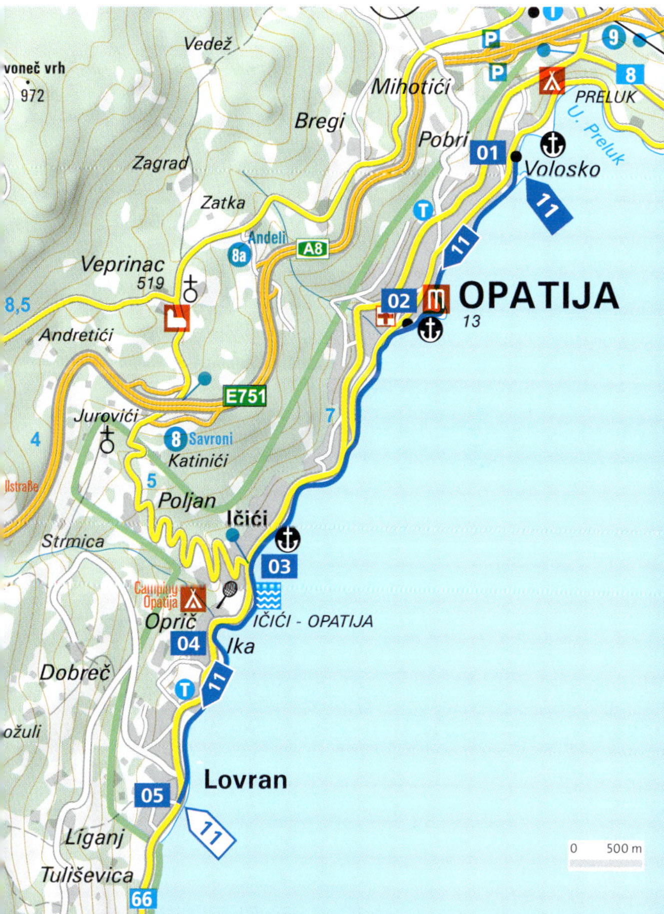

GRAČIŠĆE

Weg des hl. Simon

 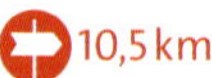 10,5 km  3:00 h  424 hm  424 hm 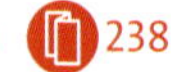 238

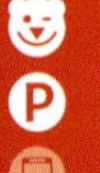

START | Gračišće [GPS: UTM Zone 33 x: 446.763 m y: 5.021.865 m]
Anfahrt: Kein Bus. Gračišće liegt an der Straße Nr. 64, 8 km von Pazin Richtung Plomin. Parkplatz bei der Straße am Ortszugang.
CHARAKTER | Waldwanderung mit schönen Aussichten, ein steiler Anstieg, schattig.

Die Tour besteht aus zwei sehr unterschiedlichen Teilen: Im ersten Abschnitt wandern Sie – mit Abstechern zu zwei alten Kirchen in Aussichtslage – auf unbefahrenem Sträßchen hinunter zum großen Wasserfall, einem der schönsten Istriens. Die Schlussetappe ist anstrengend – auf steilem, teils steinigem, teils lehmigem Pfad, der sich bei Regenfällen in einen Bach verwandelt, erfolgt der Aufstieg nach Gračišće. Im denkmalgeschützten Ort gibt es die passende Einkehr.

Anmerkung: Die Tour ist in der Gegenrichtung ausgeschildert, der steile Abschnitt ist jedoch bergauf besser und ungefährlicher zu bewältigen. Nicht bei Regen gehen!

▶ In **Gračišće** 01 gehen Sie vom Ortseingang 150 m auf der Straße Richtung Pazin und biegen dann bei der niedrigen Kapelle in den Fahrweg nach rechts. Er führt durch Buschwald abwärts und trifft auf ein Sträßchen, dem Sie weiter abwärts folgen. Immer wieder bieten sich schöne Blicke auf das Učka-Massiv, die bewaldete Umgebung und Gračišće auf der Terrasse oben. Am schönsten ist die Sicht von der kleinen Kirche Sv.

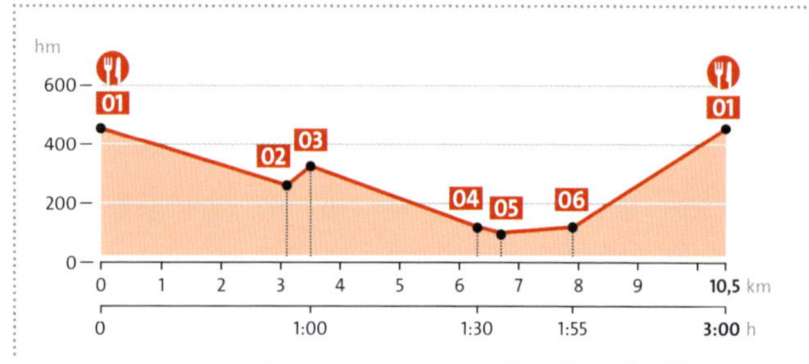

01 Gračišće, 454 m; 02 Senke, 260 m; 03 Kirche Sv. Magdalena, 325 m; 04 Floričići, 118 m; 05 Wasserfall, 95 m; 06 Brücke, 120 m

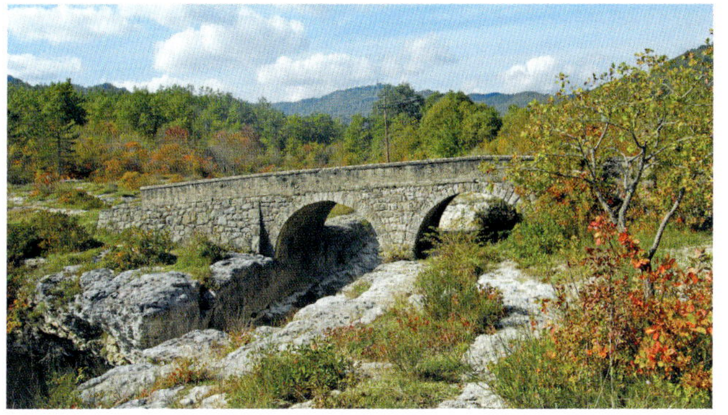

Alte Steinbrücke beim großen Wasserfall

Magdalena: Nach einer **Senke** **02**, hier zweigt rechts ein Fahrweg ab, der wieder zur Straße zurückführt, steigt die Straße an, vor der Kuppe biegen Sie rechts in den steilen Pfad hinauf zur **Kirche Sv. Magdalena** **03**, ein schöner Rastplatz. Auf der anderen Seite gehen Sie hinunter zur Straße, kurz danach folgt der nächste kleine Abstecher zur Friedhofskirche St. Stephan, auf dem asphaltierten Weg links 150 m.

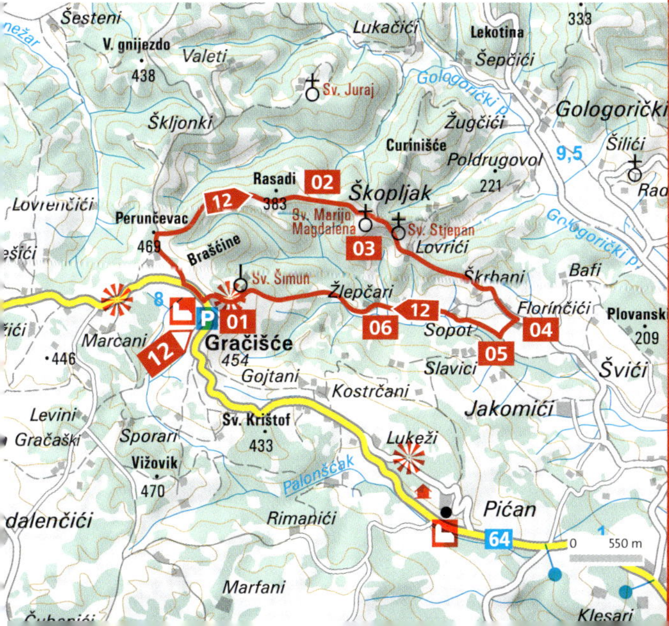

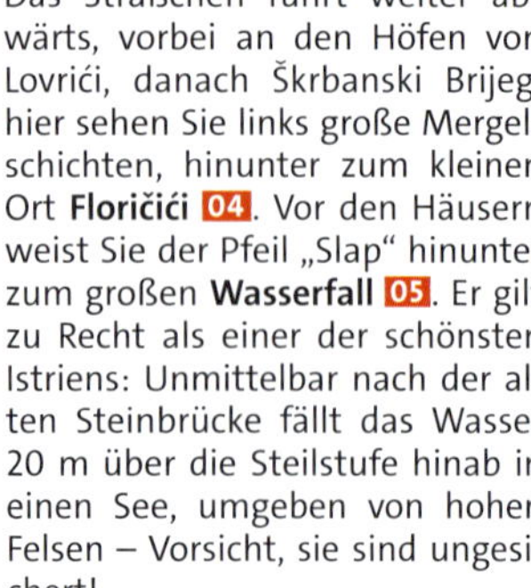

Das Sträßchen führt weiter abwärts, vorbei an den Höfen von Lovrići, danach Škrbanski Brijeg, hier sehen Sie links große Mergelschichten, hinunter zum kleinen Ort **Floričići** 04. Vor den Häusern weist Sie der Pfeil „Slap" hinunter zum großen **Wasserfall** 05. Er gilt zu Recht als einer der schönsten Istriens: Unmittelbar nach der alten Steinbrücke fällt das Wasser 20 m über die Steilstufe hinab in einen See, umgeben von hohen Felsen – Vorsicht, sie sind ungesichert!

Der Weiterweg führt von der Brücke noch 100 m bachaufwärts, bei einer Stromleitung überqueren Sie den Bach auf Trittsteinen, nach einer Wiese trifft der Pfad auf einen Fahrweg, dem Sie durch bäuerliche Kulturlandschaft Richtung Gračišće folgen. Er endet nach der **Brücke** 06 bei den Häusern von Žlepčari, dahinter beginnt der steile Aufstieg, fallweise rot-weiß markiert: Auf steinigem Weg geht's durch den Wald bergauf, bei einer Gabelung links, bei der nächsten Gabelung rechts. Der Pfad führt nun durch mergelige Hügel und ist stark ausgewaschen, früher ein Motocrossgelände, heute herrscht Fahrverbot. Vorbei an einem Steinmännchen auf einem Hügel, unten biegt ein Weg nach links, führt der Pfad steil aufwärts, bei einer Wegkreuzung gehen Sie auf dem Querweg rechts hinauf zu einem kleinen Sattel, oben ist bereits die Ruine St. Simon sichtbar, geradeaus weiter steigen Sie auf zur Kirchenruine, die dem Weg den Namen gegeben hat. Auf nunmehr besserem Weg erreichen Sie nach 10 Min. **Gračišće** 01, den Ausgangspunkt der Tour.

Einkehren können Sie in der bekannten Konoba Marino (Do – Di ab 14, So ab 10 Uhr).

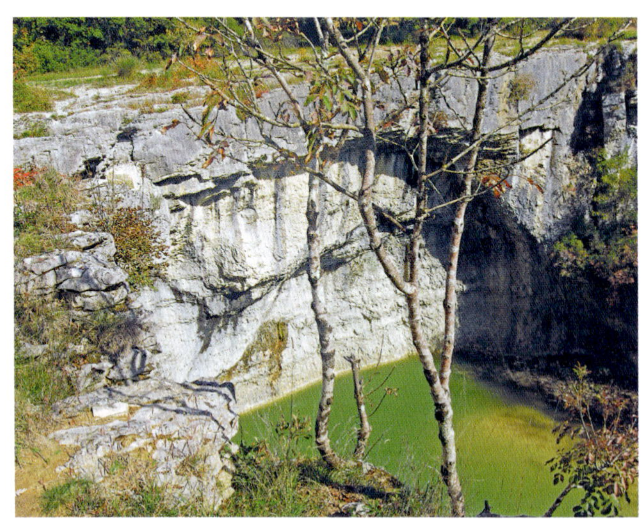

Wasserfall Slap

PAZIN: WASSERFÄLLE UND KARSTSCHLUCHT

Wilde Natur nahe bei der Stadt

  9,4 km  3:00 h 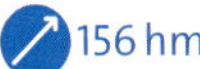 156 hm  156 hm  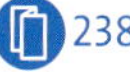 238

START | Pazin, Gratisparkplatz beim Stadion in der Joakima Rakovca [GPS: UTM Zone 33 x: 422.180 m y: 5.007.933 m]
Anfahrt: Pazin liegt am Ostast der Y-Autobahn im Zentrum Istriens. Wenige Züge von Pula, Busse von Rijeka, Pula und Poreč, vom Autobusbahnhof auf der verkehrsfreien Alleestraße Richtung Zentrum, am Ende der Alleestraße rechts liegt der Parkplatz.
CHARAKTER | Erlebnisreiche Tour zu besonderen Naturphänomenen – zwei großen Wasserfällen und der Karstschlucht mit Schluckloch, überwiegend schattig.

Die stadtnahe Tour bietet viele Möglichkeiten und Aktivitäten – ein schöner Wanderweg, baden in den Seen bei den Wasserfällen, Abstieg in die romantische Schlucht oder mit der Zipline darüber weg, ein Tag ist fast zu kurz.

Vom Parkplatz beim Stadion in **Pazin** 01 gehen Sie Richtung Tal zur **U. Soline** und auf dieser hinunter bis 100 m vor der **Brücke** 02. Dort beginnt rechts der Wanderweg: Auf dem Fahrweg wandern Sie talaufwärts, überqueren eine kleine Brücke und gehen geradeaus weiter durch den Buschwald. Der kaum benützte Fahrweg trifft dann auf die Straße, dieser folgen Sie links 200 m und biegen vor der

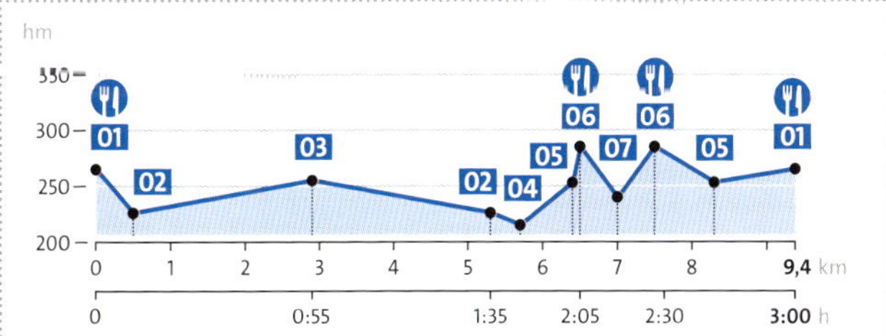

01 Pazin, 265 m; 02 Soline, Abzweigung vor Brücke, 226 m; 03 Zarecki krov, 255 m; 04 Pazinski krov, 215 m; 05 Kastell, 253 m; 06 Startplatz Zipline, 285 m; 07 Piramide, 240 m

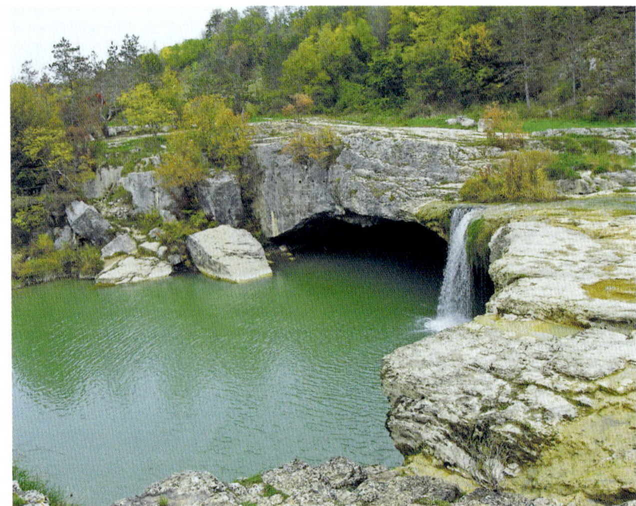

Wasserfall Zarecki Krov

leichten Rechtskurve in den Weg nach links hinunter und nach 30 m rechts in den Waldweg. Er führt bald schön dem Bach entlang und überquert vor der Brücke Dušani die Straße. Immer dem Bach entlang wandern Sie weiter, bei einer Gabelung links, immer wieder gibt es Zugänge zum Bach. Auf dem romantischen Weg zwischen Bach und mit Moos bewachsenen Felsen und Bäumen erreichen Sie einen Rast- und Spielplatz und kurz danach den pittoresken Wasserfall **Zarecki krov** 03.

Je nach Jahreszeit rauscht unterschiedlich viel Wasser über die 10 m hohe, überhängende Felsstufe in den See, im Sommer oft nur ein kleines Rinnsal, dann kann man in die Grotte hinter dem See hineingehen, ein beliebter Badeplatz der Einheimischen. Auf demselben Weg kehren Sie zur Straße **Soline** 02 zurück, überqueren sie und gehen geradeaus auf dem Fahrweg 100 m weiter. Am Ende des Maschendrahtzaunes biegen Sie nach rechts in den Pfad zum zweiten großen Wasserfall **Pazinski krov** 04. Auch hier fließt das Wasser des Pazinčica vor der Stufe breit gefächert zwischen Busch- und Felsinseln, bevor es über die Stufe in den See stürzt. Vom Rastplatz beim Mühlstein führt der Pfad geradeaus zu einer Holzstiege, auf der Sie zum See und den überhängenden Felsen absteigen können. Vom Mühlstein aufwärts gelangen Sie dann zu einem Fahrweg und auf diesem rechts bis zum **Kastell** 05 hinauf.

Sie gehen rechts zur Rückseite, vom Eingang zum Museum bietet sich ein erster imposanter Blick in die Schlucht Pazinska Jama, die Sie nun umrunden. Vorbei an der Burgruine gelangen Sie zur Brücke, davor befindet sich der

Paziner Schlucht

Die Paziner Schlucht stellt ein besonderes Naturphänomen dar: Das Flüsschen Pazinčica fließt 16,5 km lang durch wasserundurchlässigen Flysch und verschwindet dann, am Beginn des wasserdurchlässigen Kalks, in einem großen Schluckloch am Ende einer 500 m langen und 100 m tiefen Schlucht. Es handelt sich um eine hydrogeologische Erscheinung, d.h. tektonische Risse im Kalk wurden durch das Wasser erweitert, Höhlenforscher entdeckten nach dem Schluckloch eine große Höhle und zwei Seen. Bei Hochwasser, wenn das Schluckloch die Wassermassen nicht mehr aufnehmen kann, kommt es immer wieder zu Überschwemmungen der Schlucht. Jules Verne ließ sich von dem im Boden verschwindenden Fluss zu seinem Roman „Mathias Sandorf“ inspirieren, ob das Wasser tatsächlich unterirdisch 30 km bis zum Limfjord oder ins Flusstal von Raša, oder beides, fließt, konnte noch immer nicht zweifelsfrei geklärt werden.

Im Rahmen einer Führung kann die Höhle besichtigt werden: Speleoavantura, Valvasorova 1, Tel. +385 915121528.

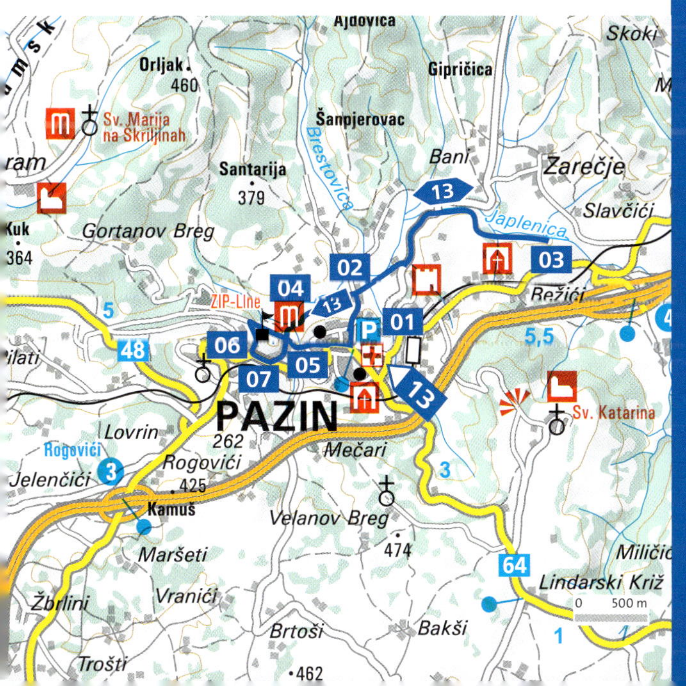

Zugang für geführte Touren in die Schlucht und Höhle. Sie gehen über die hohe Vršić-Brücke und auf der anderen Seite hinauf bis vor den Parkplatz und folgen dann dem Wegweiser Zipline. Am Rand der Schlucht, vorbei an Aussichtskanzeln, führt der Weg zum **Startplatz** **06** für das Zipline-Abenteuer: Auf vier Strecken (zwischen 80 und 280 m lang) kann man über die Schlucht schweben.

Richtung Hotel Lovac befindet sich bei der Infotafel der Zugang für den Pfad in die Schlucht. Er führt in Serpentinen durch die urwaldähnliche Vegetation hinunter, Schautafeln informieren über die Entstehung und die Vegetation und am Ende beim **Aussichtspunkt Piramide** **07** über die Erforschung der Höhle.

Zurück zum **Zugang** **06** gehen Sie die Stufen hinauf zum Hotel Lovac, ein gutes Restaurant mit Aussichtsterrasse für eine Einkehr. Der Weg führt dann weiter hinauf zur Straße, auf dieser links und nach dem Kreisverkehr links in die U. Burai, vorbei an renovierungsbedürftigen Häusern hinunter zum **Kastell** **05**. Durch die Stadt (Herweg Tour 14) kehren Sie dann zum **Ausgangspunkt** **01** zurück.

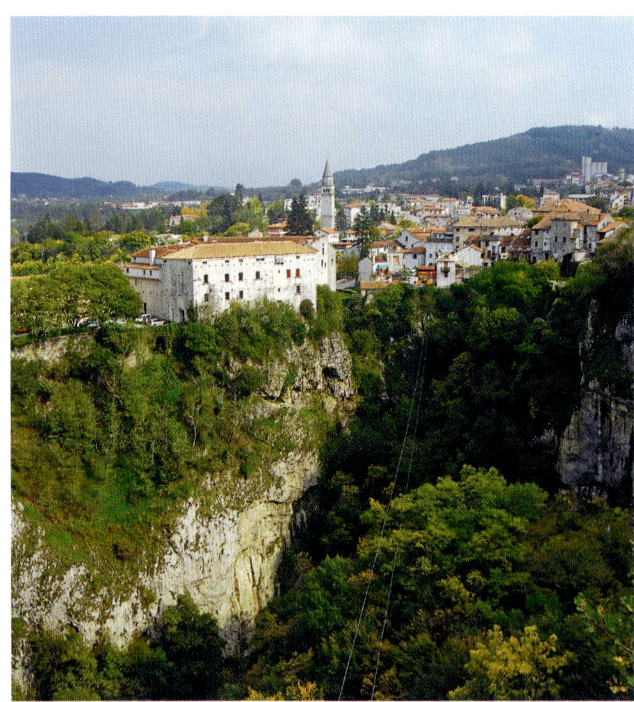

Blick über die Schlucht von Pazin

PAZIN – BERAM

In der ländlichen Umgebung der zentralen Stadt

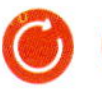 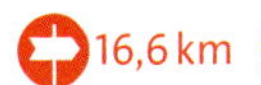 16,6 km 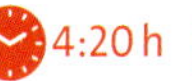 4:20 h 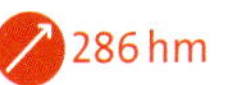 286 hm  286 hm 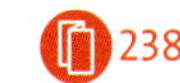 238

START | Pazin, Gratisparkplatz beim Stadion in der Joakima Rakovca [GPS: UTM Zone 33 x: 416.731 m y: 5.010.269 m]
Anfahrt: Wie bei Tour 13.
CHARAKTER | Waldwanderung zu dem schön gelegenen Dorf Beram, der Kirche Sv. Marija na Škriljinah und dem großen Wasserfall Pazinski krov. Überwiegend schattig, Weg 611, jedoch keine eindeutige Markierung.

Pazin bildet den natürlichen Mittelpunkt der Halbinsel Istrien, die Österreicher nannten Ort und Burg daher „Mitterburg“. Die Stadt mit ihrer gewaltigen Festung am Rande der Schlucht war seit 1347 beim Hause Habsburg und nie von Stadtmauern umgeben, eine Seltenheit in Istrien. Eine kompakte Altstadt existiert daher nicht, die alten Straßenzüge wirken wenig attraktiv, ganz im Gegensatz zur Natur rund um die Stadt, die ist abwechslungsreich und manchmal sogar spektakulär.

▶ Vom Parkplatz neben dem Stadion in **Pazin** 01 gehen Sie hinauf zur Fußgängerzone und auf dieser rechts zur Altstadt, Tourismusbüro, rechts sehen Sie die St.-Nikolaus-Kirche. Die Wegweiser führen zum **Kastell** 02, der größten und am besten erhaltenen mittelalter-

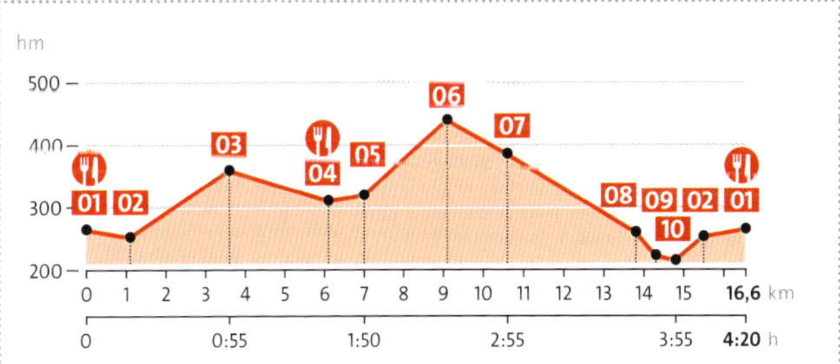

01 Pazin, 265 m; 02 Kastell, 253 m; 03 Gortanov Brijeg, 360 m; 04 Beram, 311 m; 05 Sv. Marija na Škriljinah, 320 m; 06 Aussicht, 440 m; 07 Wegkreuzung, 386 m; 08 Rijavac, 260 m; 09 BrückeSv. Joseva, 223 m; 10 Wasserfall Pazinksi krov, 215 m

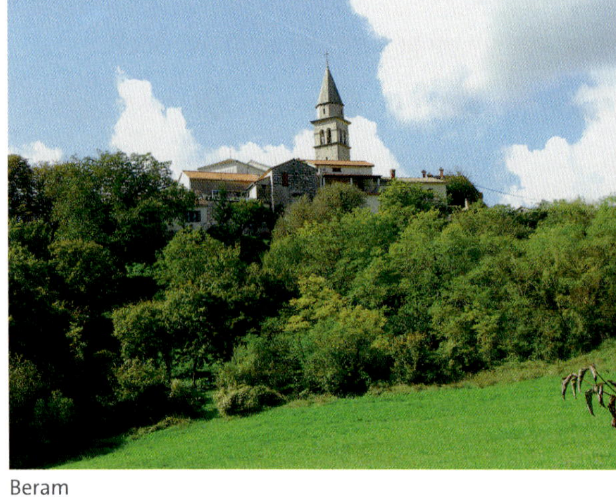

Beram

lichen Festungsanlage in Istrien mit ethnographischem Museum.

Hier beginnt die **rot-weiße** Markierung, wie bei Tour 13 gehen Sie über die hohe Brücke und folgen dann der Zufahrtsstraße vorbei an einem Gewerbegebiet. Unterhalb der Hauptstraße überqueren Sie eine weitere Zufahrtsstraße, gehen geradeaus 100 m weiter und biegen dann nach rechts, Wegweiser Beram. Auf unbefahrener Straße wandern Sie bis zur zweiten Kehre und dann geradeaus auf dem Waldweg hinauf zum Weiler **Gortanov Brijeg** 03.

Vorbei an der alten Kapelle auf der Schotterstraße abwärts, biegen Sie nach 150 m rechts in den Fahrweg (hier ist die Markierung mangelhaft). Nach weiteren 150 m nach rechts und am Rand eines brach liegenden Feldes entlang leicht aufwärts, wandern Sie durch Wald und über Lichtungen, queren einen Fahrweg, am Rande einer Wiese geradeaus weiter bis zu einem langsam vermodernden Rastplatz am Beginn einer großen Wiese, links unten ist der große Steinbruch. Rechts biegt ein Abkürzungsweg in den Wald, der Hauptweg führt am oberen Rand der Wiese und dann in einem Bogen schön durch den Wald in die Talmulde und anschließend mit freiem Blick ansteigend zum Sträßchen, auf diesem links hinauf nach **Beram** 04. In dem ruhigen Dorf lädt die Konoba Vela Vrata zur Einkehr (Di – So ab 12 Uhr), bekannt ist sie vor allem für die Trüffelspezialitäten.

Auf dem Sträßchen gehen Sie zurück und weiter zur Friedhofskirche **Sv. Marija na Škriljinah** 05 mit den berühmten Fresken aus dem Jahr 1474, darunter der Totentanz. Die Fresken gelten als bedeutendstes Beispiel mittelalterlicher Kunst in Istrien, geöffnet ist die Kirche nur zu den Gottesdienstzeiten.

Hier endet der Asphalt, auf dem Fahrweg wandern Sie zuerst eben, dann aufwärts durch den Wald mit Mergelhügeln. Bei einem Schild „Privat“ links, bei der nächsten Gabelung vor einem Obsthain geradeaus ansteigend, beim Wegweiser „Pazin“ geradeaus, haben Sie vom Weg danach eine schöne **Aussicht** 06 hinüber nach Beram.

An der nächsten Abzweigung kurz danach im spitzen Winkel links zurück und aufwärts unmarkiert durch den Wald, bald treffen Sie wieder auf die Markierung. Der Weg führt nun auf lehmigem Boden, an einer Gabelung rechts, hinunter zu einer **Kreuzung** 07 auf einem kleinen Bergsattel. Hier gehen Sie rechts auf dem unmarkierten, leicht abfallenden Fahrweg hinunter, schon im ebenen Gelände passieren Sie eine Motocross-Rennstrecke und erreichen dann die Höfe von **Rijavac** 08. Auf der Straße hinunter ins Tal, auf der **Brücke Sv. Joseva** 09 überqueren Sie den Pazinčica und biegen 100 m danach vor einem Haus in den Schotterweg nach rechts und nach weiteren 100 m in den Pfad nach rechts zum großen **Wasserfall Pazinski krov** 10 (siehe Tour 13).

Vom Mühlstein auf dem Pfad aufwärts zum Fahrweg, auf diesem rechts zum **Kastell** 02 und durch die Stadt zurück zum **Ausgangspunkt** 01.

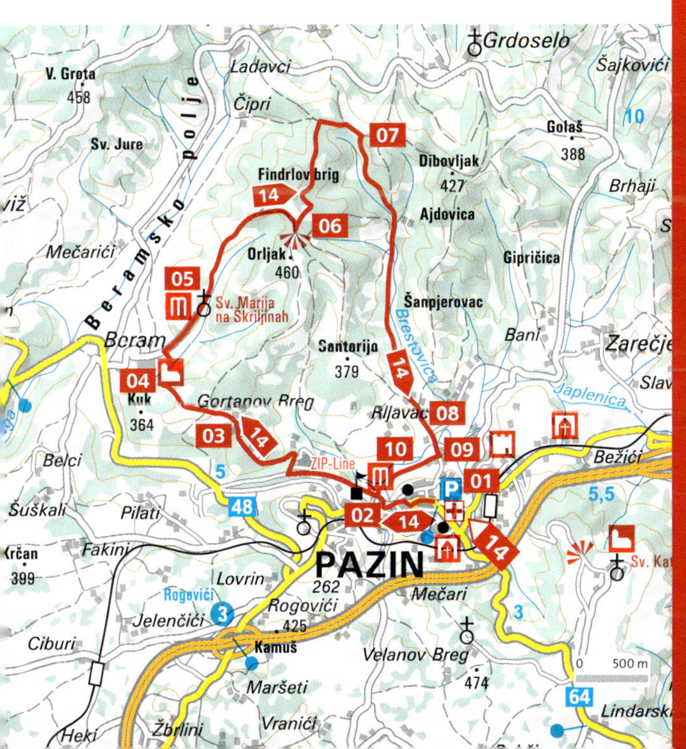

MOTOVUN

Rund um die Hügelstadt

 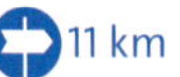 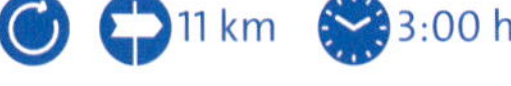 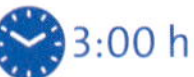 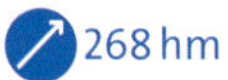 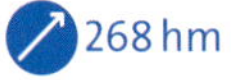  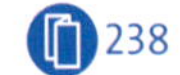 

11 km | 3:00 h | 268 hm | 268 hm | 238

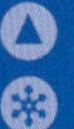

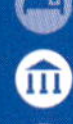
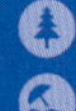

START | Parkplatz an der Parenzana, der Trasse der ehemaligen Bahn, 200 m nach der Brücke über die Mirna links
[GPS: UTM Zone 33 x: 408422 m y: 5.021.979 m]
Anfahrt: Motovun liegt im Mirnatal oberhalb der Straße 44, Busse von Buzet halten an der Brücke, Busse von Pazin oben an der Straße unterhalb der Altstadt.
CHARAKTER | Leichte Rundwanderung durch das Mirnatal, die sanfte Weinbau- und Hügellandschaft und Rundgang durch die Hügelstadt Motovun. Halb schattig.

Die beste Aussicht auf die Hügellandschaft um Motovun genießen Sie beim Rundgang auf der alten Stadtmauer um den inneren Kern der Hügelstadt. Sie gilt als eine der schönsten Istriens und wird deshalb auch von vielen Touristen besucht, eine wichtige Zukunftsperspektive der halb verlassenen Altstadt.

Vom **Parkplatz** 01 an der Parenzana gehen Sie zurück zur Straße, auf dieser 50 m nach rechts und in der Kurve in den Fahrweg nach links. Durch Niederwald wandern Sie auf diesem in leichtem Auf und Ab 30 Min. im Mirnatal bis zu einem grünen **Jagdhaus** 02. Davor macht der Weg einen Linksknick und führt nach 200 m in den Wald

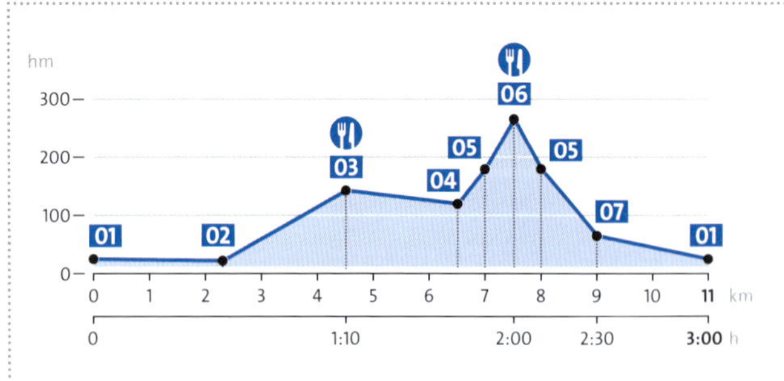

01 Parkplatz, 25 m; 02 Jagdhaus, 22 m; 03 Brkač, 143 m; 04 Wegkreuzung, 120 m; 05 Rotonda, 180 m; 06 Motovun, 267 m; 07 Parenzana, 651 m

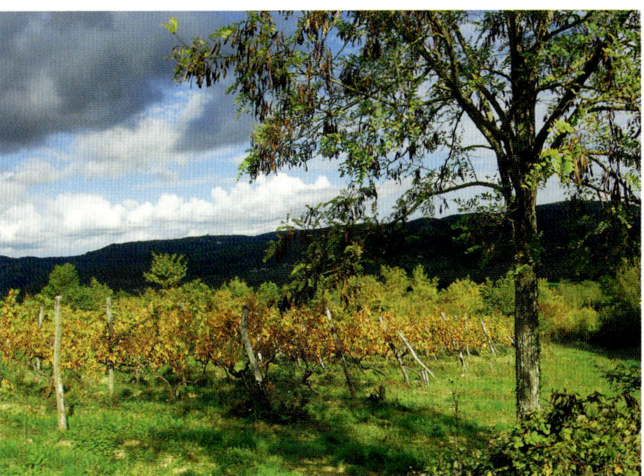

Weingarten bei Motuvun

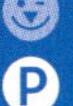

hinein, von links stößt ein Fahrweg dazu, 20 m danach biegt der Hauptweg vor einer großen Hecke nach links, Sie gehen auf dem Nebenweg geradeaus weiter. Der Weg wird bald breiter und führt durch Wald mit viel Efeu; bei einer Gabelung nach links aufwärts. Sie queren einen Fahrweg und gehen geradeaus auf dem Fahr-/Feldweg weiter, vom Feldrand eröffnen sich erste schöne Blicke auf Motovun. Auch bei der nächsten Wegkreuzung geradeaus weiter aufwärts, vor dem großen Weinberg dann links und dem Weingarten entlang, vorbei an einer Holzhütte, aufwärts. Oberhalb des Weinbergs schwenkt der Weg nach links und führt durch das Dorf **Brkač** 03.

Mit wunderbarer Sicht auf Motovun auf dem Hügel und über die sanfte Weinbaulandschaft wandern Sie auf dem Sträßchen bis zur Trasse der Parenzana. Dieser gehen Sie nun links entlang, vorbei an einer kleinen Aussichtsplattform bis zur **Wegkreuzung** 04. Hier biegen Sie rechts in den Fahrweg hinauf zur Straße, auf dieser 20 m nach links und dann rechts in die Betonstiege. Sie geht in einen alten Treppenweg über, der zur **Rotonda** 05, einer kleinen Aussichtskanzel bei der Serpentine, hinaufführt.

Hier folgt der **Abstecher** hinauf in die **Altstadt**: Sie gehen 30 m auf der Straße bergauf und biegen nach links und gleich wieder nach rechts in den alten Treppenweg Via Rialto. Auf alten Treppengassen, vorbei an der Kirche Jh. d. Täufers, durch das gotische Stadttor aus dem 14. Jh. gelangen Sie zur eleganten Stadtloggia aus dem 17. Jh. Rechts führt der Weg durch das innere gotische Stadttor zur zentralen Piazza von **Motovun** 06 vor der Kirche St. Stephan und dem Glockenturm. Im Restaurant Kaštel kann man gut einkehren – vor oder nach dem kurzen Rundgang auf der alten Stadtmauer, dem inneren Ring, mit herrlicher

15

Motovun/Montona

Motovun ist eine sehr alte Stadt, auf dem isolierten, fast 300 m hohen Hügel im Mirnatal errichteten bereits die Kelten eine Fluchtburg.

Die heutige Stadt ist von den Venezianern geprägt, die mehr als 500 Jahre, von 1278 bis 1797, hier herrschten. Sie befestigten ihre strategisch wichtige Burg und den alten Kern um 1300 mit einem inneren Mauerring. Nachdem die Siedlung mit der Zeit darüber hinaus gewachsen war, wurde im 16. – 17. Jh. auch dieser neue Teil mit einem äußeren Mauerring versehen und geschickt mit dem alten Kern verbunden. Die Venezianer konnten die Mirna noch mit dem Schiff befahren, auf dem Fluss wurden die begehrten Eichen und Ulmen von den Wäldern um Montona zur Pilotierung von Venedig abtransportiert. Heute ist der Motovuner Eichenwald bekannt wegen der weißen Trüffel, die hier in größerer Menge zu finden sind.

Von der Stadtmauer schweift der Blick über die Weinberge rundherum – hier wird der rubinrote Teran gekeltert, eine weitere Spezialität der Region. Die Altstadt war bis zum Zweiten Weltkrieg fast ausschließlich von Italienern bewohnt, die meisten von ihnen verließen nach dem Krieg die Stadt. Hatte Motovun zu seiner Blütezeit 5000 Einwohner, so sind es heute nur noch 500, viele Gebäude stehen leer und drohen zu verfallen.

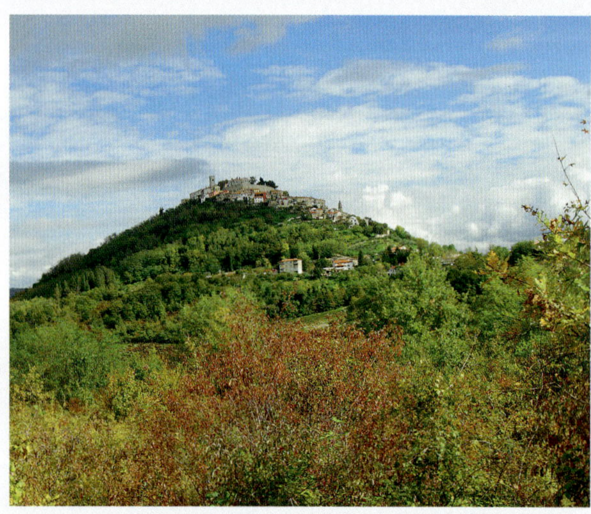

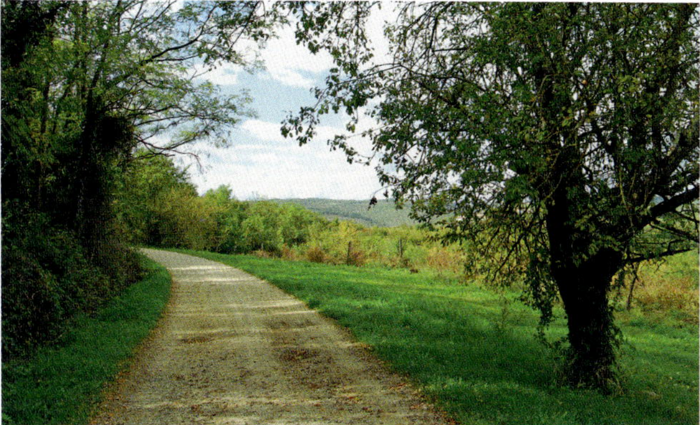

Auf der Parenzana

Aussicht in alle Richtungen. Sie kommen wieder auf die Piazza zurück und gehen auf dem Herweg hinunter zur **Rotonda** 05. Noch 100 m auf der Straße abwärts biegen Sie dann in der Serpentine links in den Feldweg, er führt zuerst durch Kulturland, dann durch Wald hinunter zur Trasse der **Parenzana** 07, auf dieser wandern Sie anschließend links zum **Ausgangspunkt** 01 zurück.

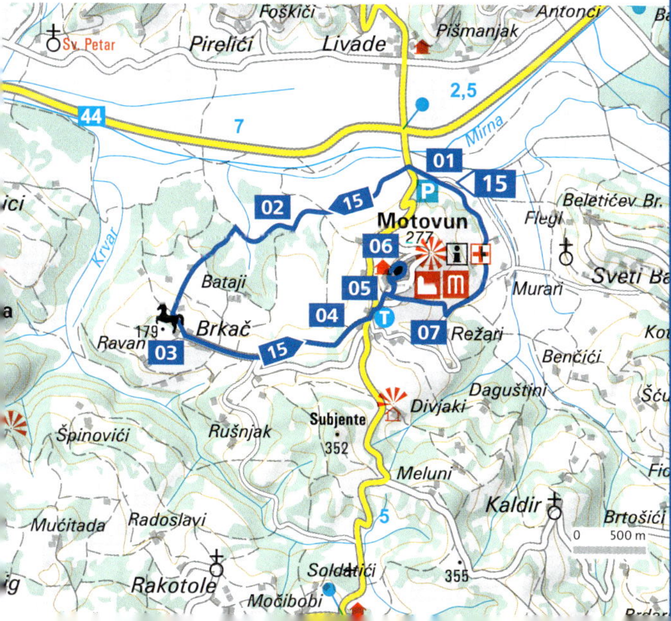

GROŽNJAN – SVETI JURAJ

Auf der Parenzana vom Künstlerdorf zur alten Kirche

 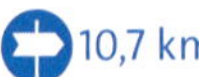    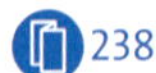

10,7 km | 3:05 h | 164 hm | 164 hm | 238

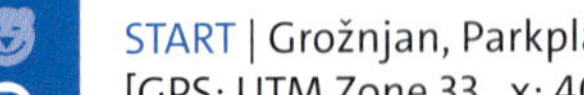

START | Grožnjan, Parkplatz beim Friedhof [GPS: UTM Zone 33 x: 400.097 m y: 5.026.103 m]. Anfahrt: Kein Bus. Mit dem Auto von Buje oder vom Mirnatal herauf.
CHARAKTER | Angenehme Rundwanderung im ersten Teil auf der alten Bahntrasse Parenzana, im zweiten Teil auf Fahrwegen über den Kamm mit der alten Kirche Sv. Juraj. Wenig Schatten, keine Markierung.

Als schönster Abschnitt der Parenzana (siehe Kapitel „Alles außer wandern") gilt die Strecke zwischen Grožnjan und Oprtalj, wo sich die alte Bahntrasse auf halber Höhe in vielen Windungen, kleinen Tunnels und Viadukten dem Hang entlang zieht. Auf dieser Tour wandern Sie die erste Hälfte, das wieder belebte Künstlerdorf Grožnjan und die renovierte Kirche Sv. Juraj sind weitere Höhepunkte der Wanderung.

▶ Sie starten Ihre Tour am großen Parkplatz beim Friedhof von **Grožnjan** 01 und gehen auf der linken Straße (Wegweiser Buje) zur Parenzana, die bei der Linkskurve beginnt. Hier rechts, Sie wandern nun auf der alten Bahntrasse gleich durch einen ersten, 293 m langen Tunnel. Auf dem Rad- und Wanderweg geht's nun immer eben dem Hang entlang, bei einem **Aussichtspunkt** 02 (mit Rastplatz) genießen Sie einen weiten Blick ins Mirnatal, zurück auf Grožnjan und bis zum Meer. Weiter mit freier Sicht durch Olivenhaine und Laubmischwald, vorbei an den

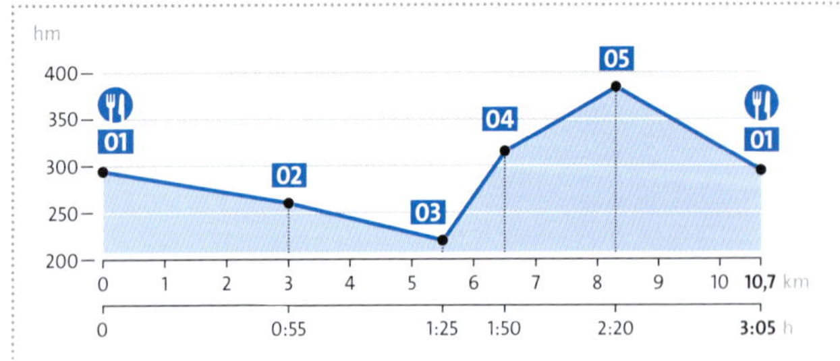

01 Grožnjan, 294 m; 02 Aussichtspunkt, 260 m; 03 erste Abzweigung, 220 m; 04 zweite Abzweigung, 315 m; 05 Kirche Sveti Juraj, 384 m

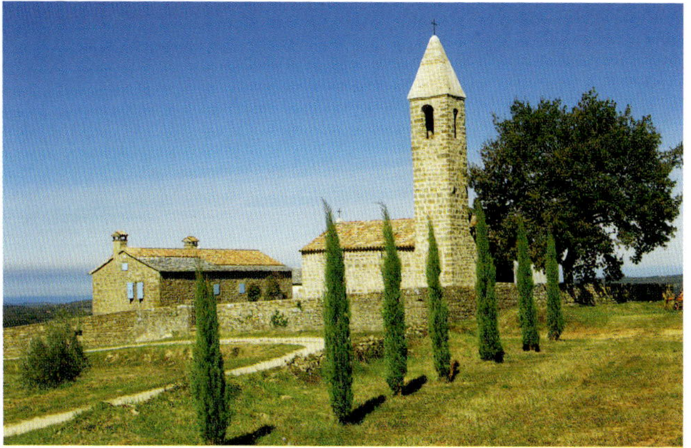

Sveti Juraj, frisch renoviert

Häusern von Biloslavi erreichen Sie in 30 Min. am Ende eines Olivenhaines auf der linken Seite eine **Abzweigung** 03. Der Richtungspfeil Parenzana weist geradeaus weiter, Sie biegen in den Fahrweg im spitzen Winkel nach links zurück bergauf und nach 70 m nach rechts. Auf dem Fahrweg gelangen Sie hinauf zu einem Sträßchen, gehen auf diesem links, vorbei an einem Bauernhof mit schöner Aussicht, bis zum Ende der Lichtung auf der Kuppe. Hier biegen Sie nach dem Strommasten **nach links** 04, in den grasbewachsenen Fahrweg. Er führt durch Niederwald über einen Hügel, in der Senke danach stößt von rechts der **rot** markierte IPP-Weit-

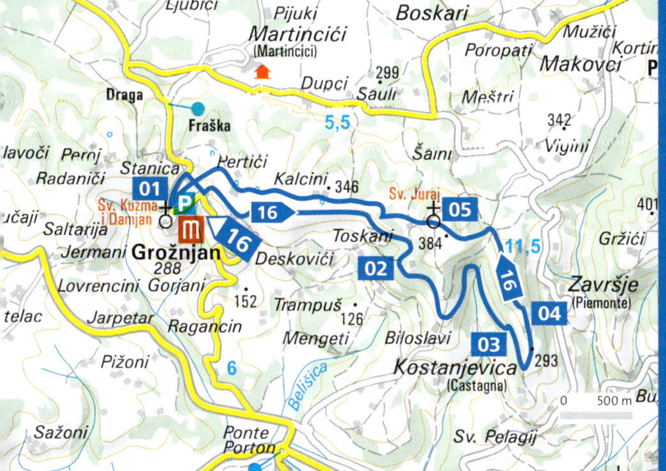

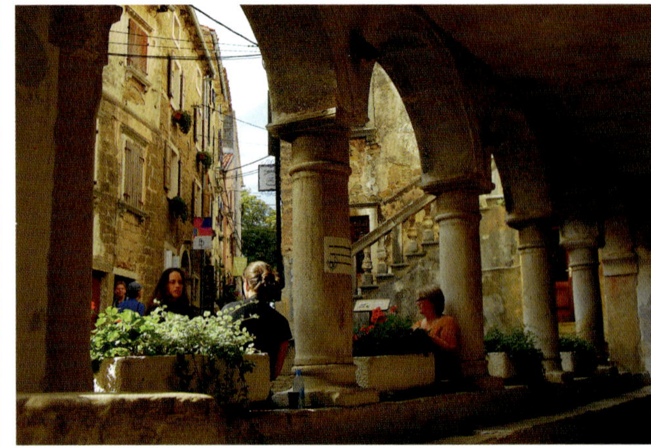

Loggia in Grožnjan

wanderweg dazu. Auf dem Fahrweg wandern Sie über die Anhöhe, links steht etwas abseits des Weges ein hoher Wachturm, danach sehen Sie bereits die aufgelassene, aber renovierte alte **Kirche Sveti Juraj** 05.

Nach der Kirche geht es auf dem Fahrweg in leichtem Auf und Ab weiter, vor den Häusern von Kalčini zweigt der IPP hinunter zur Parenzana ab. Sie wandern weiter auf dem unbefahrenen, zum Teil von Trockenmauern begleiteten Sträßchen bis zum Parkplatz von **Grožnjan** 01 zurück.

Ein Rundgang durch das von Kunsthandwerkern wieder belebte Hügelstädtchen mit mehreren Einkehrmöglichkeiten, inzwischen ein beliebtes Ausflugsziel für Touristen, beschließt die Tour.

Variante mit Završje

Wenn Sie bei dieser Wanderung auch das fast komplett verlassene Hügeldorf Završje besuchen möchten (siehe Tour 17), gehen Sie bei **Wegpunkt** 03 geradeaus auf der Parenzana weiter bis zum ehemaligen Bahnhof und biegen dort links hinauf nach Završje. Nach der großen romanischen Kirche Sv. Marija am Ortsende gehen Sie auf dem asphaltierten Weg bergauf, Wegweiser Friedhof, Groblje. Nach einer Kehre geht es durch Wald hinauf bis zu einer Lichtung auf der Kuppe, wo Sie vor dem Strommasten in den grasbewachsenen Fahrweg nach **rechts biegen** 04. Der Mehraufwand liegt bei rund 45 Minuten.

OPRTALJ – ZAVRŠJE

Bergdörfer an der Parenzana

  13,7 km 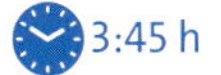 3:45 h 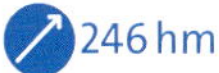 246 hm   246 hm 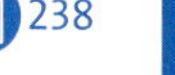 238

START | Oprtalj, Parkplatz
[GPS: UTM Zone 33 x: 407.874 m y: 5.025.759 m]
Anfahrt: Kein Bus. Auf kurvenreicher Straße vom Mirnatal bei Motovun hinauf nach Oprtalj, Parkplatz am südlichen Ortsrand.
CHARAKTER | Rundtour auf der Parenzana und Fahrwegen zwischen Zeugen venezianischer Architektur und österreichischer Verkehrstechnik. Halb schattig.

Die Wanderung verbindet zwei malerische Bergdörfer in Hügellage oberhalb der Parenzana – das halb verlassene **Oprtalj/Portole** und das fast ganz verlassene **Završje/Piemonte**. Ein wehmütiger Hauch der Geschichte erinnert an Zeiten, als die Dörfer noch belebt und die Bahn in Betrieb war.

▶ Vom Parkplatz am südlichen Ortsrand von **Oprtalj** 01 gehen Sie auf der Straße zur Loggia beim Stadttor und weiter hinunter zur Kirche Sv. Marija aus dem Jahr 1479 mit Fresken im Innern und biegen vor der Kirche in den Schotterweg nach links, Wegweiser Parenzana. Durch Kulturland mit Olivenbäumen wandern Sie leicht abfallend auf dem Zufahrtsweg zur **Parenzana** 02, die Sie bei km 77,8 erreichen, hier stand ehemals der Bahnhof von Portole.

Die alte Bahntrasse führt nun fast eben in vielen Windungen den gegliederten Hang entlang und

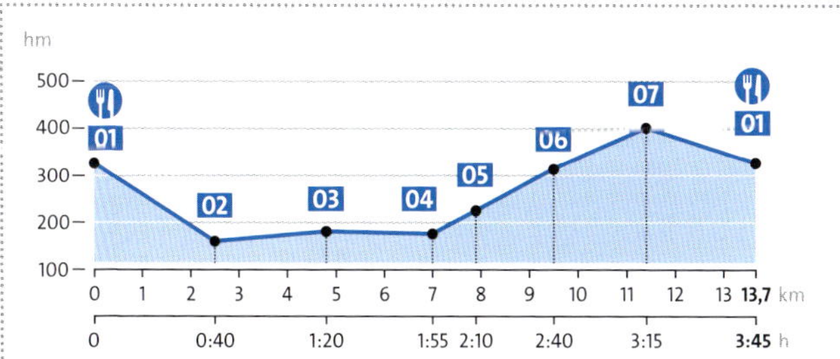

01 Oprtalj/Portole, 326 m; 02 Parenzana, 160 m; 03 Antonci, 181 m; 04 Bahnhofsruine Završje, 176 m; 05 Završje, 225 m; 06 Mlin, 313 m; 07 Vižintini Vrhi, 401 m

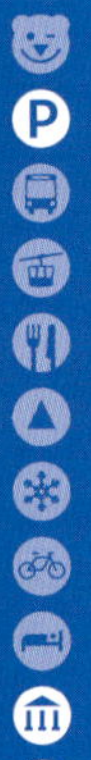

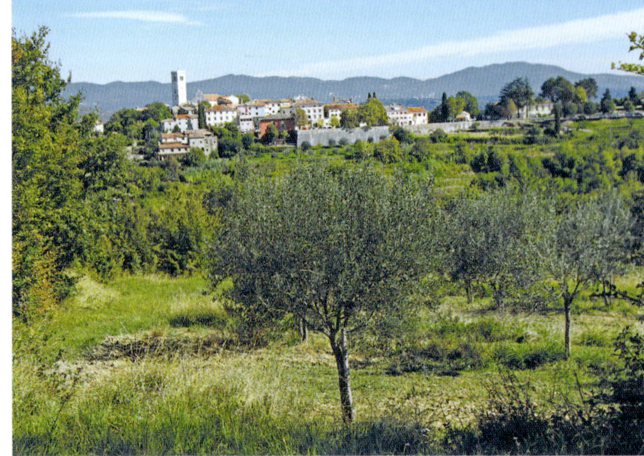

Oprtalj

quert kleine Seitentäler auf Viadukten und Rücken in Tunnels, immer wieder bieten sich schöne Blicke ins Mirnatal. Im ersten Tunnel, dem gebogenen, 146 m langen Freskitunnel, ist eine automatische Beleuchtung installiert. Der Hang ist bedeckt von Kiefernwald, am Weg findet sich eine vielfältige Vegetation – neben Kiefern auch Eschen, Eichen, orientalische Hainbuchen, Robinien, Wacholder und der sich im Herbst rot färbende Perückenstrauch.

Auf etwa halber Strecke passieren Sie die Häuser von **Antonci** **03**, danach schöne Olivenhaine, bevor Sie nach den zwei kurzen Završje-Tunnels die **Bahnhofsruine Završje** **04** erreichen.

Hier biegen Sie auf die Straße nach rechts hinauf in den fast ganz verlassenen Ort **Završje/Piemonte** **05**, malerisch auf einem Hügel gelegen. Von der großen romanischen Kirche Sv. Marija am Ortsende folgen Sie bis Mlin der unbefahrenen Straße, sie führt an der alten Brunnenanlage vorbei, links oberhalb ist die Ruine der alten Ölmühle, danach passieren Sie die Abzweigung zum Agrotourismus Monticello, vor **Mlin** **06** trifft der IPP-Weitwanderweg auf die Straße, rote Markierung.

In Mlin gehen Sie geradeaus und knapp nach der 50 km/h-Tafel rechts in den Fahrweg. Sie bleiben nun immer auf diesem Weg und wandern durch Kiefernwald leicht abwärts, der IPP zweigt links ab, Sie gehen geradeaus auf dem Hauptweg bergauf bis zur Schotterstraße bei einem Bildstock vor **Vižintini Vrhi** **07**. Hier links, durch den Ort und weiter am Kamm entlang bis **Oprtalj** **01**. Der herrliche Blick auf die Stadt lässt vermuten, dass es sich um eine besonders malerische Hügelstadt handelt, ein Rundgang am Ende der Tour wird diese Erwartung bestätigen.

Završje/Piemonte – Oprtalj/Portole

Die zwei Bergdörfer erinnern deutlich an die wechselvolle Geschichte Istriens in den letzten Jahrhunderten: In **Završje/Piemonte** zeigt der Weg über den Hügel an der Kirche vorbei, dass sich der Ort vom Exodus der italienischen Bevölkerung nach dem Zweiten Weltkrieg nicht mehr erholt hat. Die Absicht, ihn nach dem Vorbild von Grožnjan wiederzubeleben, hat bisher kaum Früchte getragen, nur 40 Menschen leben in dem verlassenen Bergdorf.

Oprtalj/Portole ist etwas besser erhalten, es zählt knapp 100 Einwohner. Ein Rundgang beginnt bei der Loggia gegenüber dem Stadttor, hier wurde in einem Lapidarium u.a. der venezianische Markuslöwe ausgestellt, der früher das Rathaus zierte. Durch mittelalterliche Gässchen und überbaute Durchgänge gelangen Sie zur erhöht liegenden Kirche Sv. Juraj in der Ortsmitte, vom Rand bei der Stadtmauer bieten sich weite Blicke über die Wälder Inneristriens. Auch zwei Gasthäuser gibt es – in der Konoba Oprtalj oder im Restaurant Loggia kann man bei schöner Aussicht gut essen.

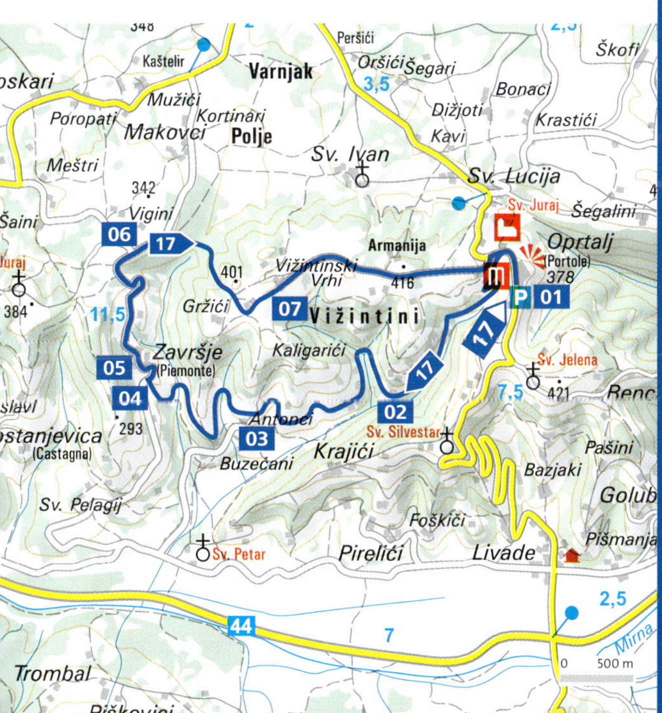

18

KAŠTEL PETRAPILOŠA

Imposante Burgruine im Mirnatal

  9,6 km  3:25 h 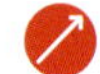 437 hm 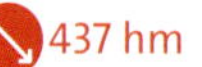 437 hm 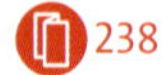 238

START | Konoba Old River an der Straße Buzet – Motovun, Parkplatz, Busstation
[GPS: UTM Zone 33 x: 414.123 m y: 5.027.382 m]
Anfahrt: Nur wenige Busse von Buzet, Straße 44 durchs Mirnatal.
CHARAKTER | Rundwanderung durch Wald und Kulturland mit Aussichtspunkten zu einer mächtigen Burgruine beim Mirnatal. Überwiegend schattig, Teil 1: Rote Markierung des IPP.

Der Aufstieg vom Mirnatal zum Dorf Zrenj erfolgt über den Aussichtspunkt Greben, vor dem Dorf laden zwei Agrotourismusbetriebe zur Einkehr, beim Rückweg passieren Sie die Burgruine **Petrapiloša** auf einem Sporn oberhalb des Tales. Auch am Ende gibt's zwei Einkehrmöglichkeiten – in der Konoba in Mali Jože und in der Konoba Old River.

▶ Von der **Konoba Old River** 01 an der Straße im Mirnatal gehen Sie auf der Nebenstraße unter dem Betonviadukt durch, rote Markierung, und biegen danach in den grasbewachsenen Weg nach links den Hang hinauf. Bei einem alten Steinbruch weist die Markierung nach rechts in einen Abkürzungspfad, der dann wieder auf den besseren Weg trifft. Durch Macchia steigen Sie in kleinen Serpentinen den Hang hinauf, Blicke auf die Burgruine werden frei. Beim **Aussichtspunkt Greben** 02 genießen Sie eine hervorragende Sicht über

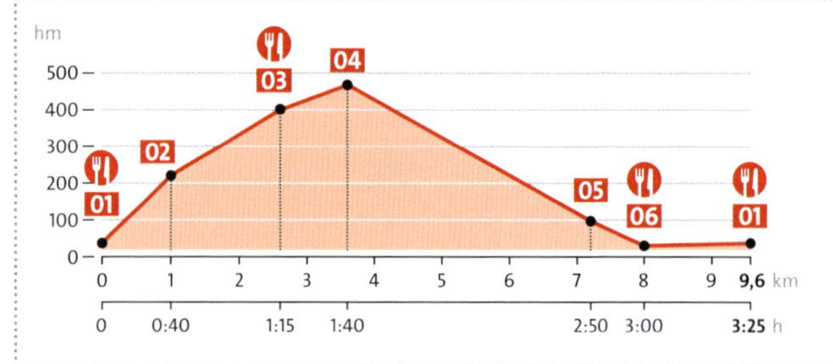

01 Konoba Old River, 37 m; 02 Aussichtspunkt Greben, 220 m; 03 Čabrnica, 401 m; 04 Zrenj, 467 m; 05 Kaštel Petrapiloša, 97 m; 06 Mali Jože, 30 m

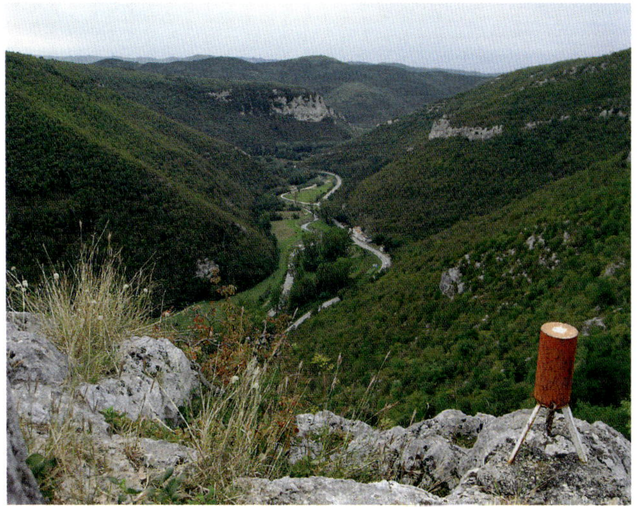

Aussichtspunkt Greben mit Blick ins Mirnatal

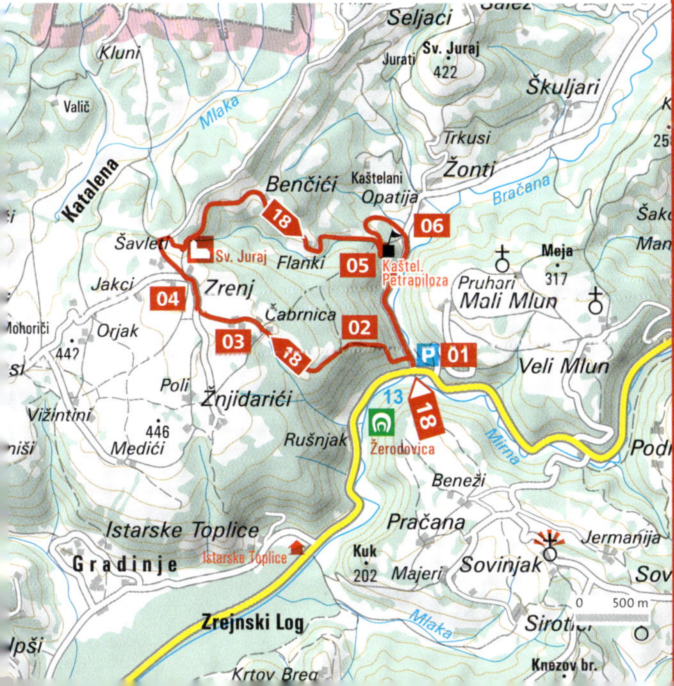

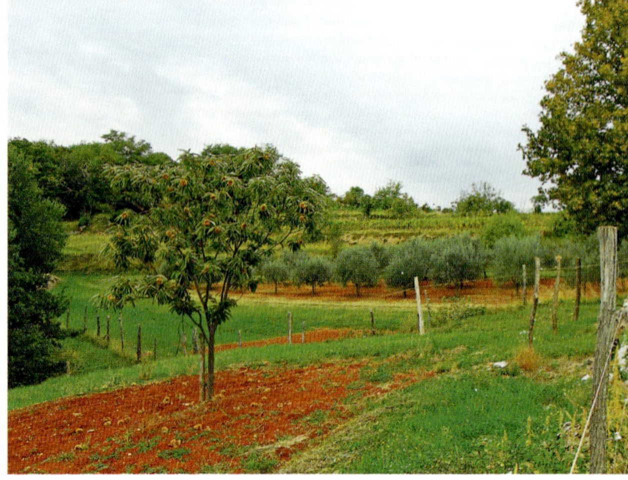

Kulturland bei Zrenj

das Mirnatal mit dem mäandrierenden Fluss und den Felswänden am Rand. Sie folgen weiter der **roten** Markierung des IPP, der Pfad steigt noch kurz durch Niederwald mit Eichen, Hainbuchen, Hartriegel, Kornelkirschen, später noch Kiefern und Kastanien, an zur freien Hochfläche mit gepflegtem Kulturland mit Oliven, Wein und Gemüsefeldern.

Beim ersten Haus auf dem Fahrweg rechts und dann auf dem Sträßchen links leicht ansteigend, am Weg passieren Sie in **Čabrnica** **03** zwei Agrotourismusbetriebe, bevor Sie das kleine Dörfchen **Zrenj** **04** mit dem charakteristischen frei stehenden Glockenturm in Aussichtslage erreichen.

Nun verlassen Sie die IPP-Markierung und folgen zunächst den Straßenwegweisern Richtung Buzet. Auf der Straße aus dem Dorf heraus, Sie passieren die Abzweigung Kluni und biegen 100 m danach in den Fahrweg nach rechts. Der alte Militärweg, teilweise mit schönen Stützmauern, führt durch Kiefernwald abwärts, bei einem Bildstock in einem Mauereck, dahinter liegen die verlassenen Häuser von Benčići, biegen Sie nach rechts weiter abwärts. Der Weg führt bald durch Kalkstein-Mergel-Formationen und dann wieder durch Wald bis zur Zufahrtsstraße zum **Kaštel Petrapilоša** **05**. Die mächtige Burgruine soll nach einer Renovierung und Konservierung wieder für Besucher zugänglich sein.

Auf der Zufahrtsstraße gehen Sie anschließend hinunter nach **Mali Jože** **06**, wo Sie in der gleichnamigen Konoba mit Gastgarten gut einkehren können. Auf der unbefahrenen Nebenstraße wandern Sie die letzte Etappe zurück zum Ausgangspunkt bei der **Konoba Old River** **01**.

BUZET: MINJERA-RUNDWEG

Im Mirnatal und durch eine alte Bergbauregion

  11,6 km 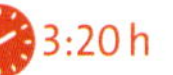 3:20 h 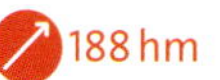 188 hm  188 hm 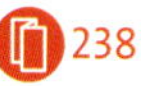 238

START | Buzet, Ortsteil Most bei der Brücke, Parkplatz [GPS: UTM Zone 33 x: 418.961 m y: 5.028.090 m]
Anfahrt: Von der Straße Buzet – Umag unterhalb der Altstadt Richtung Pazin bis zur Brücke, zu Fuß vom Busbahnhof auf demselben Weg, 20 Min. zusätzlich pro Richtung.
CHARAKTER | Abwechslungsreiche Rundtour durch Flussauen, ein historisches Bergbaugebiet, Wald und bäuerliche Kulturlandschaft, halb schattig, Waldpfad markiert.

Der Name **Minjera-Rundweg** erinnert daran, dass hier vor 400 Jahren Bauxit und Pyrit abgebaut wurde, verlassene Bergwerksstollen liegen am Weg. Im ersten Teil geht es dem Fluss entlang, im zweiten Teil auf Pfaden durch den Wald und am Ende auf unbefahrenem Sträßchen zurück zum Ausgangspunkt und zur Einkehr in der Konoba Most.

▶ Die Wanderung beginnt bei der Brücke über die Mirna, **Most** 01, einem Ortsteil von **Buzet**, Parkplatz, Konoba Most. Der erste Abschnitt führt immer am Fluss entlang: Vom Parkplatz gehen Sie auf dem Dammpfad rechts an der Fabrik vorbei. Das Becken der Mirna ist durch Dämme vor dem Hochwasser geschützt, wo es sich verengt und ins Tal übergeht, enden die Dämme. Sie wandern durch die schöne Aulandschaft, der Fluss hat sich in kleinen Windungen in den Lehmboden erodiert. Auf der rechten Seite erheben sich markante Kletterfelsen, der Pfad kürzt einige Flussschleifen ab, schöner ist

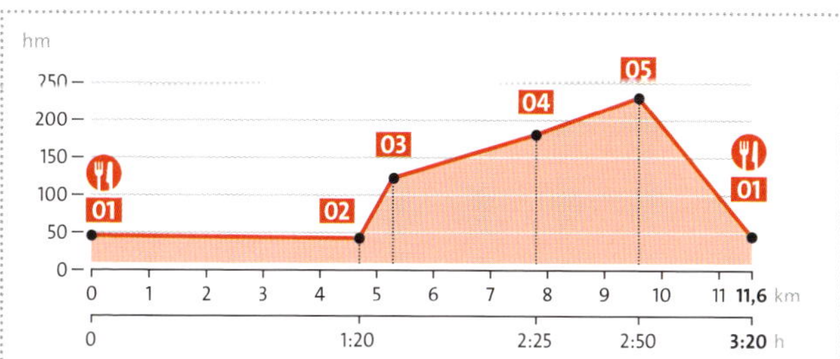

01 Buzet, Ortsteil Most, 45 m; 02 Brücke, 42 m; 03 Plateau, 122 m; 04 Podrebar, 180 m; 05 Dobrovica, 230 m

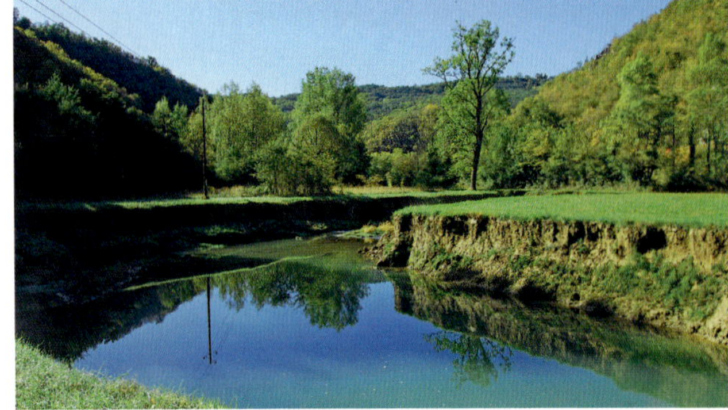

Im Mirnatal

es jedoch, immer der Uferlinie zu folgen. Direkt vor der **Brücke** 02, hier stand bis 1856 die Fabrik für Alaun und Schwefelsäure, beginnt bei der Infotafel der rot-blau markierte Pfad, Weg 551, hinauf und über das Plateau. Im spitzen Winkel zurück, führt er am Rande eines Seitenbaches hinauf zu den alten Bergwerksstollen. In den Hauptstollen kann man hineingehen (Taschenlampe), Vorsicht bei den Bergbaulöchern!

Der rot-blauen Markierung folgend erreichen Sie danach das **Plateau** 03, bei einer Abzweigung gehen Sie links, undeutliche Markierung am Felsboden beachten. Die Passage über das Plateau, vorbei an verwitterten Tonerdehügeln, ist im Herbst, wenn der Buschwald in allen Farben leuchtet, besonders stimmungsvoll. Spezialisierte Trüffelsucher durchstreifen in dieser Zeit mit ihren Hunden die Wälder im Mirnatal, da in dieser Zeit die Trüffel geerntet werden, die in der grauen Tonerde besonders gut gedeihen. Buzet ist weit über seine Grenzen hinaus bekannt für sein „weißes Gold", die besonders geschätzten weißen Trüffel, und hat sich zur „Trüffelhauptstadt" erklärt. Der Weg führt nun leicht abwärts und quert zweimal auf Felsplatten kleine Bachläufe. Nunmehr nur noch rot markiert, quert der Pfad den Bach des Seitentales und führt auf der andern Seite leicht ansteigend weiter. Bei der nahen Abzweigung gehen Sie geradeaus, der Weg wird langsam breiter, Sie erreichen die verlassenen Häuser von Brkani und kurz darauf den Weiler **Podrebar** 04.

Auf dem Zufahrtssträßchen wandern Sie nun auf der Terrasse über dem Mirnatal durch bäuerliche Kulturlandschaft mit Wein, Obst- und Olivenbäumen und Weiden. Nach 15 Min. biegen Sie rechts in den Fahrweg, Wegweiser 551, nach kurzem Anstieg gelangen Sie durch den Wald zu den Häusern von **Dobrovica** 05. Mit schönem Blick auf das Mirnabecken und die Altstadt von Buzet wandern Sie nun dem Sträßchen der oberen Terrasse entlang und dann hinunter zum **Ausgangspunkt** 01 bei der Konoba Most (Do – Di ab 12 Uhr).

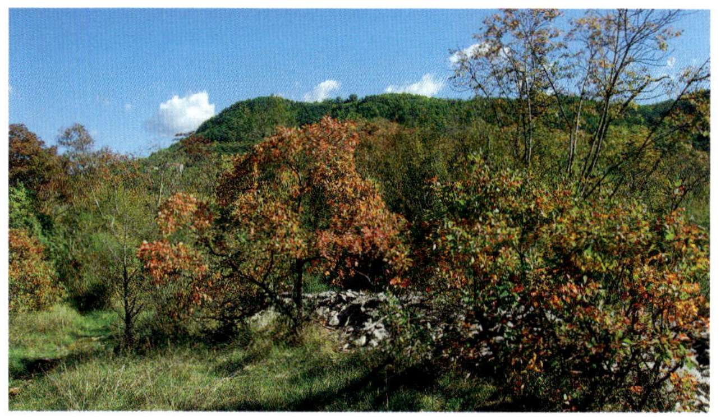
Herbststimmung im Mirnatal

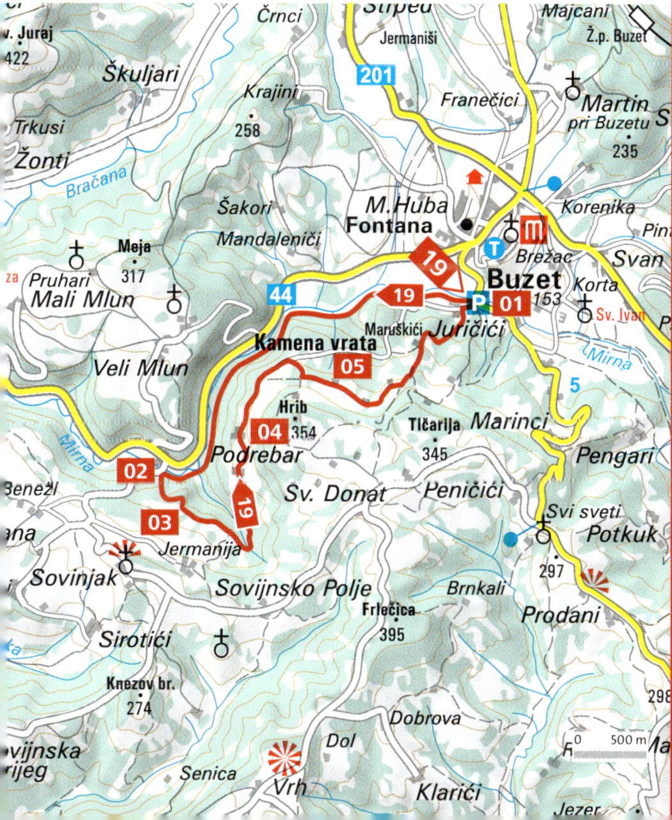

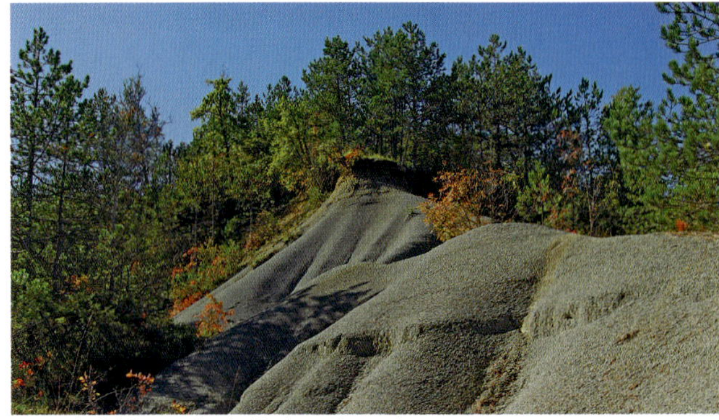

Mergelschichten oberhalb des Mirnatales

Buzet/Pinguente

Pinguente war lange Zeit eine venezianische Stadt. Auf dem 158 m hohen Felsen lebten schon die Kelten, die Römer bauten an dieser strategisch wichtigen Stelle ein Militärlager und die Siedung Pinguentum, Byzantiner, Franken und die Patriarchen von Aquileia waren die Herren über Stadt und Land, bevor 1421 die Venezianer kamen und Pinguente zu einer ihrer wichtigsten Landfestungen in Istrien ausbauten. Die Blütezeit erlebte die Stadt vom 16. bis zum 18. Jh., aus dieser Zeit stammen die beiden Stadttore, die Zisterne im Rokokostil, die St.-Georgs-Kirche, einige Patrizierhäuser und Paläste, im Bigatto-Palast ist das Heimatmuseum untergebracht, das über die lange Geschichte seit der Bronzezeit informiert. Viele der prachtvollen Bauten gehörten den reichen „Capetani", den Militärverwaltern der Republik Venedig.

Eine Besonderheit sind die riesigen Pflastersteine: Da die Stadt auf einem Felsen gebaut war, wurde an manchen Stellen das Gestein durch richtiges Behauen als Pflaster genutzt, so entstanden jene unregelmäßig aussehenden Pflastersteine von bis zu 6 m im Quadrat. Die ständige Bedrohung durch die Habsburger, die Türken und die Uskoken, ein kriegerischer serbisch-kroatischer Bauernstamm, hemmte lange Zeit die wirtschaftliche Entwicklung, erst im 18. Jh. konnte sich unten im Tal eine Textilindustrie entwickeln. 1797 endete die venezianische Ära, die Verteilung der Bevölkerung – in der Oberstadt Italiener, unten in der Neustadt und in der Hügelgegend ringsum verschiedene slawische Volksgruppen – änderte sich erst nach dem Zweiten Weltkrieg, als die italienisch-sprachige Bevölkerung größtenteils die Stadt verließ, was für Buzet einen großen Bedeutungsverlust mit sich brachte.

BUZET: WEG DER 7 WASSERFÄLLE

Durch die Schluchten der Rjecica Draga und der Mirna

 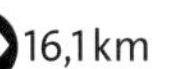 16,1 km 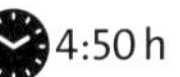 4:50 h 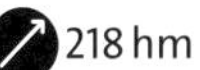 218 hm  218 hm  238

START | Buzet, Brücke über die Mirna im Ortsteil Sv. Ivan Dol, Parkmöglichkeit [GPS: UTM Zone 33 x: 419.807 m y: 5.027.795 m]
Anfahrt: Wie Tour 19, vor der Brücke Ortsteil Most links auf der kleinen Straße 1 km durch Sv. Ivan Dol bis zur Brücke über die Mirna.
CHARAKTER | Anspruchsvolle Rundwanderung, vorbei an 7 Wasserfällen – die ersten vier in der Schlucht der Rjecica Draga, die letzten drei im Mirnatal. Rot-blaue Markierung, überwiegend schattig.

Der „Staza sedam slapova" – Weg der 7 Wasserfälle – gilt als einer der attraktivsten Wanderwege in Inneristrien. Talschluchten, steile Kletterfelsen, Waldpassagen und sieben Wasserfälle machen die lange Tour sehr abwechslungsreich. Zu bewältigen ist ein sehr steiler, mit Seilen gesicherter Anstieg über eine Steilstufe, in der Saison Einkehrmöglichkeit in der Konoba in Kotle. Auch in der Trockenzeit ohne viel Wasser eine lohnende Tour! Bei niederem Wasserstand können Sie noch auf dem Fahrweg am Flussdamm aufwärts bis zum **Parkplatz 02** nach der Fitness-Station fahren, da Sie am Ende der Tour dann auf der Betonbarriere mit den Stufen die Mirna überqueren können. Zu Fuß wie Tour 19 und unmittelbar vor der Brücke Most auf dem Dammweg flussaufwärts, zusätzlich 30 Min. pro Richtung.

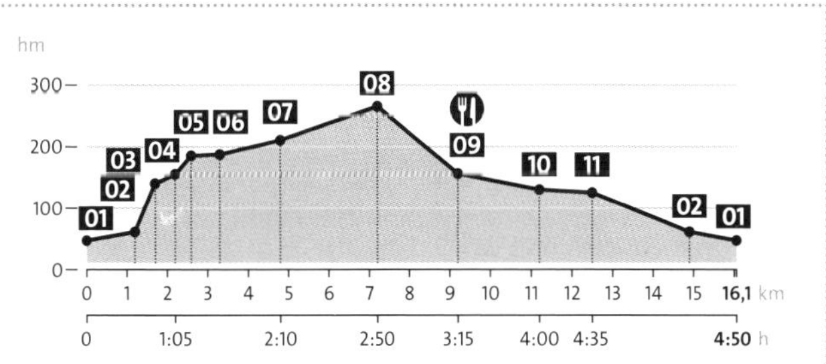

01 Brücke, 47 m; **02** Parkplatz, Schluchteingang, 60 m; **03** Wasserfall Bacva, 140 m; **04** Wasserfall Velja Peć, 155 m; **05** Querweg, 185 m; **06** Wasserfall Mala Peć, 187 m; **07** Napoloenbrücke, 210 m; **08** Kuhari, 265 m; **09** Kotle, 156 m; **10** Wasserfall Zelenšcak, 130 m; **11** Wasserfall Grjok, 125 m

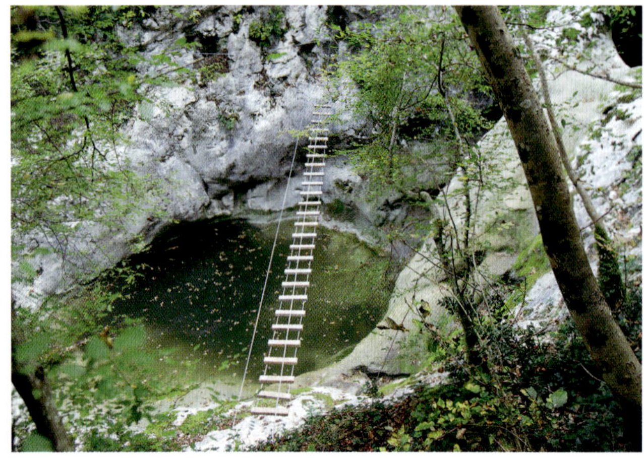

Hochseilgarten beim Wasserfall Bacva

▶ Die Tour beginnt mit einer flachen Etappe auf dem linken Dammweg (orografisch rechts) flussaufwärts von der **Brücke 01**. Dem hier kanalisierten Bach entlang gehts bis zum Parkplatz nahe dem **Schluchteingang 02** nach den Fitness-Trainingsgeräten.

Sie folgen nun dem **rot-blau** markierten Pfad durch die Schlucht, die auch ohne viel Wasser ein beeindruckendes Szenario bietet. Bis zum zweiten Wasserfall wurde ein kleiner Hochseilgarten eingerichtet, auf gut ausgebautem Pfad passieren Sie den ersten Wasserfall und gelangen bald danach, vorbei an abgesperrten alten Bergwerksstollen, zum zweiten **Wasserfall Bacva 03**, über dessen See sich in luftiger Höhe die Hängebrücke des Hochseilgartens schwingt. Davor biegt der Pfad nach rechts den steilen Hang hinauf zu einem überhängenden Kletterfelsen, weiter durch steiles Gelände kommen Sie zu einer Abzweigung, ein lohnender kurzer Abstecher bringt Sie zum dritten **Wasserfall Velja Peć 04** mit schönem Rastplatz in einem Felsenkessel.

Zurück zur Abzweigung, folgt das schwierigste Wegstück: Ein sehr steiler Pfad, gesichert durch Seile und versehen mit Steighilfen, führt über die Steilstufe hinauf zu einem **Querweg 05**. Auf diesem gehen Sie links leicht abfallend bis zu einer Furt, danach rechts, Weg 556, dem Bach entlang aufwärts.

Bei einer Gabelung, ein Schild weist nach links zur Napoleonbrücke, machen Sie den nächsten Abstecher – Sie wandern geradeaus weiter zum 300 m entfernten vierten **Wasserfall Mala Peć 06**, wieder mit schönem Rastplatz am idyllischen See. Zurück zur Abzweigung, folgen Sie nun der Markierung zur Napoleonbrücke. Der Pfad steigt nochmals kurz an, trifft dann auf einen Fahrweg, rechts, auch Radroute 509, vorbei an einigen

Weingärten, bei einer Gabelung geradeaus bis zu einem Linksknick der Radroute, hier gehen Sie auf dem Fußweg geradeaus bis zur alten **Napoleonbrücke** **07**.

Danach folgt eine ausgedehnte Waldetappe über das Plateau: Der Weg trifft auf eine Schotterstraße, kurz rechts ansteigend und in der Kurve links, Weg 556, Wegweiser Kotle. Der rot-blauen Markierung folgend wandern Sie durch Niederwald, der Boden besteht hier aus Mergel. Bei einem Querweg links, an einer Hausruine vorbei und geradeaus auf dem Fahrweg durch eine Waldschneise, vorbei an einigen Hügeln aus Tonerde geradeaus bis zu einem Asphaltsträßchen.

Auf diesem rechts sind Sie bald bei den Häusern von **Kuhari** **08**. Beim Bildstock gabeln sich die Wege nach Kotle – der schönere ist der etwas längere geradeaus. Der Pfad führt durch den Wald, trifft auf einen Fahrweg, auf diesem rechts und nach 50 m links in den Pfad abwärts. Der Boden besteht hier aus roter Tonerde und kann bei Nässe gatschig sein. Der Weg tangiert einen Fahrweg, hier rechts durch den Hohlweg abwärts, beim Querweg dann nach links bis **Kotle** **09**.

Die Ortschaft ist weitgehend verlassen, die durch mechanische und chemische Erosion entstandenen Wannen, Gumpen und Löcher im Bachbett der Mirna, der Wasserfall Slop etwas unterhalb, die Wassermühle daneben und die Konoba Kotlić ziehen jedoch zahlreiche Besucher an. Öffnungszeiten der Konoba: Mai – Okt. 12 – 20 Uhr, außerhalb der Saison nur Sa und So.

Der Rückweg ist einfach und angenehm: Sie folgen immer geradeaus dem schattigen Fahrweg rechts der Mirna entlang. Sanft abfallend,

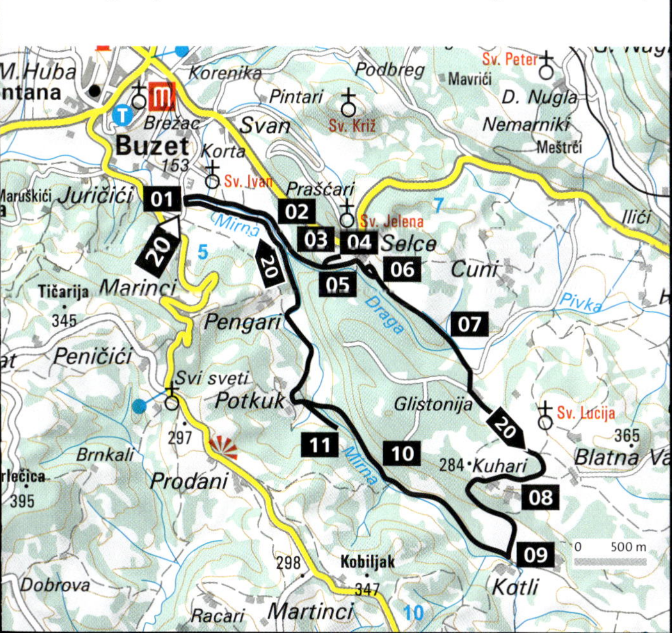

mit wenigen leichten Gegensteigungen, wandern Sie durch Niederwald talauswärts, nach 25 Min. weist ein kleines Schild nach links zum sechsten **Wasserfall Zelenšcak 10** unmittelbar neben dem Weg, jedoch nur von oben einsehbar.

Nach weiteren 15 Min. weist der Pfeil links zum siebten Wasserfall, rechts ist der Wegweiser zurück nach Kotle. Im spitzen Winkel gehen Sie auf dem Fahrweg zurück, nach 300 m sind Sie beim **Wasserfall Grjok 11** mit schönem Rastplatz und Bademöglichkeit.

Zurück zur Abzweigung, kommen Sie bald zu einem Bildstock, geradeaus weiter durch das hier breitere, von steilen Felsen begrenzte Mirnatal. Sie queren dreimal den Bach auf Trittsteinen, wandern durch einen fruchtbaren Talkessel und erreichen dann den Schluchteingang, auf der anderen Seite ist der **Schluchteingang 02** der Rjecica Draga. Auf dem linken Dammweg kehren Sie mit schönen Blicken auf Buzet zum Ausgangspunkt an der **Brücke 01** zurück.

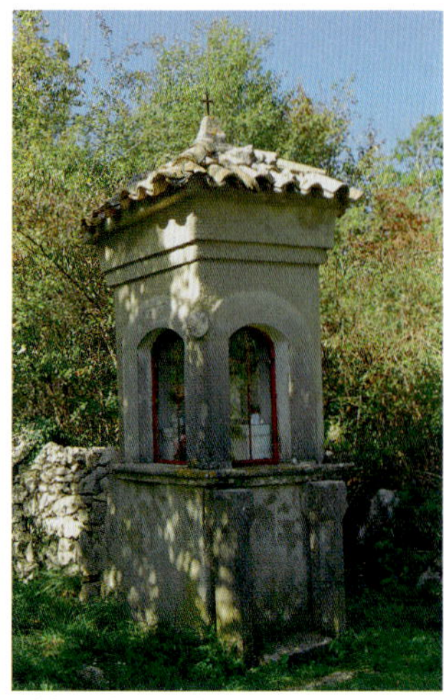

Bildstock in Kuhari

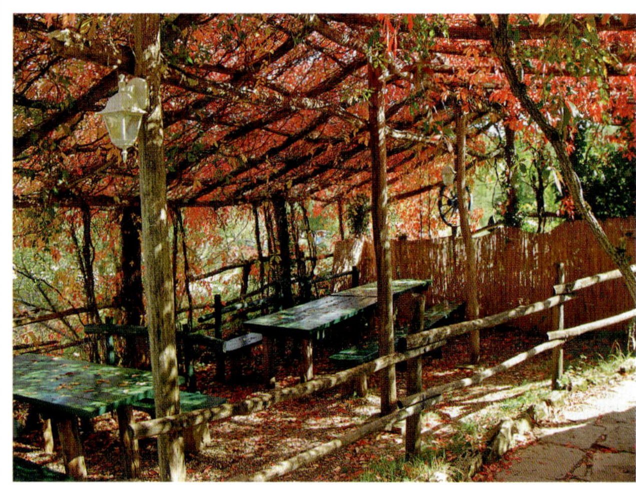

Gastgarten in Kotli

VAL ROSANDRA

Talschlucht im Triester Karst

  7,5 km 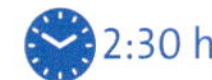 2:30 h 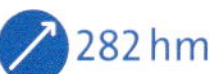 282 hm 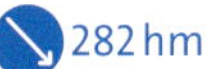 282 hm  238

START | Bagnoli, Bushaltestelle, Parkplatz, Bar, Market [GPS: UTM Zone 33 x: 411.009 m y: 5.051.777 m]
Anfahrt: Bus 40, 41 von Trieste Centrale bis Bagnoli. Autofahrer können auch beim Rifugio Premuda in Bagnoli Superiore parken und die Tour dort beginnen.
CHARAKTER | Leichte, aber eindrückliche Karstwanderung mit schönen Aussichtspunkten. Halb schattig, rot, blau markiert.

Die Wanderung führt auf guten Wegen durch das Val Rosandra, ein Karsttal im Hinterland von Triest. Romantische Passagen entlang des Baches, die weiten Aussichten von der Kirche Sv. Marija in Saris und der ehemaligen Burg Moccò sowie die bequeme Strecke auf der alten Bahntrasse machen die Tour zu einem besonderen Erlebnis.

▶ Nach einem Kaffee in der Bar/Konditorei in **Bagnoli** 01 gehen Sie die breite Dorfstraße hinauf und geradeaus weiter, Wegweiser Val Rosandra. Auf dem Sträßchen erreichen Sie nach 10 Min. **Bagnoli Superiore** 02, am Ende der kleinen Siedlung beginnt der Wanderweg ins Naturschutzgebiet Val Rosandra. Der Weg führt nun dem Bach entlang in das enge, von Felsen gerahmte Tal hinein, der Wildbach Rosandra hat hier eine tiefe Talfurche in die Karstebene erodiert; **rote, blaue** Markierung. Bei der

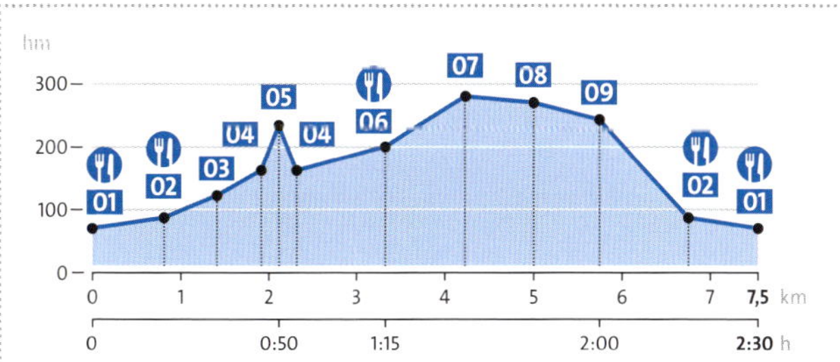

01 Bagnoli, 70 m; 02 Bagnoli Superiore, 87 m; 03 Wegkreuzung, 122 m; 04 Abzweigung, 162 m; 05 Sv. Marija in Siaris, 234 m; 06 Bottazzo, 200 m; 07 Casello, 280 m; 08 Abzweigung, 270 m; 09 Vedetta Moccò, 242 m

ersten Abzweigung gehen Sie geradeaus weiter, über zahlreiche kleine Kaskaden fließt das Wasser in die ausgewaschenen Gumpen darunter. Nach einem Rastplatz gehen Sie bei der Gabelung links, ebenso bei der **Wegkreuzung** 03 danach, **rote** Markierung, Wegweiser Sv. Marija in Siaris.

Der Weg steigt nun an, bald eröffnen sich schöne Blicke in die Talschlucht, rechts oben ist bereits die Kirche zu sehen. Bei der **Abzweigung** 04 machen Sie dann den Abstecher hinauf zur Kirche **Sv. Marija in Siaris** 05 auf einer kleinen Terrasse im Steilhang. Von den Felsen links der Kirche bietet sich eine weite Aussicht ins Rosandra-Tal und zum großen Wasserfall am Talschluss. Die erste Erwähnung der Kirche datiert aus dem Jahr 1367 und ist eine Bußanleitung – die Sünder sollten barfuß auf dem steinigen Weg zur Kirche pilgern.

Zurück zur **Abzweigung** 04, gehen Sie nun auf dem Hauptweg hoch über dem Talgrund weiter, von einem Felsen links des Wegs sehen Sie den 40 m hohen Wasserfall und das Becken darunter besonders schön. Der Weg führt nun durch Buschwald, oberhalb des Wasserfalls queren Sie auf einer Brücke den Bach und gehen bei der folgenden T-Kreuzung für einen kurzen Abstecher nach rechts zum Weiler **Bottazzo** 06. Hier gibt's zur Einkehr eine Trattoria mit schattigem Gastgarten, deren Zukunft allerdings ungewiss erscheint, gesucht wurde ein Pächter.

Auf dem schmalen, unbefahrenen Sträßchen wandern Sie anschließend hinauf zum **Casello** 07, einem dem italienischen Alpenverein gehörenden Haus an der ehemaligen Bahntrasse, von den Felsen am Rand bieten sich spektakuläre Talblicke.

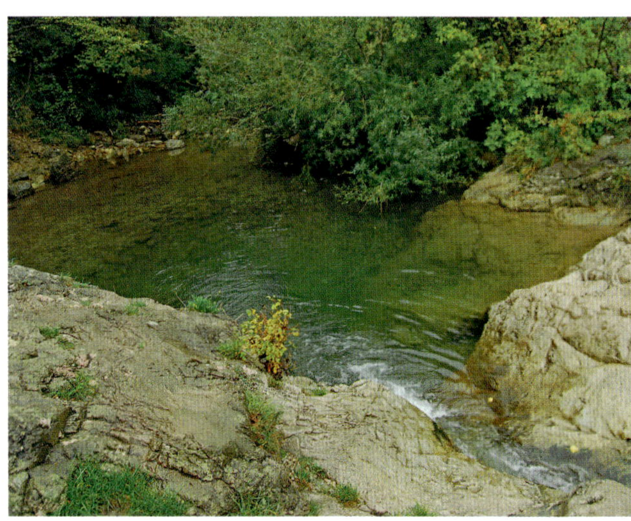

Im Val Rosandra

Der Weiterweg verläuft nun auf der stillgelegten k. u. k. Eisenbahnstrecke Triest – Hrpelje, die zwischen 1887 und 1959 in Betrieb war und in nur 20 Monaten von 2.600 Arbeitern gebaut wurde. Die Bahn war wichtig für den Weintransport nach Wien und – bis zur neuen Grenzziehung nach dem Zweiten Weltkrieg – die Verbindung Istriens mit Triest. Gemütlich wandern Sie auf der aussichtsreichen Strecke hoch über dem Tal, der Blick reicht bis zum Golf von Triest. Sie passieren zwei kurze Tunnels, 250 m nach dem zweiten Tunnel **zweigt** vor einer kleinen Brücke der **rot** markierte **Pfad ab** **08**, auf dem Sie nun durch Wald leicht abwärts wandern.

Hinter einem Olivenhain treffen Sie auf einen kleinen Parkplatz, Sie gehen nach links für einen kurzen Abstecher zur **Vedetta Moccò** **09**. Hier stand jahrhundertelang die Burg Moccò, sie war ein wichtiger Teil der Befestigungsanlagen im Hinterland von Triest, diente auch der Kontrolle der Salzstraße in die Krain und als Kerker. Nach einer Zerstörung wurde sie im 17. Jh. wieder aufgebaut und beherbergte lange Zeit auch ein bekanntes Gasthaus, ehe der letzte Teil in den letzten Kriegstagen von den Deutschen gesprengt wurde. Heute steht an ihrer Stelle eine Aussichtskanzel, der Blick ist der strategischen Lage entsprechend besonders weit.

Sie gehen nun zum Parkplatz zurück und biegen dort nach links, Wegweiser Rifugio Premuda. Der rt markierte Pfad führt zum Teil steil, Vorsicht Rutschgefahr, hinunter nach **Bagnoli Superiore** **02**, das Sie beim Rifugio Premuda erreichen, wo Sie einkehren können (Mi – Mo ab 10 Uhr).

Auf dem Herweg gehen Sie dann zum **Ausgangspunkt** **01** zurück.

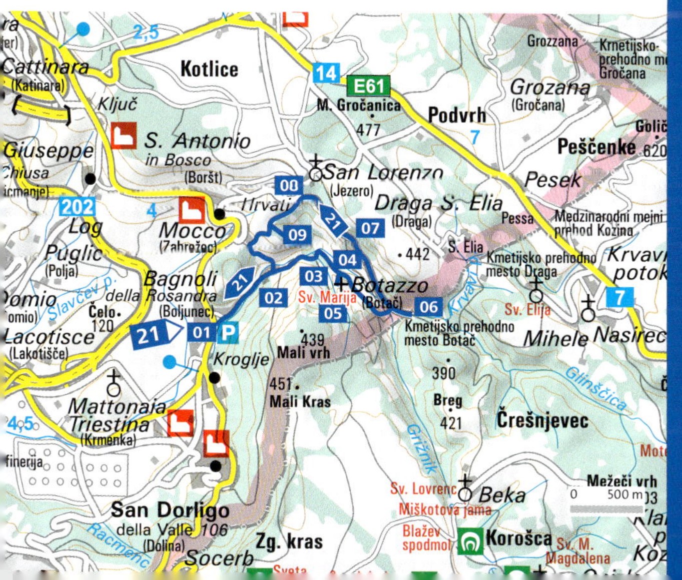

Naturpark Val Rosandra/Dolina Glinščice

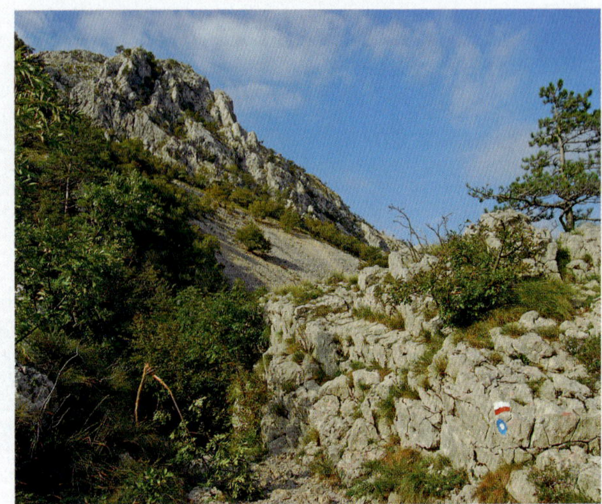

Karstfelsen im Val Rosandra

Nur wenige Kilometer von Triest, an der Grenze zu Slowenien, hat sich der Wildbach Rosandra tief in die Karsthochebene eingeschnitten. Er ist der einzige Oberflächen-Wasserlauf des Triester Karsts, was ihm eine besondere Bedeutung für Mensch und Natur verlieh. Bereits die Römer bauten ein Aquädukt, mit dem sie das Wasser nach Triest leiteten. Vom Mittelalter bis ins 20. Jh. arbeitete eine ganze Kette von Mühlen, insgesamt 32, entlang des Baches und seiner Zubringer und nutzte die günstigen Bedingungen, das Wasser fließt nämlich in einer Reihe von natürlichen kleinen Stufen nach dem großen Wasserfall durch die Talschlucht. In den vielen Grotten und Höhlen leben zahlreiche Flattertiere, an die 130 Vogelarten wurden bislang beobachtet, auch zahlreiche Säugetiere wie Rehe, Hasen, Wildschweine, Luchse oder Dachse haben hier ihren Lebensraum. Das 746 ha große Gebiet wurde 1996 unter Naturschutz gestellt und ist heute Teil des Netzes Natura 2000.

Die Bevölkerung der Grenzregion ist gemischt italienisch-slowenisch-sprachig, Orte und Wege sind daher zweisprachig angeschrieben.

Ein **Besucherzentrum in Bagnoli** (an der Straße nahe der Bushaltestelle) informiert über Natur und Kultur der Region. Öffnungszeiten: Sommer Fr, Sa, So, Fei 9 – 17 Uhr, Winter Sa, So, Fei 9 – 17 Uhr.

COCUSSO

Zum Hügelgrab am Monte Cocusso

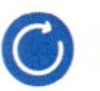  6,2 km 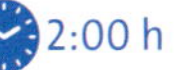 2:00 h 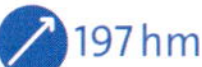 197 hm  197 hm  238

START | Pesek, Kirche, Parkplatz
[GPS: UTM Zone 33 x: 413.961 m y: 5.053.283 m]
Anfahrt: Keine geeignete Busverbindung. Pesek liegt an der SS 14 knapp vor der slowenischen Grenze.
CHARAKTER | Sanfte Karstwanderung am bewaldeten Westhang des Monte Cocusso, halb schattig, rot markiert.

Auf festen Schotterwegen wandern Sie hinauf zum großen **Tumulus**, einem Hügelgrab aus der Bronzezeit am Monte Cocusso. Nahe der slowenischen Grenze führt der Weg dann nach Grozzana und weiter durch Wald, Lichtungen und Weiden zurück nach Pesek.

Die Wanderung beginnt bei der Kirche am westlichen Ortsrand von **Pesek** 01, Parkplatz. Sie folgen der roten Markierung, Weg 28, dem Schotterweg entlang aufwärts (auch die blaue Markierung führt über einen Umweg zum Tumulus). Er führt durch Macchia, die allmählich in einen Mischwald übergeht, den Hang hinauf. Bei einer Gabelung nehmen Sie den schmalen linken Weg, er wird noch öfter den Fahrweg kreuzen. Von rechts stößt wieder der blau markierte Pfad dazu, ehe Sie den großen **Tumulus** 02 am **Monte Cocusso** erreichen, die einzige größere freie Stelle mit Aussicht im sonst bewaldeten Massiv.

Der rot und blau markierte Pfad führt auf der anderen Seite weiter durch den Wald und trifft dann

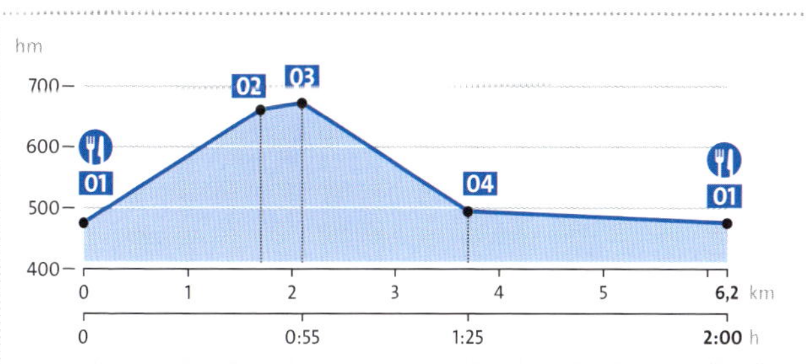

01 Pesek, 475 m; 02 Tumulus, Monte Cocusso, 661 m; 03 T-Kreuzung, 672 m; 04 Grozzana, 494 m

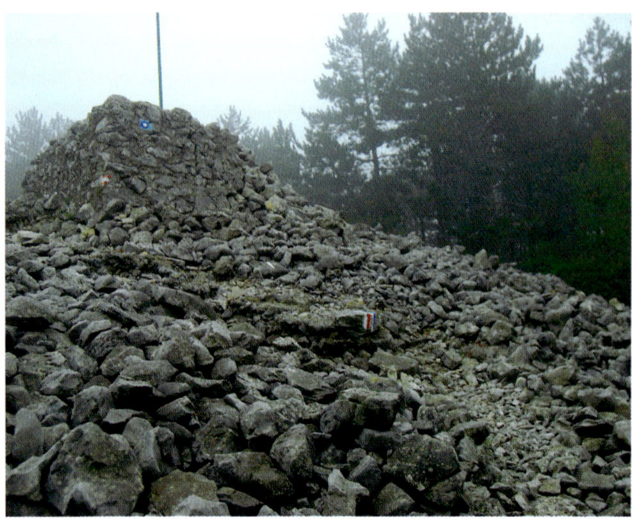

Tumulus am Monte Cocusso

wieder auf einen Fahrweg. Bei einer **T-Kreuzung** 03 direkt vor der Staatsgrenze gehen Sie rechts und folgen dem nur mehr rot markierten Weg 3 zurück nach Pesek.

Zweisprachiges Grenzgebiet

Die Ortschaften entlang der Grenze sind zweisprachig, die Sprachen durchdringen sich gegenseitig, Begriffe verändern sich unter dem Einfluss der anderen Sprache. Eine These zur Erklärung des Namens „Cocusso" baut darauf auf: Die slowenische Ostseite des Berges ist zum Teil kahl (slowenisch Gol), die Einwohner von Grozzana nennen den Berg Golina. Über die sprachliche Ähnlichkeit mit Gallina, italienisch Huhn (auf Slowenisch Kokoš) wird das italienische „Cocusso" hergeleitet.

Bei einer Gabelung geht's links zur slowenischen Schutzhütte, Sie gehen geradeaus leicht abwärts weiter, der Weg führt durch Mischwald, im Herbst zeigt sich hier ein herrliches Farbenspiel der Bäume und Sträucher, hinunter nach **Grozzana** 04. Sie überqueren die Straße und folgen der Markierung durch den Ort, der Weg quert anschließend die Krasno-Polje. Bei einer Tafel, die die Staatsgrenze in 410 m ankündigt, führt der markierte Weg 3 geradeaus weiter und macht dann einen Rechtsknick, wenn Sie von der Tafel rechts gehen, können Sie den Umweg abkürzen. Entlang von Trockenmauern wandern Sie nun über Weiden und Lichtungen am Rande der fruchtbaren Krasno-Polje zurück nach **Pesek** 01.

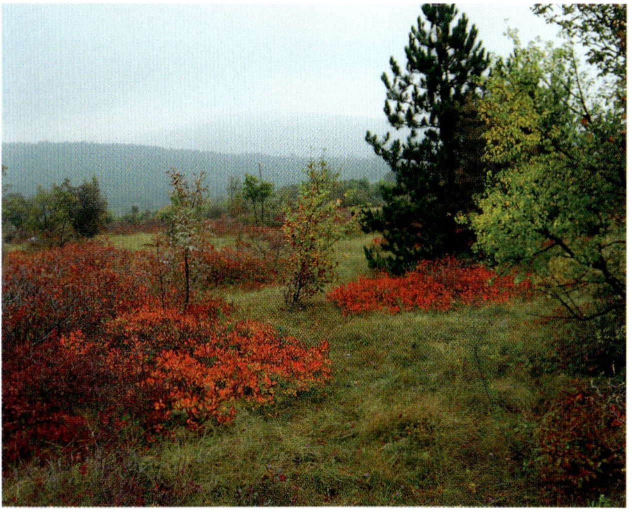

Herbststimmung am Monte Cocusso

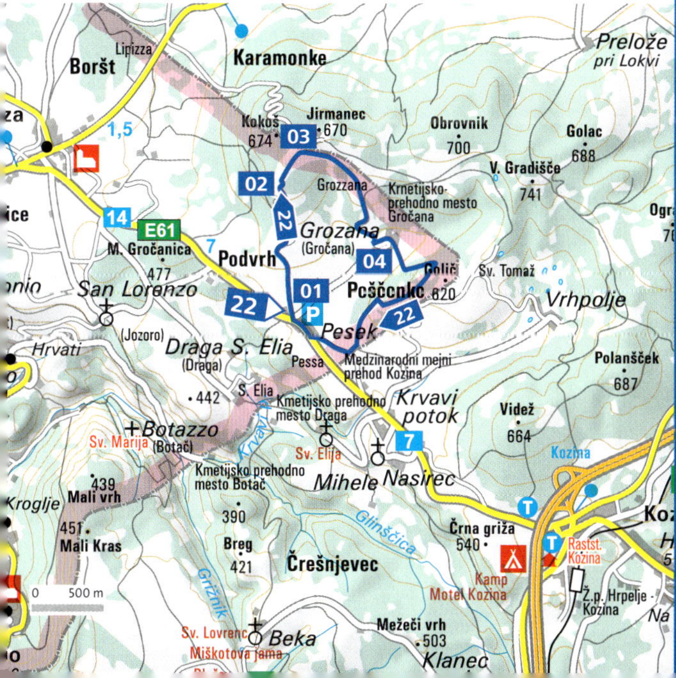

MONTE CARSO – BURG SOCERB

Über die Grenze

 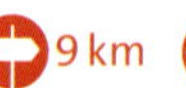 9 km 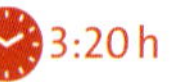 3:20 h 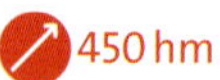 450 hm 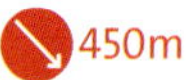 450m 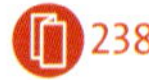 238

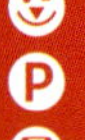

START | Bagnoli, Busstation, Bar, Market, Parkmöglichkeit beim alten Fischwaschplatz
[GPS: UTM Zone 33 x: 410.993 m y: 5.051.803 m]
Anfahrt: Bus 40 und 41 von Trieste Centrale bis Bagnoli.
CHARAKTER | Rundwanderung im Karstgebiet des Grenzlandes, nach steilem Anstieg aussichtsreich über das Plateau zur beherrschenden Burg Socerb.

Das Monte-Carso-Plateau (Mali Kras) ist ein strategisch wichtiger Gebirgszug, am Karstrand des steil hinter der Küste aufragenden Rückens verläuft die Grenze zwischen Italien und Slowenien. Im Mittelalter war die Burg Socerb eine der wichtigsten Befestigungsanlagen am Karstrand.

▶ Von der Bushaltestelle **Bagnoli** 01 gehen Sie in die Seitenstraße nach links, Sie folgen bis zum Monte Carso der blauen Markierung. Hinter dem alten Fischwaschplatz, Parkmöglichkeit, gehen Sie links (nicht über die Brücke, auf dem rot markierten Weg kommen Sie zurück), der blau-weiß markierte Pfad führt zum Teil sehr steil den karstigen, mit Buschwerk bewachsenen Hang hinauf. Nach 1 Std. erreichen Sie die Höhle **Mejna Jama** 02, hier verlief in der k. u. k.-Zeit die Grenze zwischen den Gemeinden Dolina und Bolunz, die in Stein gemeißelte

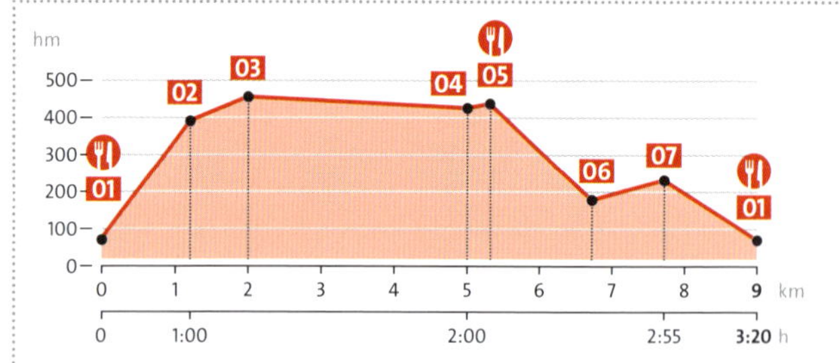

01 Bagnoli, 70 m; 02 Mejna Jama, 390 m; 03 Monte Carso, 45 m; 04 Sveta Jama, 425 m; 05 Burg Socerb, 437 m; 06 Weggabelung, 178 m; 07 Abzweigung, 231 m

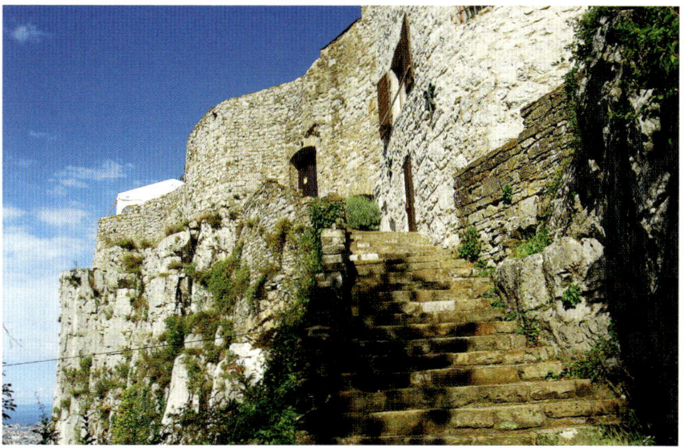

Burg Socerb

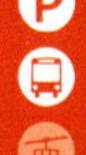
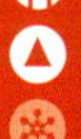
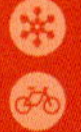

Inschrift erinnert daran. Vom nun folgenden Weg unterhalb der Felsen bietet sich eine prächtige Sicht auf den Golf von Triest, bevor der Pfad nur mehr leicht ansteigend über das Plateau führt.

Bei einer Gabelung folgen Sie rechts der **blauen** Markierung, durch Kiefernwald gelangen Sie zu einem breiteren Weg, der Staatsgrenze. Er führt rechts zum nahen flachen Gipfel mit alten Befestigungsanlagen, heute Rastplatz. Von der Abbruchkante des **Monte Carso** **03** genießen Sie wieder den weiten Panoramablick über Triest.

Nun folgen Sie dem rot markierten Weg, Wegweiser Socerb, leicht abwärts. Auf der slowenischen Seite wandern Sie über das erst mit Büschen bewachsene, dann stärker bewaldete Plateau nahe der Abbruchkante. Der Weg schwenkt dann nach links, trifft auf einen Fahrweg, nach wenigen Min. gehen Sie bei einer Abzweigung rechts. Durch schönen Kiefernwald wandern Sie bis vor die Burg und biegen bei der Gabelung nach links zur Zufahrtsstraße, auf ihr wenige Meter nach links und wieder nach links, Wegweiser, zu einem Abstecher zur nahen „heiligen Höhle“ **Sveta Jama** **04**.

Die Karsthöhle besteht aus zwei Gängen, der untere reicht 44 m in die Tiefe. Der obere ist trocken, in ihn wurde eine Höhlenkirche hineingebaut und dem heiligen Servulus, Socerb, geweiht, der hier einige Jahre als Einsiedler gelebt haben soll, nach ihm sind auch die Burg und das Dorf darunter benannt. Die Höhle ist verschlossen und nur zu Gottesdienstzeiten geöffnet.

Zurück zur Straße sind Sie bald bei der **Burg Socerb** **05**. Die im Mittelalter auf den Fundamenten einer illyrischen Wallburg errichtete Festung war wegen ihrer strategischen Lage am Karstrand lange Zeit heftig zwischen Venedig und Triest umkämpft. Nach dem Friedensschluss wurde sie zum Feudalbesitz mit Landgericht und

Neue Grenzen

Nach dem Zweiten Weltkrieg verschoben sich die Grenzen: Istrien fiel an Jugoslawien, nicht einigen konnten sich die Großmächte zunächst über Triest. 1947 wurde daher das „Freie Territorium Triest" gegründet, ein kleiner, neutraler Pufferstaat, gegliedert in zwei Zonen: Die Zone A (Duino bis Muggia) war von Briten und Amerikanern besetzt, die Zone B (Muggia bis Novigrad) von Jugoslawien. Quer durch die Zone B verlief entlang des Flusses Dragonja die Verwaltungsgrenze zwischen den jugoslawischen Teilrepubliken Slowenien und Kroatien. Nach Unruhen kam es 1954 im Londoner Memorandum zur Aufteilung des Territoriums: Zone A kam zu Italien, Zone B zu Jugoslawien.

Seit der Unabhängigkeit der ehemaligen Teilrepubliken schwelt zwischen Slowenien und Kroatien ein Grenzstreit um Details der Landgrenze, vor allem aber um die Seegrenze in der Bucht von Piran. Ein internationales Schiedsgericht legte 2017 die Landgrenze am Unterlauf des Dragonja in Flussmitte fest, sodass einige slowenische Weiler südlich des Flusses zu Kroatien kamen, in der Bucht von Piran wurde Slowenien ein Korridor in internationale Gewässer zuerkannt. Die nationalkonservative Regierung in Kroatien respektierte den Spruch jedoch nicht, sodass der Streit wohl noch längere Zeit weiterschwelen wird.

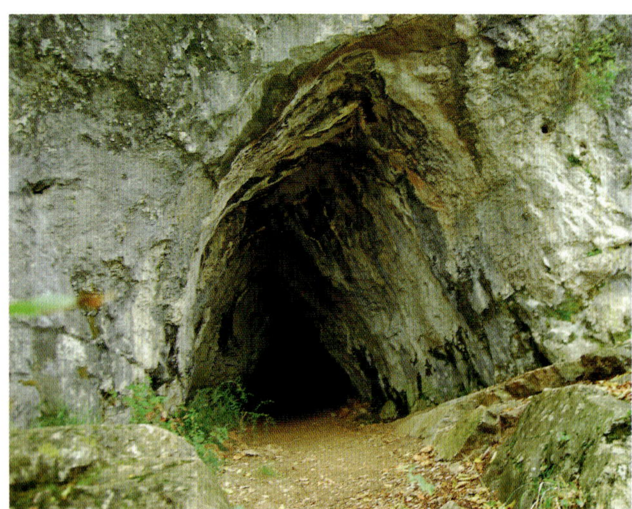

Karsthöhle Mejna Jama

Mautstelle, wechselte oft den Besitzer, bevor sie 1780 durch einen Blitzschlag und Brand so schwer beschädigt wurde, dass sie langsam verfiel. 1925 wurde sie gründlich renoviert und umgestaltet, ein zweites Mal nach dem Krieg zu einer Ausflugsburg mit Restaurant und herrlichem Blick über den Golf von Triest (Fr, Sa, So 12 – 22 Uhr, Di, Mi, Do 18 – 22 Uhr).

Der Weiterweg führt beim Burgeingang hinunter zum Dorf Socerb, bei der Querstraße rechts unterhalb der Kirche vorbei, im Tal unten sehen Sie bereits Bagnoli. Nach dem letzten Haus führt ein zuerst schmaler, dann breiter werdender Weg durch den Wald hinunter und trifft auf einen breiten Schotterweg, hier verläuft die Staatsgrenze.

Bei einer **Weggabelung** **06** gehen Sie rechts über den Bach, **rote** und **blaue** Markierung. Leicht ansteigend wandern Sie auf dem schönen alten Weg den Hang entlang. Bei der nun folgenden **Abzweigung** **07** biegen Sie nach links in den Weg 46A hinunter, Wegweiser Crogole. In der Kurve nehmen Sie dann den Pfad nach rechts und bei der Gabelung links abwärts, der Pfad führt direkt nach **Bagnoli** **01** zurück.

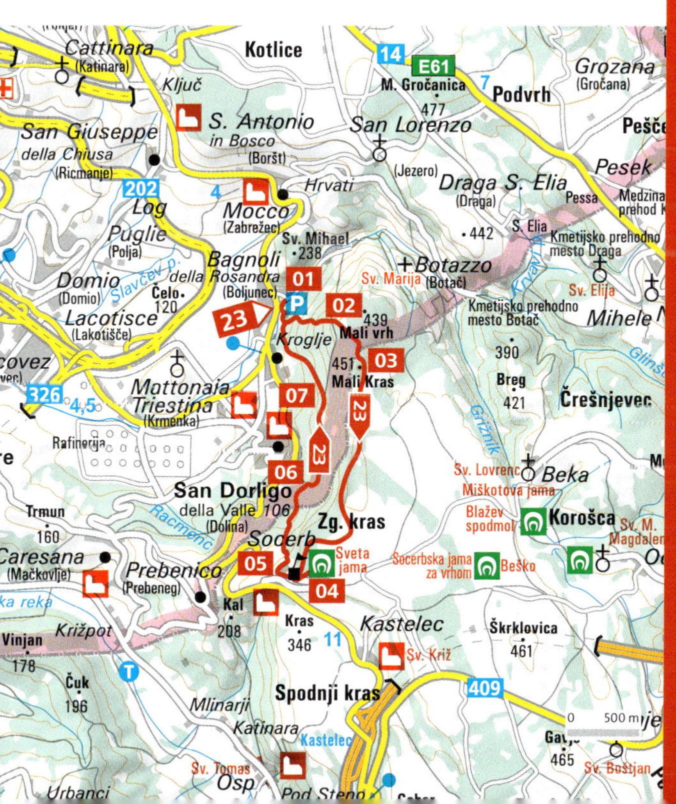

KUK

Die sanfte Seite des Karstes

 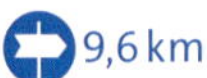

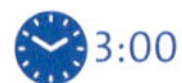

START | Gračišče, Kirche St. Nikolaus [GPS: UTM Zone 33 x: 412.350 m y: 5.039.631 m]. Anfahrt: Kein geeigneter Bus. Auf der Straße 208 von Crni Kal durch das Rižana-Tal, von Buzet über den Grenzübergang Požane/Sočerga, Parkmöglichkeit bei der Kirche.

CHARAKTER | Gemütliche Wanderung entlang eines sanften, bewachsenen Karstrückens mit schönen Aussichten, keine durchgehende Markierung. Wenig Schatten, besonders schön daher im Frühjahr und Herbst.

Nach kurzem Anstieg treffen Sie auf dem bewaldeten Höhenrücken auf den Weg Planinksa pot. Vorbei an einem Aussichtsturm geht's auf diesem schönen Wanderweg bis zum flachen Wiesengipfel Kuk.

▶ Sie starten Ihre Tour bei der St.-Nikolaus-Kirche in **Gračišče** 01, der Glockenturm aquileanischen Typs stammt aus dem Jahr 1876. Auf der Dorfstraße gehen Sie am Brunnenhaus vorbei und 20 m danach geradeaus den schmalen Weg weiter. Vor dem fensterlosen Gebäude weist der Wegweiser Lačna nach rechts, beim Haus 38b beginnt dann rechts der Mauer der Pfad, auf dem Sie durch den bewaldeten Hang zum Plateau aufsteigen. Auf der Kammhöhe treffen Sie auf einen Wiesenweg, dem Sie nun nach rechts folgen. Nach 150 m weist der Wegweiser Stolp, Aussichtsturm, nach links zum flachen, bewaldeten Gipfel des **Lačna** 02, freie Sicht genießen Sie von der Plattform des Turmes.

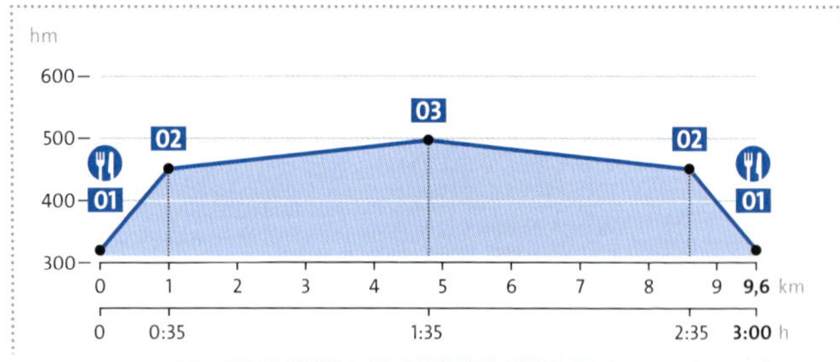

01 Gračišče, 320 m; 02 Lačna, 451 m; 03 Kuk, 497 m

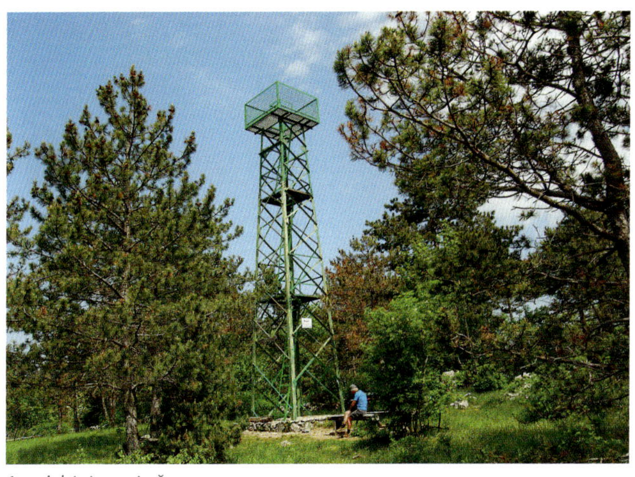

Aussichtsturm Lačna

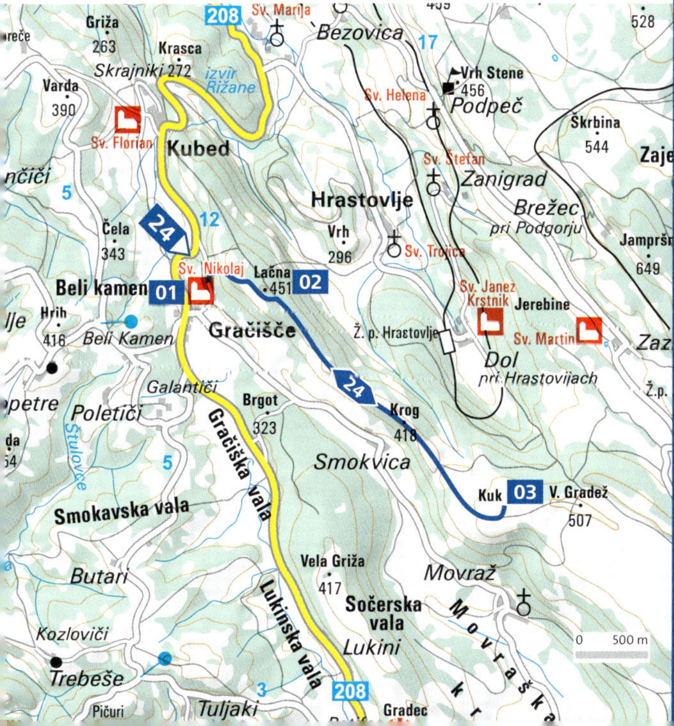

Sveta Trojica

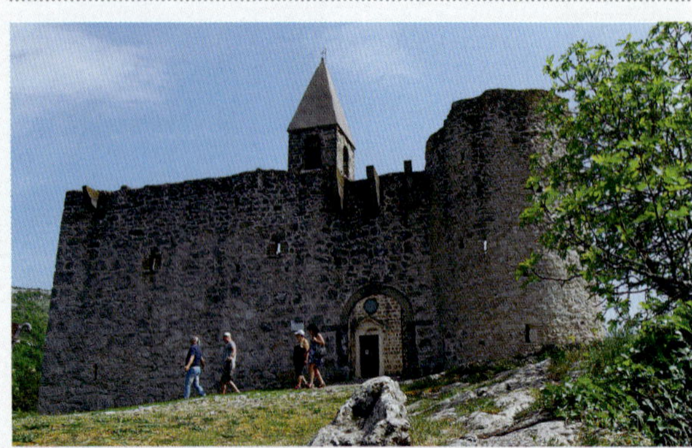

In Hrastovlje, ganz in der Nähe, liegt die bekannteste Freskenkirche Sloweniens, Sv. Trojica (Hl. Dreifaltigkeit) – einen Besuch sollten Sie nicht versäumen.

Die gut erhaltene dreischiffige romanische Kirche wurde im 15. Jh. auf einem niedrigen Felsen oberhalb des Dorfes erbaut und im 16. Jh. mit einer 8 m hohen Natursteinmauer umgeben, die vor den Angriffen der türkischen Heere schützen sollte. Das Innere der Kirche beeindruckt durch seine vollständige Bemalung, die Fresken wurden 1518 von Johannes von Kastav geschaffen, sie zeigen biblische Szenen aus dem Buch Genesis, dem Leben von Jesus und Maria und Bilder von verschiedenen Heiligen. Auch zahlreiche Bilder nicht religiöser Thematik sind darunter, besonders berühmt ist der Totentanz. Geöffnet täglich 9 – 17 Uhr, Eintrittsgebühr, Audio-Führung auch in deutscher Sprache.

Der Pfad rechts der Trockenmauer entlang führt Sie wieder zurück zum Weg, der nun der Kammlinie folgt, vom Karstrand rechts bieten sich immer wieder schöne Talblicke. Abschnittsweise begleiten Trockenmauern und Kiefern den Weg, in leichtem Auf und Ab gelangen Sie schließlich zum **Kuk** 03. Der flache Gipfel ist Weidegebiet, vom höchsten Punkt, dem umwachsenen Steinrund, genießen Sie eine weite Sicht bis zum Golf von Triest, im Tal Hrastovlje mit der bekannten ummauerten Freskenkirche, im Landesinneren die Karstabbrüche und der Slavnik mit seiner Antenne (siehe Tour 27). Nach einer Rast und einer Runde über das Plateau kehren Sie auf demselben Weg nach **Gračišče** 01 zurück.

Einkehren können Sie im mediterranen Restaurant an der Hauptstraße bei der Abzweigung nach Gračišče oder in der Konoba Gostilna Švab nahe der Freskenkirche in Hrastovlje.

VELI BADIN

Zu den Felsüberhängen am Kraški Rob

  10,1 km 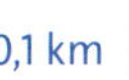 3:00 h 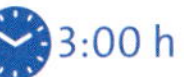 242 hm 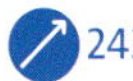 242 hm  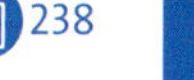 238

START | Sočerga, Kirche Sv. Kvirik
[GPS: UTM Zone 33 x: 414.334 m y: 5.035.061 m]
Anfahrt: Kein geeigneter Bus. Auf der Straße 208 von Crni Kal durch das Rižana-Tal, von Buzet über den Grenzübergang Požane/Sočerga, in Sočerga bei km 4,7 in der Linkskurve nach rechts die kleine Asphaltstraße hinauf, Parkplatz bei der Kirche.
CHARAKTER | Abwechslungsreiche Tour entlang des Karstrandes, Kraški Rob, und durch die breite Senke, halb schattig, im ersten Teil rote Markierung.

Die Rundwanderung zeigt die Vielfalt des Karsts: Niedriger Strauchwald wechselt mit freien Hochebenen, wo sich nur mehr einzelne sturmgebeugte Kiefern halten können, kleine Dörfer im fruchtbaren Tal und Trockensteinmauern zeugen vom Leben. In den riesigen Felsüberhängen des Karstrandes nisten zahlreiche seltene Vögel wie Felsentaube, Rötelschwalbe, Alpensegler oder die scheue Blaumerle, deshalb wurden die Felshöhlen zum Naturschutzgebiet erklärt, der innere Bereich darf nicht betreten werden.

▶ Sie starten die Wanderung in **Sočerga** bei der Friedhofskirche **Sv. Kvirik** 01, sie stammt aus dem 11. Jh. und ist damit eine der ältesten Sloweniens, das kleine Kirchenschiff ist mit Steinplatten gedeckt. Vom Kirchenvorplatz bie-

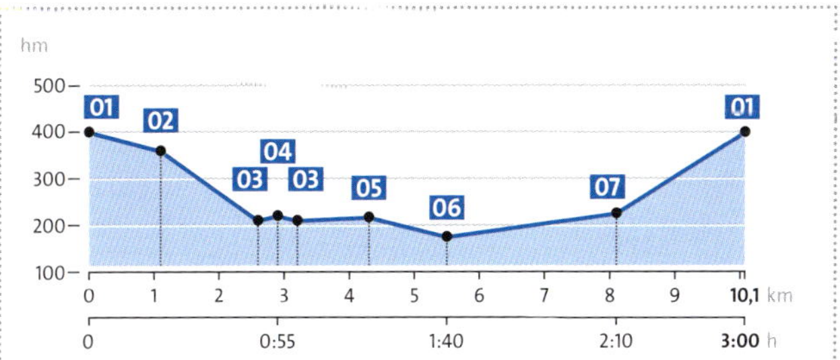

01 Sočerga, Sv. Kvirik, 400 m; 02 Veli Badin, 359 m; 03 Abzweigung, 210 m; 04 Naturbrücke, 220 m; 05 Dvori, 217 m; 06 Teich, 175 m; 07 Movraž, 225 m

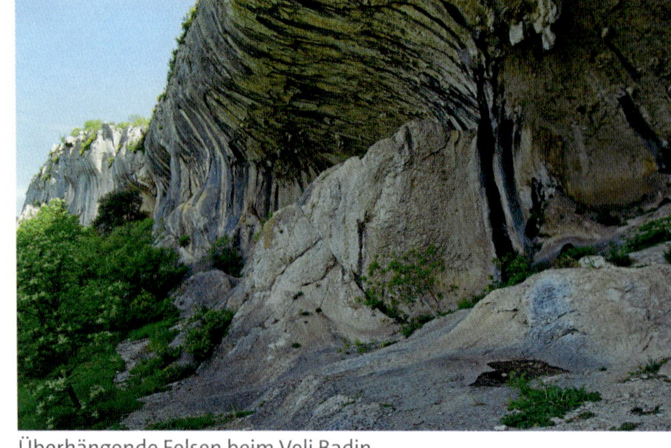

Überhängende Felsen beim Veli Badin

tet sich eine weite Sicht ins Ćićarija-Gebirge, eine Panoramatafel erklärt die vielen Gipfel. Der roten Markierung folgend gehen Sie zum Sendemasten und danach der Abbruchkante entlang leicht bergab zum Felsbalkon des **Veli Badin** **02**, immer mit schöner Sicht über das Mirna-Becken mit Buzet auf dem Hügel. In einem kleinen Wäldchen weist die Markierung nach links Richtung Dvori.

Über die Nordostflanke wandern Sie hinunter zum Talboden zur **Abzweigung** **03** knapp vor dem Fahrweg. Hier können Sie einen kurzen Abstecher nach rechts zu den eindrucksvollen überhängenden Felsen und der **Naturbrücke** **04** des Karstrandes machen, eine Tafel markiert den geschützten Bereich.

Zurück zur **Abzweigung** **03** überqueren Sie nun den Fahrweg und folgen dem Naturlehrpfad Učna pot. Bald passieren Sie mit Regenwasser gefüllte Steinmulden, eine Seltenheit im Karst. Bei der Gabelung danach links in den Pfad, Markierung beachten. Kurz danach biegt der markierte Pfad steil nach rechts hinauf, hier bleiben Sie auf dem alten Weg geradeaus, ab nun unmarkiert. Im kleinen Dorf **Dvori** **05** gehen Sie die Asphaltstraße hinauf und bei der Gabelung links, an einem Basketballkorb vorbei, aus dem Dorf hinaus.

Der Weg führt am Rande der Karstsenke Movraška Vala dem Hang entlang, an einem Hochstand vorbei über die Wiese und nach 100 m vor dem Leitungsmast nach links leicht abwärts zu einem kleinen **Teich** **06**. Direkt vor dem Biotop auf dem Wiesenweg nach rechts Richtung Movraž. Ein zweiter, grüner Hochstand wird sichtbar, davor schwenkt der Weg nach links dem Rand einer Wiese entlang und biegt dann nach rechts zum Hochstand. Direkt davor links, der breite Grasweg führt zwischen Hecken zu einem dritten Hochstand, 20 m rechts von diesem beginnt der Fahrweg, auf dem Sie nun immer geradeaus bis nach

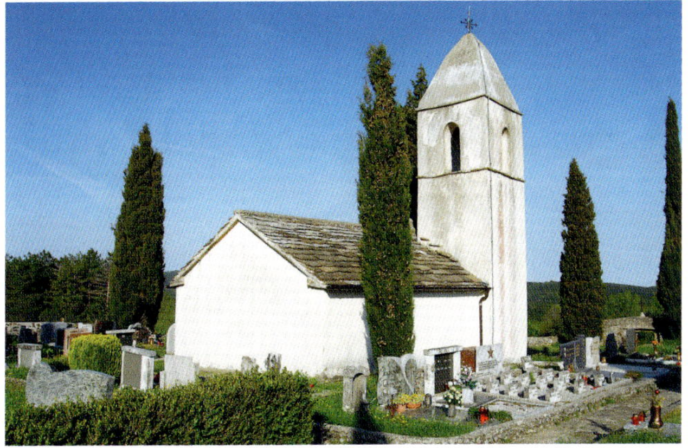

Alte Friedhofskirche Sv. Kvirik

Movraž 07 wandern, im Buschwald wird er abschnittsweise von Trockenmauern begleitet.

Auf der Straße durch das Dorf, bei der Gabelung links leicht abwärts zur Kreuzung mit der Hauptstraße. Hier weist der Wegweiser Sv. Kvirik zur Kirche auf dem gegenüberliegenden Karstrücken. Der Weg führt aus dem Dorf heraus zum Talboden, bei der Gabelung links. Sie queren den Talboden und steigen dem Kreuzweg folgend in einer Schleife über den mit Niederwald bewachsenen Hang und Lichtungen hinauf, beim zehnten Kreuz biegt der Pfad nach links zur Kirche **Sv. Kvirik** 01, dem Ausgangspunkt der Tour.

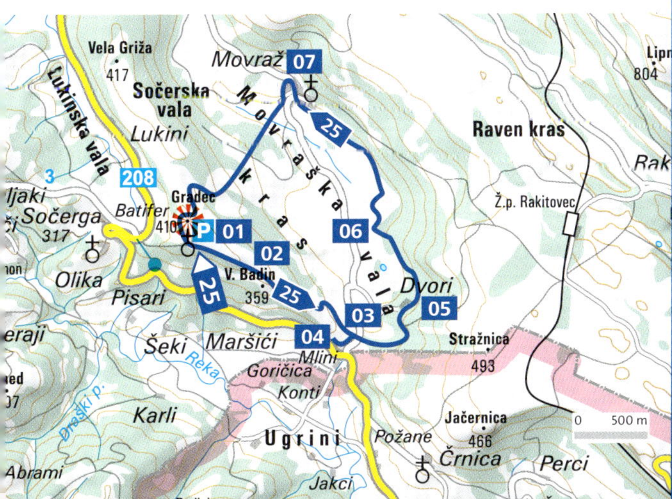

26

LIPNIK • 804 m – GOLIČ • 890 m

Aussichts- und Blumengipfel am Karstrand

 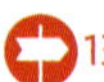 13,6 km 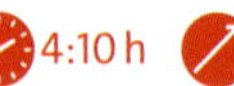 4:10 h 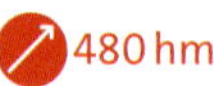 480 hm  480 m  238

START | Zazid [GPS: UTM Zone 33 x: 416.897 m y: 5.039.009 m]
Anfahrt: Kein Bus. Von Buzet über den Grenzübergang Rakitovec nach Zazid, am Beginn des Dorfes rechts hinauf zu den Häusern und gleich wieder rechts, bei der Linkskehre Parkmöglichkeit, rechts zweigt hier die Schotterstraße zum Bahnhof ab.
CHARAKTER | Wald- und aussichtsreiche Höhenwanderung im slowenischen Karst, entlang des Wiesenkammes vom Lipnik zum Golič sonnig, sonst schattig. Rote Markierung bis zum Golič.

Die Tour führt durch eine typische Karstlandschaft mit Felsen, Dolinen, Höhlen und dem senkrecht abfallenden Karstrand, Kraški Rob. Im Frühjahr, wenn Schwertlilien, Sternnarzissen, Pfingstrosen, Affodill, Kühchenschellen, Steinnelken und die leuchtend orange-roten Krainer Lilien blühen, verwandeln sich die Wiesen in ein buntes Blütenmeer.

▶ Sie starten Ihre Tour am östlichen Ortsrand von **Zazid** 01 bei der Abzweigung der Schotterstraße, **rote** Markierung. Auf dem Fahrweg gehen Sie zum verfallenden **Bahnhof** 02 hinauf, die letzte Schleife kürzt ein Pfad ab. Sie überqueren die Gleise und folgen dem Weg nach rechts, Wegweiser Lipnik. Der anfangs steinige Weg führt stetig leicht ansteigend durch Niederwald zu einer Lichtung auf der Hangterrasse. Vom Karstrand rechts bieten sich schöne Blicke auf das Tal und Zazid im Schutze des mächtigen Karstrandes. Der

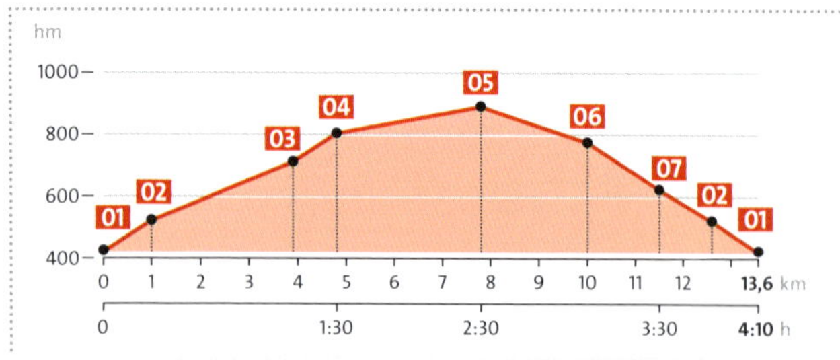

01 Zazid, 410 m; 02 Bahnhof, 523 m; 03 Abzweigung, 712 m; 04 Lipnik, 804 m; 05 Golič, 890 m; 06 T-Kreuzung, 775 m; 07 Aussichtspunkt, 624 m

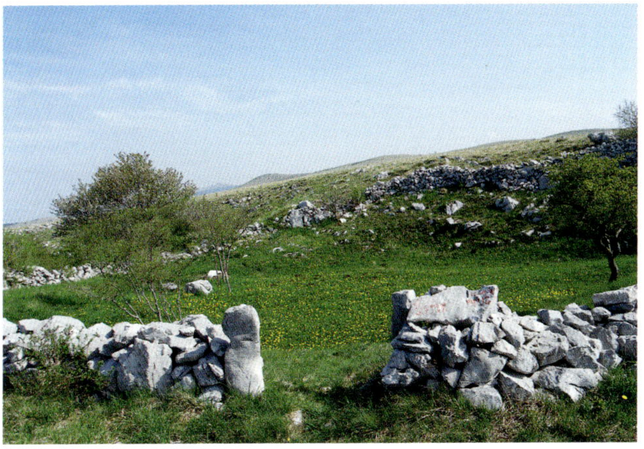

Schafpferch beim Lipnik

Weg geht allmählich in einen schönen Wald- und Wiesenpfad über, bei einer Gabelung rechts, Wegweiser Lipnik. Bald sehen Sie vorne das Gipfelkreuz des Lipnik, am Fuße des Gipfels zweigt der **Pfad nach links ab** 03 – die Markierung am Baum beachten.Zunächst steil durch den Wald hinauf und dann flacher in einer Schleife über Wie-

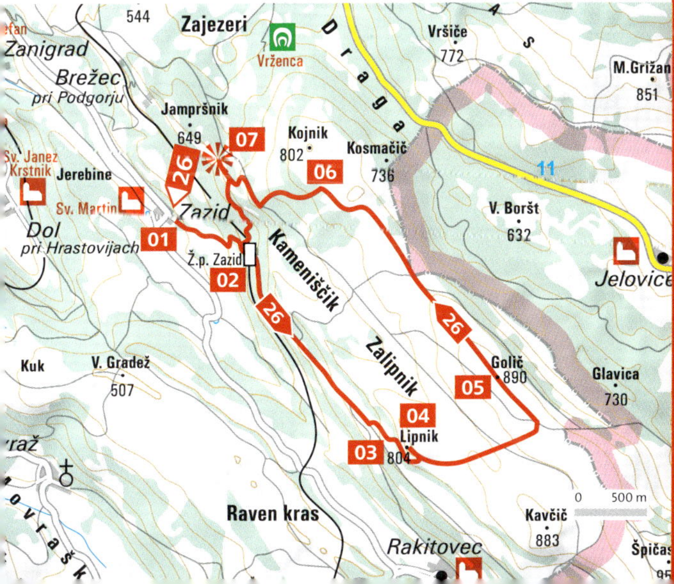

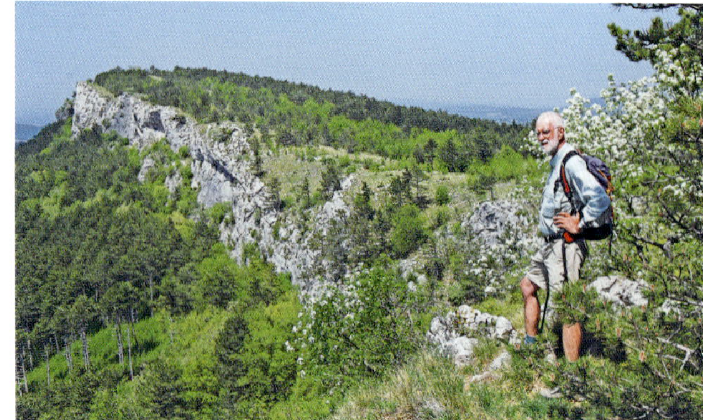

Karstrand oberhalb von Zazid

sen erreichen Sie den Gipfel des **Lipnik** 04 mit herrlichem Blick bis zum Meer. Vom Gipfel gehen Sie kurz zurück zu den zwei ummauerten Dolinen, dazwischen durch und in leichtem Auf und Ab über die Hochebene. Sie queren einen Fahrweg, am Hang danach blüht im Frühjahr viel Affodill, und passieren auf halber Höhe eine Höhle, Vorsicht mit Kindern, sie ist ungesichert. Auf dem Wiesenkamm wandern Sie dann mit weiter Aussicht bis zum **Golič** 05 mit dem eigenwilligen Gipfelkreuz, hier ist der Blick zum Slavnik (Tour 27) und die Gipfel der Ćića-rija-Kette besonders schön.Sie wandern auf dem Fahrweg weiter vom Gipfel steil hinunter. Bei der Ecke einer Trockensteinmauer zweigt rechts der markierte Weg zum Kojnik ab, Sie bleiben auf dem nun unmarkierten Fahrweg, der bald links in den Wald hineinschwenkt.

Bei einer **T-Kreuzung** 06 links leicht abwärts durch Kiefernwald, vorbei an einem grünen Jagdcontainer, kurz danach bei der nächsten T-Kreuzung rechts. 200 m danach weist Sie eine rote Markierung auf einem Stein nach links in den Pfad zum Karstrand. Diesen erreichen Sie bei einer Lichtung, hier zweigt ein unmarkierter Pfad ab, auf dem Sie später absteigen. Zuvor jedoch machen Sie einen kurzen Abstecher weiter dem Karstrand entlang zu einem **Aussichtspunkt** 07 mit herrlichem Blick auf die Karstabbrüche. Unterhalb der Aussichtskanzel befinden sich kleine Stollen einer alten Verteidigungslinie der Jugoslawischen Volksarmee, eine Taschenlampe ist nützlich.

Zurück zur Abzweigung folgen Sie nun dem unmarkierten, aber deutlichen Pfad leicht abfallend und dann schräg durch den Hang hinunter, immer auf dem Hauptpfad bleiben. An einer Stelle ist er undeutlich, hier geradeaus weiter zum Karstrand. Der Pfad geht allmählich in einen steinigen Weg über, dieser trifft auf einen Fahrweg, auf dem Sie nach links zum nahen **Bahnhof** 02 und anschließend auf dem Herweg zurück nach **Zazid** 01 gehen.

SLAVNIK • 1.028 m

Höchster Aussichtsgipfel im slowenischen Istrien

 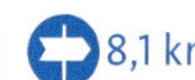 8,1 km  2:50 h  531 hm  531 hm 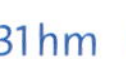  238

START | Podgorje, Parkplatz
[GPS: UTM Zone 33 x: 417.826 m y: 5.042.519 m]
Anfahrt: Kein geeigneter Bus oder Zug. Podgorje liegt beim Grenzübergang Jelovice nach Kroatien, Parkplatz beim Fußballplatz an der Durchgangsstraße.
CHARAKTER | Bergtour mit steilem Aufstieg und weniger steilem Abstieg. Im Gipfelbereich sonnig, weite Aussicht, rote Markierung.

Der **Slavnik** ist ein auch bei Familien beliebter Aussichtsberg im slowenischen Karst, zu Recht: Der anstrengende Teil kommt am Anfang, in der Gipfelregion erwartet die Wanderer eine hervorragende Aussicht, an den Wochenenden die Berghütte zur Einkehr und im Frühling ein Blumenmeer. Der gesamte Gipfelbereich ist Naturschutzgebiet, Infotafeln informieren über die Pflanzen, jedoch nur in slowenischer Sprache.

▶ Vom Parkplatz beim Fußballplatz in **Podgorje** 01 gehen Sie zur Hauptstraße vor, wo Sie Infotafel über die Wandermöglichkeiten der Region vorfinden. Biegen Sie nach rechts und dann in die Dorfstraße nach links hinauf, **rote** Markierung und Wegweiser. Bei einer **Linde am Ortsrand** 02 gabeln sich die zwei Wege zum Slavnik, Sie folgen dem Wegweiser nach links (Slavnik 1 Std.), von rechts, Wegweiser „Slavnik 1.30“, kommen Sie zurück.

Der steinige Weg führt nun in direkter Linie steil den Hang hinauf, im unteren Teil durch Eichen- und Buchenwald, im oberen durch

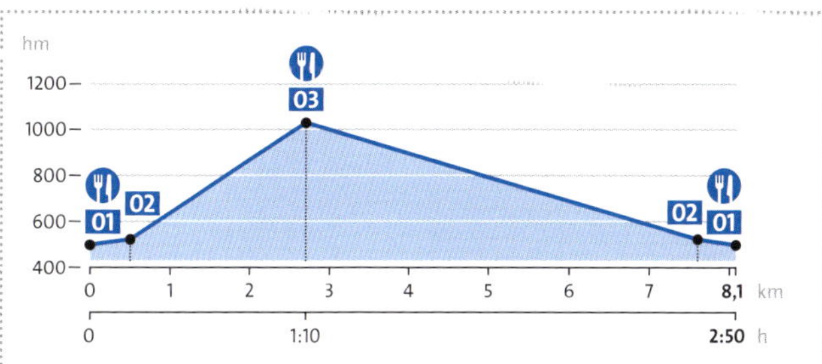

01 Podgorje, 497 m; 02 Gabelung bei Linde am Ortsrand, 522 m;
03 Slavnik, 1028 m

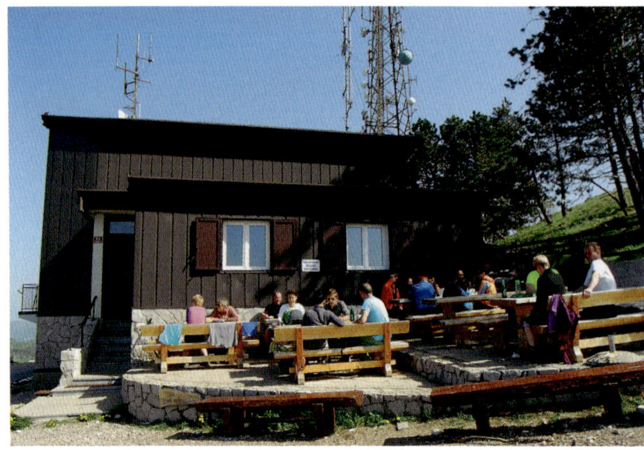

Berghütte am Slavnik

Kiefernwald. Im oberen Drittel tritt der Wald allmählich zurück, auf den Lichtungen und auf den Wiesen im Gipfelbereich blühen im Frühjahr zahlreiche Blumen wie Küchenschellen, Sternnarzissen, Affodill oder Krainer-Lilien, im Sommer und Herbst kommen Beeren- und Pilzesammler in den Wäldern auf ihre Kosten.

Bereits in Sichtweite des Gipfels queren Sie einen Fahrweg (Rückweg) und steigen die letzten Meter über die Wiese zum Gipfel des **Slavnik** 03 mit Sendemast und Berghütte, geöffnet an Wochenenden, an. Hier genießen Sie eine weite Sicht vom Golf von Triest und das slowenische Istrien, auf dem Betonsockel am Gipfel sind Berggipfel in allen Himmelsrichtungen benannt.

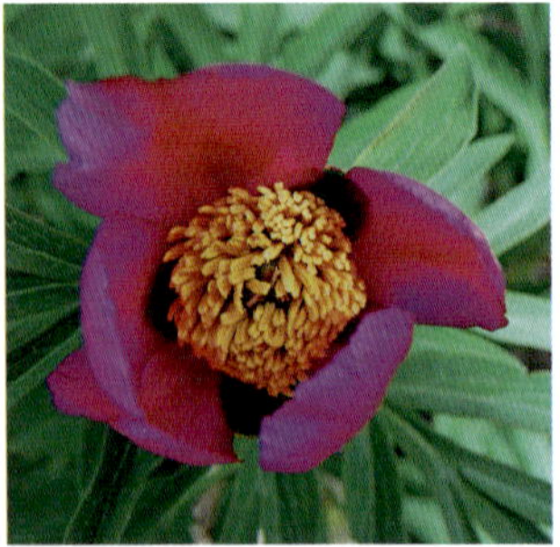

Wilde Pfingstrosen am Wegrand

Der Abstieg erfolgt auf dem weniger steilen Fahrweg: Von der Hütte gehen Sie halblinks hinunter zum Fahrweg, Wegweiser Podgorje, und folgen nun immer diesem, der roten Markierung, einmal kürzt ein schmalerer Weg eine Schleife ab. Der Buchen- und Eichenniederwald ist oft von Felsen durchsetzt, gegen Ende säumen einige mächtige Eichen den Weg, bevor Sie wieder zur **Gabelung** 02 gelangen, auf dem Herweg gehen Sie dann zum **Ausgangspunkt** 01 zurück.

Einkehren können Sie in der Konoba Pod Slavnikon, Sie finden sie Richtung Bahnhof links.

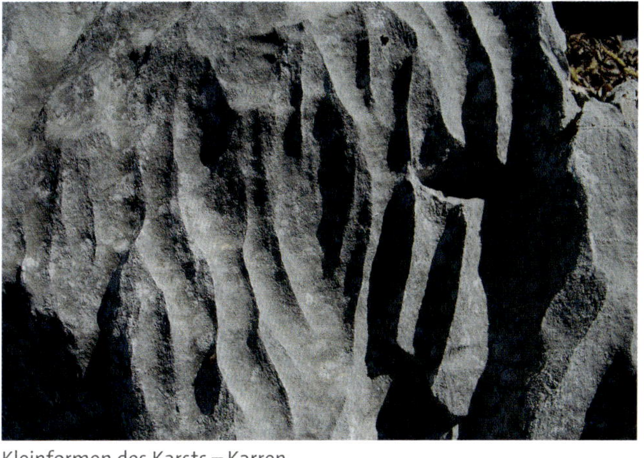

Kleinformen des Karsts – Karren

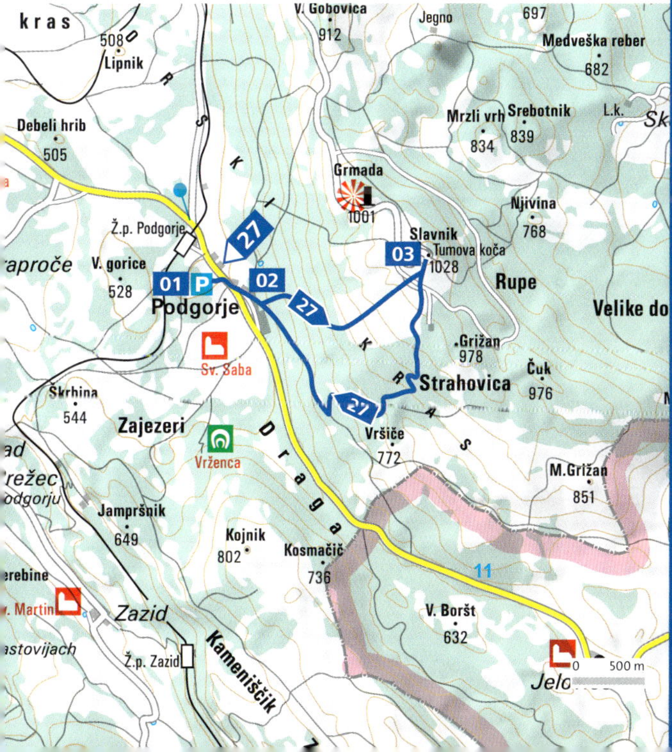

28

ŽBEVNICA • 1.024 m

Aussichtsberg an der kroatisch-slowenischen Grenze

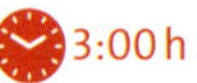

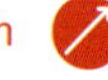
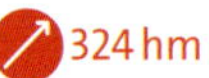

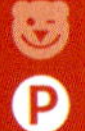
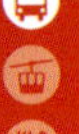
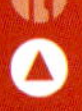
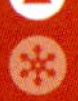

START | Brest [GPS: UTM Zone 33 x: 422.457 m y: 5.033.888 m]
Anfahrt: Kein Bus. Von Buzet auf kurvenreicher Bergstraße, Parkplatz am Ortsende beim Brunnen, Bocciaplatz.
CHARAKTER | Waldwanderung zu einem aussichtsreichen Gipfel, größtenteils gute Wege, zu Beginn steiler Pfad mit leichten Klettereien. Halb schattig, bis zum Gipfel rote Markierung.

Brest ist ein einsames Ćićarija-Dorf am Hang der **Žbevnica**. Der Berg besteht aus Kalksteinschichten, an deren Kontaktlinie einige große Quellen entspringen. Die Hänge sind steil und dicht bewaldet, der Gipfel ist rund, von Wiesen bedeckt und bietet eine hervorragende Rundumsicht.

▶ Vom Brunnen am Ortsende von **Brest** 01 biegen Sie nach dem Bocciaplatz halblinks in den Fahrweg, rote Markierung, Wegweiser zur Berghütte Žbevnica. Nach wenigen Min. zweigt links der Pfad ab, der nun steil, vorbei an gefassten Quellen, durch den Wald und über einige Felsbänder, hier sind einfache Klettereien notwendig, zur Hütte hinaufführt.

Die **Berghütte Žbevnica** 02 liegt am Rande einer Terrasse, umgeben von Kiefern, ein schöner Rastplatz mit Picknickbänken, Grillstelle und Brunnen. Von der Hütte führen zwei Wege auf den Gipfel – der direkte, **rot** markierte Pfad in bekannter Manier in 35

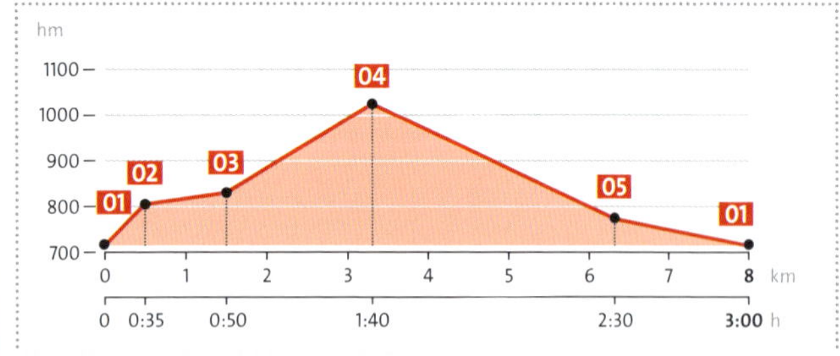

01 Brest, 700 m; 02 Berghütte Žbevnica, 805 m; 03 Abzweigung, 830 m; 04 Žbevnica, Gipfel, 1.024 m; 05 Straße, 775 m

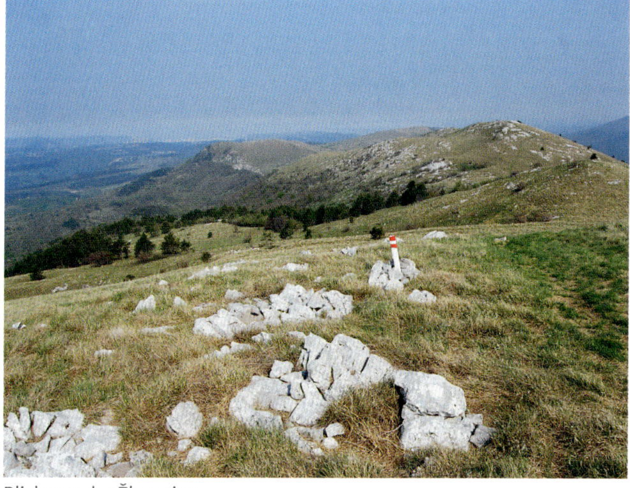

Blick von der Žbevnica

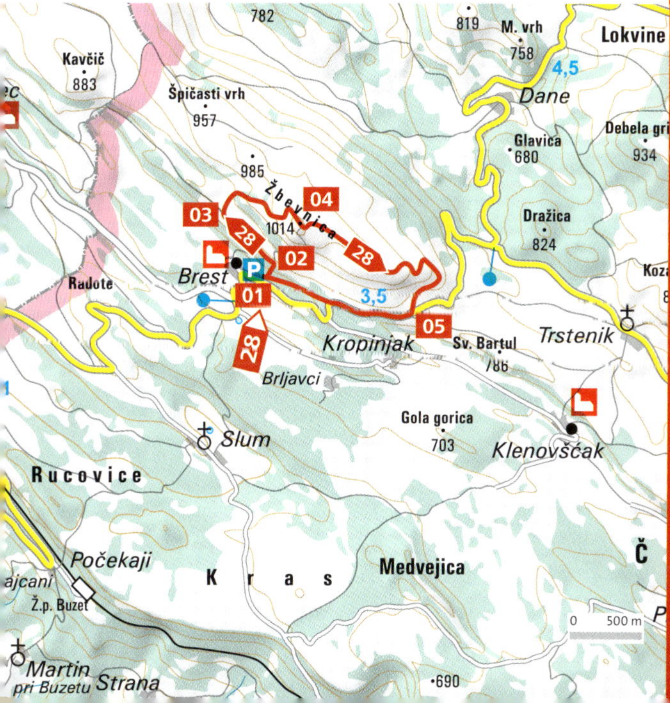

782
819
M. vrh
758
Lokvine
Kavčič
883
Špičasti vrh
957
4,5
Dane
Glavica
680
Debela gri
934
985
Žbevnica
04
03
28
1014
Dražica
824
02
28
Brest
Radote
01
3,5
Koz
05
Kropinjak
Sv. Bartul
786
Trstenik
28
Brljavci
Gola gorica
703
Slum
Klenovšćak
Rucovice
Počekaji
Č
Medvejica
K r a s
ajcani
Ž.p. Buzet
0
500 m
Martin pri Buzetu
Strana
690

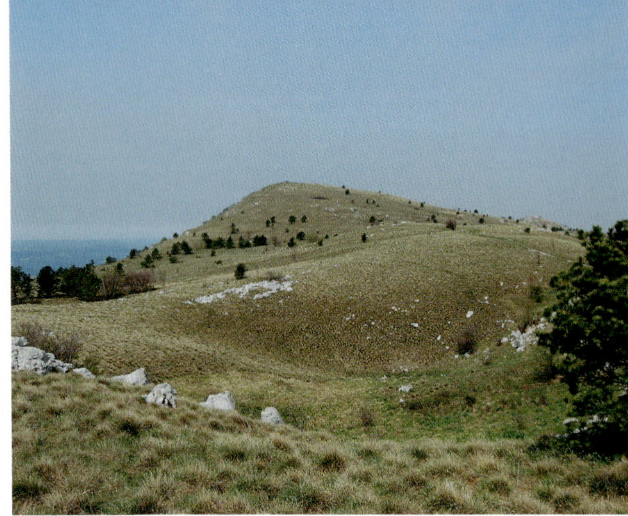
Große Doline beim Gipfel

Min. steil hinauf. Schöner ist es allerdings, in einer großen Schleife durch den Wald und über Wiesen anzusteigen. Dazu folgen Sie links dem ebenfalls **rot** markierten breiten Weg durch den Wald, nach rund 15 Min. biegen Sie bei der **Abzweigung** **03** rechts in den Pfad hinauf, Markierung beachten. Über Wiesen und durch Wald und Lichtungen wandern Sie aufwärts, im Frühling blühen am Gipfelplateau zahlreiche Blumen, besonders geschützt ist die Küchenschelle. Der **Gipfel** der **Žbevnica** **04** hat die Form eines grasbewachsenen Hügels, eine kleine Steinpyramide mit Gipfelbuch markiert den höchsten Punkt. Beeindruckend ist die Fernsicht, sie reicht über einen großen Teil Istriens bis zum Golf von Triest.

Beim Abstieg gehen Sie links den Karrenweg hinunter, er führt gut sichtbar über den Bergrücken, vorbei an einer schönen Doline. Rechter Hand wird ein Sendemast sichtbar, der Weg wird steiler und erreicht eine Schotterstraße, rechts ist der Zugang zum Sendemasten, Betretungsverbot. Auf der Schotterstraße wandern Sie nun zuerst steil und dann flacher hinunter zur **Straße** **05**.

Rechts 1 km der unbefahrenen Straße entlang, bei einer Linkskurve geradeaus in den Fahrweg weiter, nun kurz **rote** Markierung. Nach 200 m verlassen Sie die rote Markierung wieder und gehen bei der Gabelung den Waldweg geradeaus, der rechte Weg führt zur Berghütte hinauf.

Auf dem Waldweg kommen Sie zur Abzweigung des Pfades und wandern auf dem Herweg zurück nach **Brest** **01**.

ORLJAK • 1.106 m

Wald und weite Aussicht

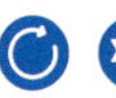  9 km 2:50 h  413 hm 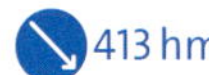 413 hm 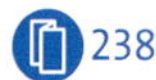 238

START | Račja Vas [GPS: UTM Zone 33 x: 429.257 m y: 5.030.742 m]
Anfahrt: Kein Bus. Von Lupoglav über Lanišće, oder Buzet über Brest, parken bei der Kirche.
CHARAKTER | Waldwanderung zu einem hervorragenden Aussichtsgipfel. Größtenteils auf Schotterstraße, steiler Anstieg zum Gipfel, mäßig steiler Abstieg vom Gipfel, überwiegend schattig, rote Markierung.

Der **Orljak** ist bis knapp unterhalb des Gipfels bewaldet und bietet zweierlei – eine herrliche Aussicht und eine schattige Wanderung, auch für heißere Tage.

▶ Vom Brunnenhaus, bekannt gutes Trinkwasser, aber oft abgesperrt, neben der Kirche des kleinen Dorfes **Račja Vas** **01** weist der Wegweiser Orljak zum Wald und zur Schotterstraße, **rote** Markierung. Eine knappe Stunde folgen Sie nun der Schotterstraße, sie führt abwechselnd leicht ansteigend und dann wieder flach in einem weiten Bogen durch den Wald an die Nordflanke des Orljak. Bei einer Gabelung nach 55 Min. gehen Sie rechts, Markierung beachten, nach 150 m zweigt wiederum **rechts der Weg ab** **02**, der anfangs mäßig steil, dann als sehr steiler Pfad durch Buchenwald, durchsetzt von Felsen, zum Gipfel des **Orljak** **03** hinaufführt. Der Wald reicht nur bis knapp vor den Gipfel, deshalb genießen Sie vom

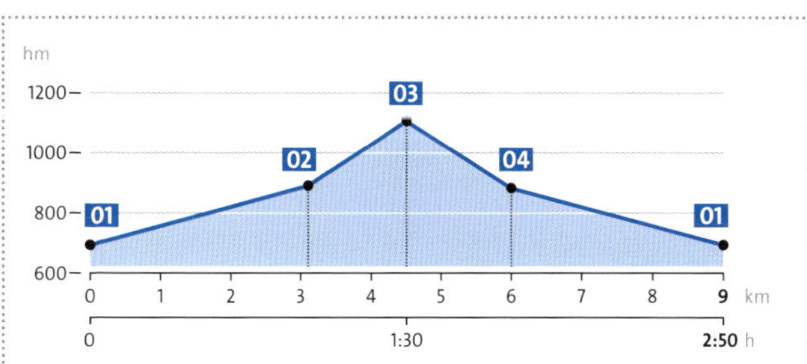

01 Račja Vas, 693 m; **02** Abzweigung, 890 m; **03** Orljak, 1.106 m; **04** Militärstraße, 882 m

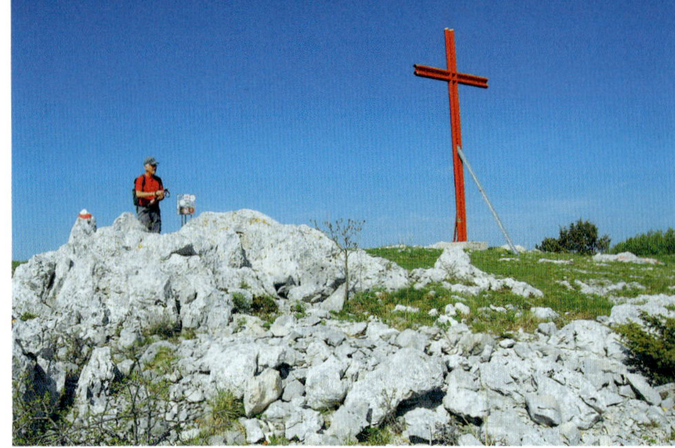

Aussichtsgipfel Orljak

Gipfelkreuz eine weite Rundsicht über Inneristrien, das Učka-Massiv und die Gipfel der Ćićarija-Kette.

Der Abstieg ist weniger steil: Die Markierung (Wegweiser Korita), leitet in südlicher Richtung den Hang hinunter, nach 200 m geht der sehr steinige Pfad in einen Waldpfad über, der mäßig steil durch Kiefernwald hinabführt. Bei einem Querweg gehen Sie rechts, der linke Weg führt zur Berghütte Korita, und bei der Gabelung 100 m danach wieder rechts, dem Wegweiser Lanišće folgend. Der Pfad mündet in die alte **Militärstraße** 04, die in der k. u. k.-Monarchie entlang des Gebirgszuges bis Veprinač oberhalb von Opatija gebaut wurde. Sie folgen nun der Militärstraße nach rechts, gleich nach der Einmündung des Pfades bietet sich bei einer kleinen Andachtsstätte ein wunderbarer Blick auf das alte Dorf Lanišće am Fuße des Karstabbruches. Mit gleichmäßigem leichtem Gefälle führt die Schotterstraße dem Hang entlang hinunter zum Talboden, den sie bei **Račja Vas** 01, dem Ausgangspunkt der Tour, erreicht.

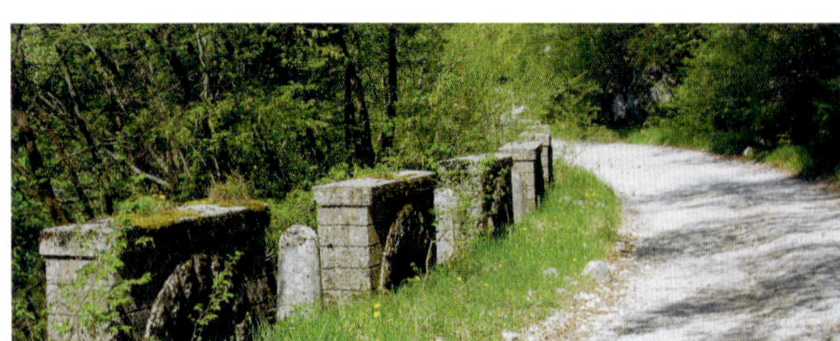

Alte österreichische Militärstraße

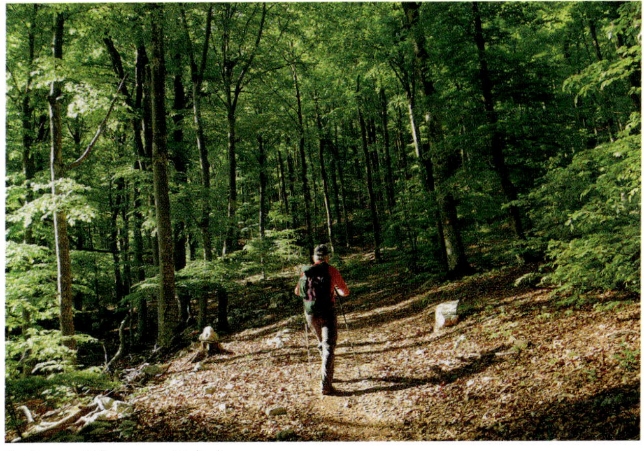

Auf dem Weg zum Orljak

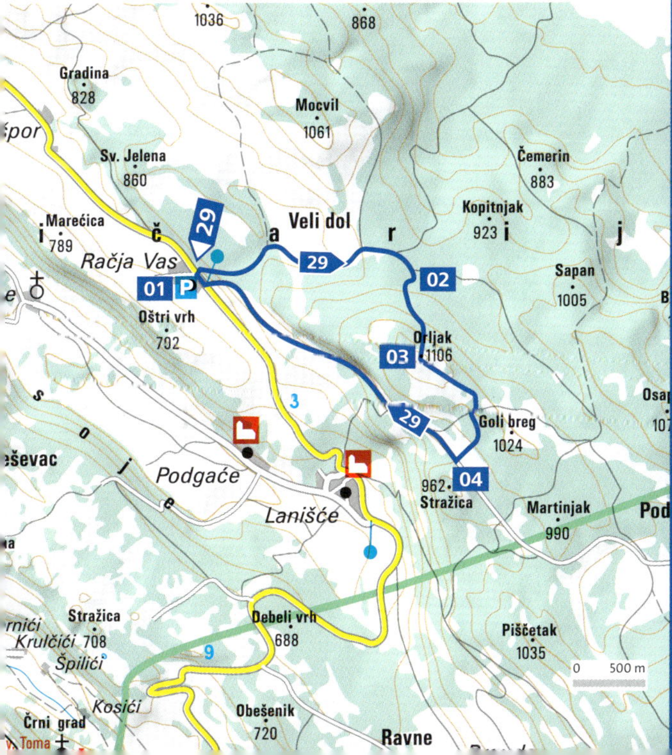

VELIKI PLANIK • 1.272 m

Bewaldete Karstlandschaft

 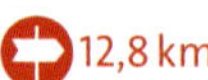 12,8 km 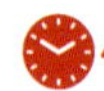 4:20 h  549 hm 549 hm  238

START | Brgudac [GPS: UTM Zone 33 x: 432.928 m y: 5.025.665 m]
Anfahrt: Kein Bus. Von Lupoglav Richtung Lanišće, bei km 14,5 rechts nach Brgudac, parken gegen Ortsende bei der Wasserstelle.
CHARAKTER | Rundtour durch den „grünen Karst" zum Veliki Planik mit schönen Aussichten. Fahrwege, Waldwege und steinige Pfade wechseln sich ab, eine leichte Kletterstelle beim Abstieg. Überwiegend schattig, rote Markierung.

Der Anstieg von Brgudac zum Veliki Planik ist abwechslungsreich: Sie passieren die Brunnenanlage bei der Korita-Quelle, die Korita-Berghütte, danach den nur mit einzelnen Wacholderbüschen bewachsenen Kamm und gelangen über die eindrucksvolle, bewaldete Karstlandschaft hinauf zum Gipfel, mit 1272 m der höchste der Ćićarija-Kette, mit entsprechender Fernsicht.

▶ Von **Brgudac** **01** folgen Sie der roten Markierung: Vorbei am Spomen Dom, dem Gedenkhaus für den ersten Partisanenaufstand in Istrien, gehen Sie zur Schotterstraße und biegen von dieser nach 200 m in den ausgeschilderten Weg nach links hinauf. Der alte, stufige Weg führt durch Hainbuchen-, niederen Eichen- und dann Kiefernwald hinauf zum Plateau, von der Wiese bei der Brunnenanlage der Korita-Karstquelle genießen Sie einen schönen Blick auf das Učka-Massiv. Knapp nach den Holztrögen stößt von rechts ein zweiter Pfad von Brgudac auf

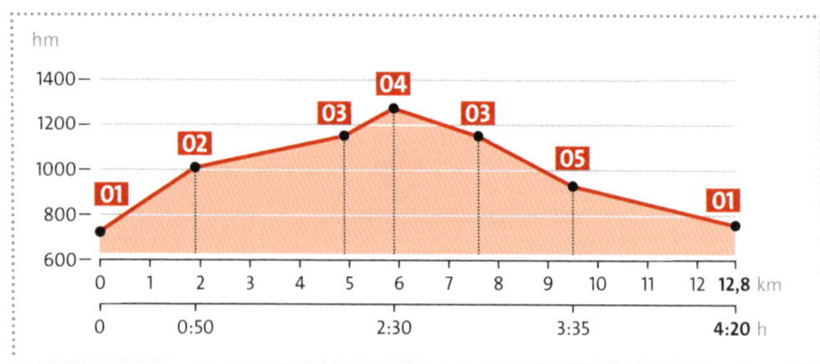

01 Brgudac, 723 m; **02** Berghütte Korita, 1.009 m; **03** Einmündung Forstweg, 1.150 m; **04** Veliki Planik, 1.272 m; **05** Schotterstraße, 930 m

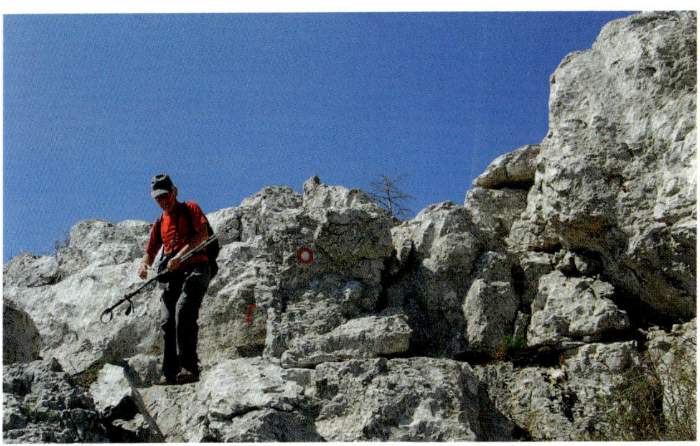

Felspassage am Veliki Planik

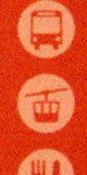
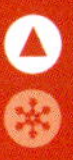
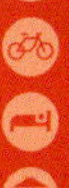

den Weg, gleich danach zweigt links der Pfad hinauf zur nahen **Berghütte Korita** 02 ab, geöffnet in der Wandersaison an Wochenenden, ein schöner, schattiger Rastplatz.

Von der Berghütte folgen Sie dem Fahrweg, Wegweiser Planik, Sie passieren die Abzweigung zum Županj vrh, 150 m danach zweigt der Pfad zum Planik nach links ab. Der schöne Wald- und Wiesenpfad – im Frühling blühen am Wegrand zahlreiche Blumen – führt über einen freien Kamm mit weiter Sicht zum Fuß des Planik.

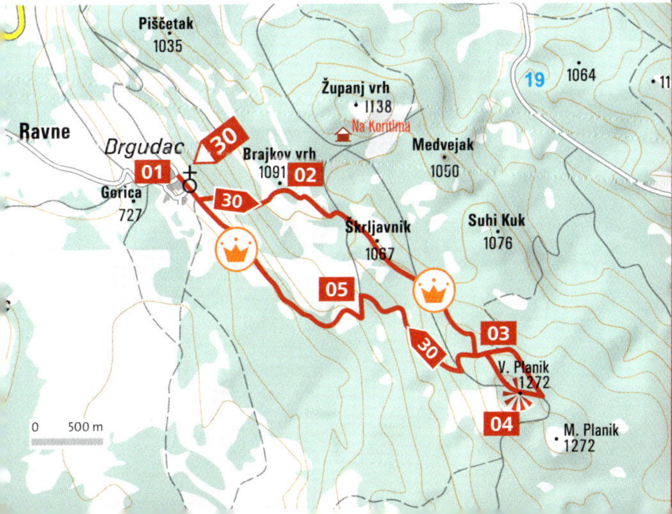

Im nächsten Abschnitt durchwandern Sie eine eindruckvolle Karst-

landschaft, der Buchenwald ist durchsetzt von Felsen, zahlreiche Dolinen liegen am Weg, entlang eines bewaldeten Karstgrates geht's stetig bergauf, die moosbedeckten Steine weisen auf ein feuchtes Mikroklima hin. Nach zwei abgeholzten Dolinen treffen Sie auf einen **Forstweg** 03 und folgen diesem kurz nach links.

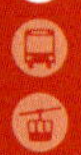

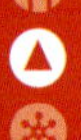

Nach 120 m weist die Markierung nach rechts in den Pfad den Hang hinauf zum Gipfel des **Veliki Planik** 04. Der Wald reicht fast bis zum Gipfel, Richtung Süden und Osten ist der Blick frei und weit, markant der Vojak mit dem Sendeturm, deutlich zu sehen auch die Inseln in der Kvarner Bucht, Rijeka und das Velebit-Gebirge.

Vom Gipfel steigen Sie in Richtung des benachbarten Mali Planik ab, der Pfad ist bis zum Wald steil mit einer kleinen, nicht ausgesetzten Kletterstelle. Auf dem Sattel im Wald treffen Sie auf eine Kreuzung mit mehreren Wegweisern, hier gehen Sie links auf dem Fahrweg weiter. Er führt leicht abwärts der Bergflanke entlang, nach rund 10 Min. biegen Sie in einer Rechtskurve in den Forstweg nach links leicht aufwärts.

Bald passieren Sie die Abzweigung, auf der Sie zum Gipfel aufgestiegen sind, und gehen auf dem Forstweg noch weiter bis zur Einmündung des Pfades von Korita hinauf. Hier verlassen Sie den **Forstweg** 03 nach rechts und folgen der roten Markierung, Wegweiser Brgudac gleich nach links. Beachten Sie genau die Markierung, der Pfad ist undeutlich und zudem zum Teil von Ästen verlegt. Er geht bald in einen deutlicheren Weg über und verlässt diesen wieder bei einer Linkskurve nach 150 m.

Korita-Quelle

Die auch in heißen Sommern nicht austrocknende Korita-Quelle ist die wichtigste Karstquelle der Region. Die Lage am Fuße der mächtigen Karstwand Brajkov vhr, die schöne Aussicht und die einzigartige Brunnenanlage auf einer leicht abfallenden Wiese verleihen ihr einen besonderen Reiz. Das Wasser rinnt durch 10 Holztröge und dann in ein kleines Biotop, ein alter Ritus besagt, dass direkt aus dem Auslaufrohr getrunken wird, im ersten Trog Gesicht und Hände, im zweiten die Füße gewaschen werden. Die restlichen acht Tröge dienen der Viehtränke, früher wurden hier bis zu 3.000 Stück Vieh getränkt. Schautafeln, auch in deutscher Sprache, informieren über die Tier- und Pflanzenwelt und die Bedeutung der Quelle. Bild S.27

Diesen Abschnitt können Sie auch umgehen, indem Sie von der **Abzweigung** 03 auf dem Forstweg weitergehen, nach 200 m in den Weg nach rechts biegen und bei der Kurve dann wieder den Markierungen auf dem großen Stein in den Pfad nach links folgen. In angenehmem Gefälle führt der Pfad nun auf der Trasse eines alten Weges durch die bewaldete Karstlandschaft hinunter, ein besonders schöner Abschnitt. Er geht in einen Weg über, auf dem Sie dann die **Schotterstraße** 05 erreichen, auf der Sie nach links in einem Bogen bis nach **Brgudac** 01 zurückkehren.

SISOL • 834 m

Karstgrat mit weiter Aussicht

10,3 km 4:45 h 657 hm 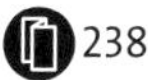774 hm 238

START | Brseč, Busstation
[GPS: UTM Zone 33 x: 439.787 m y: 5.003.103 m]
Anfahrt: Busse von Rijeka oder Labin.
CHARAKTER | Anspruchsvolle Bergwanderung mit herrlichen Ausblicken, schwieriger Abschnitt über den Karstgrat beim Gipfel. Rote Markierung, wenig Schatten, daher früh losgehen.

Nach dem langen, steilen Aufstieg von Brseč über den Südhang bis zur Grotte auf gutem Pfad, folgt die aussichtsreiche, aber schwierige Gratwanderung über den Gipfel. Sie erfordert Trittsicherheit, Aufmerksamkeit und gutes Schuhwerk. Der Abstieg ist einfach – über alpin anmutende Bergrücken wandern Sie mit weiter Aussicht hinunter nach Plomin.

Vor der Tour empfiehlt sich eine Runde durch die schöne Altstadt von **Brseč** 01 auf dem Plateau über der Küste. Anschließend gehen Sie von der Ortsausfahrt Richtung Pula 50 m auf der Straße, biegen dann den eingangs asphaltierten Feldweg nach rechts hinauf und gehen links den Schotterweg entlang der Stromleitung weiter. Kurz nach dem Weiler **Carici** 02 zweigt beim Strommasten rechts der **rot** markierte Pfad auf den Sisol ab, der abwechselnd durch Buschwald und Lichtungen steil den von Felsen durchsetzten Karsthang hinaufführt. Nach 25 Min. passieren Sie auf einer bewaldeten Terrasse,

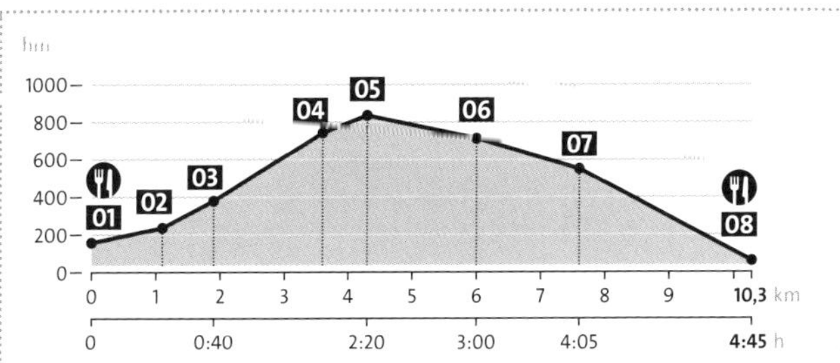

01 Brseč, 157 m; 02 Carici, 235 m; 03 Teich, 378 m; 04 Grotte Provrtenica, 742 m; 05 Sisol, 834 m; 06 Bukovo, 711 m; 07 Wegkreuzung, 550 m; 08 Plomin, 60 m

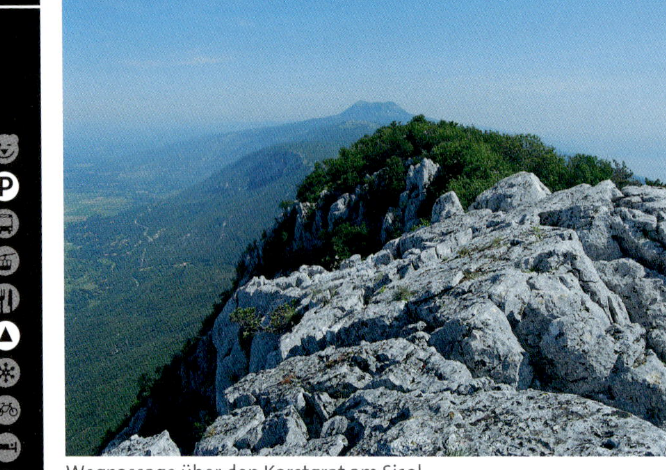

Wegpassage über den Karstgrat am Sisol

die Trockenmauern weisen noch auf die frühere landwirtschaftliche Nutzung hin, einen **Teich 03**, hier halten sich gerne Rehe auf.

Weiter ansteigend über eine zweite, sonnige Terrasse trifft der Weg dann im lockeren Kiefernwald auf einen Forstweg, der sehr steil weiter aufwärts führt. Danach geht's wieder auf dem Pfad durch den offenen Hang weiter, Sie queren wieder einen Forstweg, Wegweiser Sisol, und steigen mit freiem Blick auf die Inseln in der Kvarner Bucht auf bis zur großen **Grotte Provrtenica 04**, einem Felsdurchguck kurz vor dem Grat, Wegweiser Sisol, schöner, schattiger Rastplatz.

Auf der folgenden Wanderung über den Karstgrat folgen Sie genau der Markierung, sie leitet auf der besten Route über den unwegsamen Karst, manchmal sind auch kleine Kletterpartien notwendig. Für die grandiose Aussicht über Inneristrien, auf den Vojak und die jäh abfallende Wand im Westen sollten Sie innehalten. Auf dem Gipfel des **Sisol 05** gibt es ein Gipfelbuch und einen Wanderstempel, danach setzt sich der Karstgrat noch einige Zeit fort, bevor der Pfad dann steil durch den Hang hinunterführt.

Die folgende lange Passage über die mit Gras und Salbei bewachsenen Hänge ist besonders schön – mit freiem Blick auf die Kvarner Inseln wandern Sie über den Vorgipfel **Bukovo 06**, hier haben Sie einen herrlichen Blick zurück auf den Sisol und den Vojak dahinter, hinunter zu einer großen, als Weide genutzten Karstsenke. Aus der Bucht von Plomin ragt der rot-weiße Schornstein des mit Steinkohle befeuerten Elektrizitätswerkes in die Höhe, mit 340 m das höchste Bauwerk Kroatiens. Bei einer **Wegkreuzung 07** am Rand der Karstsenke biegen Sie in den Pfad nach rechts, Wegweiser Plomin. Er trifft auf einen Fahrweg, der zuerst steil und dann zunehmend flacher in einem weiten Linksbogen um einen Felsabbruch hinunter nach **Plomin 08** führt. Eine Serpentine kürzen Sie auf einem markierten Pfad nach links ab.

Plomin ist ein altes Städtchen, es wurde in römischer Zeit über der gleichnamigen Bucht errichtet, damals hieß es Flanona und die Kvarner Bucht nach ihm Sinus Flanaticus. Das mittelalterliche Zentrum ist heute fast ganz verlassen, nachdem die italienischsprachige Bevölkerung nach dem Zweiten Weltkrieg weggezogen ist.

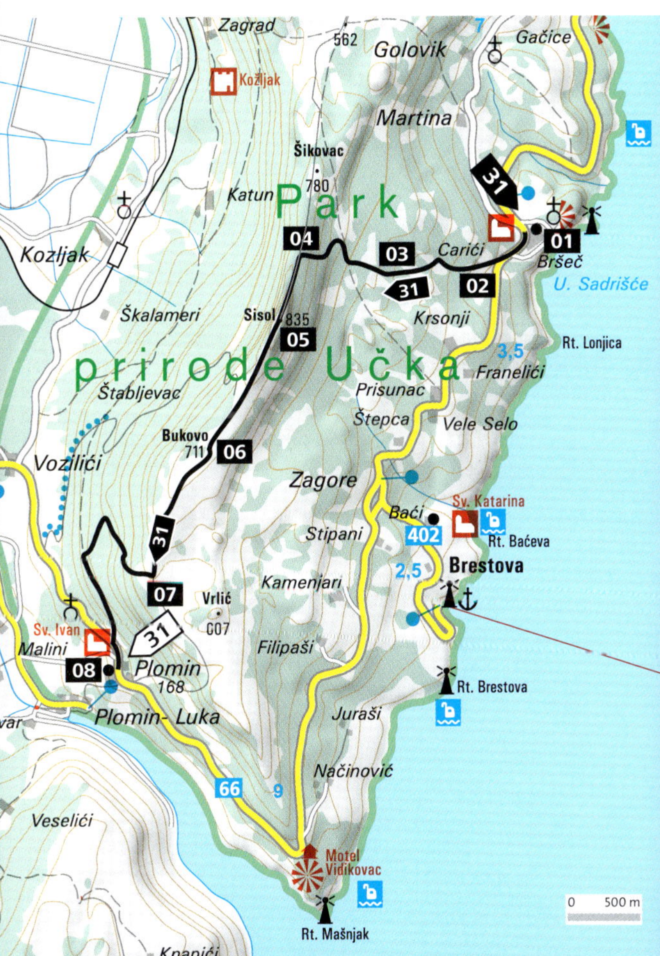

TREBIŠĆA – MOŠĆENICE

Stille Weiler und ein mittelalterliches Städtchen

  11,5 km  3:20 h  450 hm 450 hm 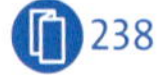 238

START | Mošćenička Draga, Bushaltestelle
[GPS: UTM Zone 33 x: 441.155 m y: 5.009.975 m]
Parkplätze Richtung Hafen. Anfahrt: Busse von Rijeka oder Labin.
CHARAKTER | Abwechslungsreiche Rundtour zu alten Weilern im Draga-Tal und dem mittelalterlichen Städtchen Mošćenice hoch über der Küste. Überwiegend schattig.

Auf guten Pfaden und Wegen, kurz auf unbefahrener Straße, wandern Sie vom bekannten Badeort Mošćenička Draga ins stille, schluchtartige Draga-Tal, zwischen den Weilern Potoki und Trebišća auf dem historisch-mythischen Pfad mit Infotafeln über die alte slawische Kultur. Auf dem alten Verbindungsweg gelangen Sie nach Mošćenice und durch die Schlucht Vodna Draga hinunter zu den Stränden von Mošćenička Draga.

Die Tour beginnt an der **Bushaltestelle** an der Hauptstraße oberhalb des Ortskerns von **Mošćenička Draga** 01. Beim Kreisverkehr gehen Sie in die schmale Straße bergwärts, Wegweiser Trebišća (**rote** und **blaue** Markierung). Das Sträßchen führt zunächst noch an Apartmenthäusern mit Wein und Olivenbäumen vorbei, dann geht's durch Buschwald das schluchtartige stille Tal aufwärts bis zu einem kleinen **Parkplatz** 02. Sie gehen links auf dem asphaltierten Weg weiter,

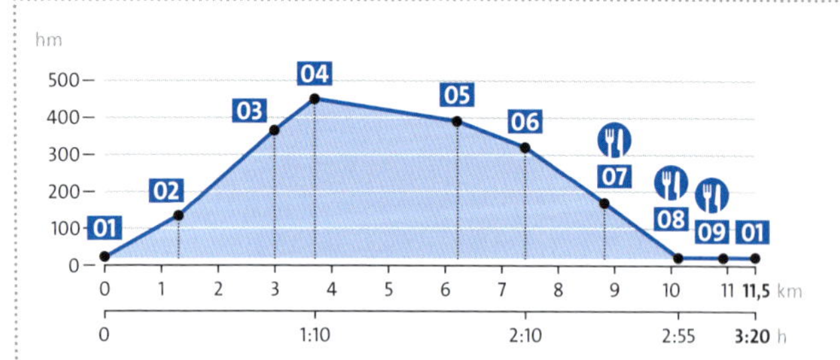

01 Mošćenička Draga, 22 m; 02 Parkplatz, 134 m; 03 Potoki, 365 m; 04 Trebišća, 450 m; 05 Quelle, 390 m; 06 Straßenkehre, 320 m; 07 Mošćenice, Altstadt, 169 m; 08 Kiesstrand Sv. Ivan, 0 m; 09 Mošćenička Draga, Bushaltestelle, 0 m

Wegweiser Potoki, Fahrverbot. Das Tal wird enger, teils steil aufwärts erreichen Sie nach 30 Min. den Weiler **Potoki** 03 auf einer Terrasse. Hier endet die schmale Straße, die nur Anwohner befahren dürfen, einige Leute leben noch in diesem abgeschiedenen Weiler.

Nun beginnt eine besonders schöne Wegstrecke – auf dem historisch-mythischen Pfad wandern Sie nur mehr leicht bergan durch Mischwald zum verlassenen Weiler **Trebišća** 04 unterhalb des Berges Perun. Das Učka-Gebirge ist für die Tradition, Identität und Mythologie der Slawen besonders wichtig, hier haust der Riese Veli Jože, der Berg Perun ist benannt nach dem altslawischen Donnergott. Schautafeln informieren über die Slawen, ihre Wanderung an die Adria, ihre Mythen, ihr Weltbild und über Trebišća, dessen Name sich von trba, dem altslawischen Wort für Opfer, herleitet. Hinter dem Weiler können Sie an der Quelle, das Bächlein rinnt über mehrere kleine Kaskaden, den Durst stillen, schöner, schattiger Rastplatz.

Für den Rückweg über Mošćenice folgen Sie dem Wegweiser geradeaus über den Hangpfad zwischen

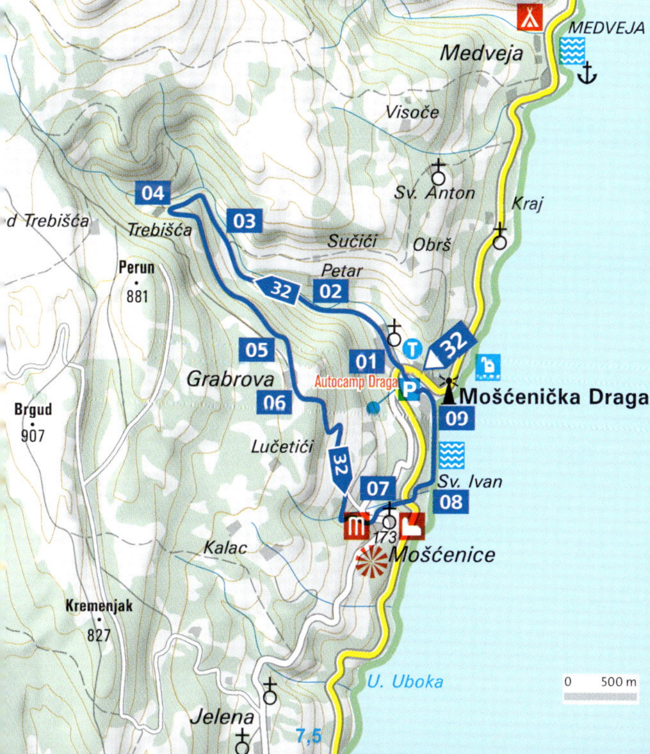

Potoki und dem Berg Perun, dem alten Verbindungsweg von Trebišća nach Mošćenice. Durch Mischwald mit vielen Buchen, der Waldboden ist mit dem für diese Höhe typischen Blaugras bewachsen, wandern Sie leicht abwärts bis zu einer weiteren **Quelle** 05 am Hang des Berges, einige längst aufgelassene Terrassen erinnern an die frühere landwirtschaftliche Nutzung.

Danach bietet sich bei einem Aussichtspunkt ein herrlicher Blick auf Mošćenička Draga, bevor Sie bei den Häusern von Selce/Grabrova auf eine **Straßenkehre** 06 treffen. Nun gehen Sie auf der Zubringerstraße, bald mit schöner Sicht auf **Mošćenice**, hinunter in die **Altstadt** 07 auf der Terrasse hoch über dem Meer. Bei einem Bummel durch die engen Gassen – die Stadt wird oft als Zwillingsschwester von Brseč bezeichnet – können Sie in der Konoba Tu Tamo an der alten Stadtmauer Richtung Meer einkehren, bevor Sie die 400 Jahre alte Ölmühle besichtigen. Der Olivenanbau war früher ein Grundpfeiler der bäuerlichen Existenz, in jedem Ort gab es Ölmühlen, in Mošćenice drei – die letzte wurde 1972 geschlossen und ist heute das interessanteste Objekt des kleinen Volkskundemuseums.

Der Weiterweg führt – schöner als die vielen Stufen des direkten Weges – durch die Schlucht Vodna Draga mit ihrer üppigen Vegetation. Vom Ortsausgang biegen Sie von der Straße in den rot markierten Pfad nach rechts abwärts, er führt im Zickzack und über Stufen, vorbei an einer weiteren Quelle, die Schlucht hinunter. Sie unterqueren die Hauptstraße in einem Tunnel, danach schwenkt der Weg kurz nach links, oberhalb der Villa Rubin vorbei. Dahinter rechts, über Stufen gelangen Sie zum **Kiesstrand Sv. Ivan** 08. Auf dem Uferweg, vorbei an weiteren Stränden, gehen Sie zum **Hafen** 09 von Mošćenička Draga und durch das Dorf hinauf zur **Bushaltestelle** 01.

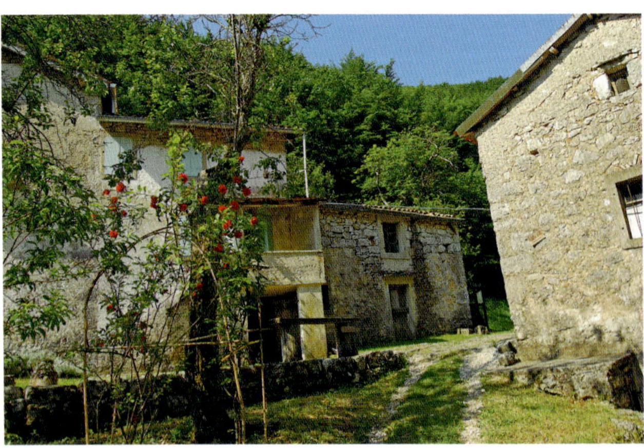

Verlassener Weiler Trebišća

WASSERFALL VON LOVRANSKA DRAGA

Von der Küste ins Hochtal

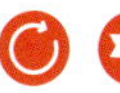 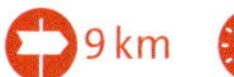 9 km  3:30 h  518 hm 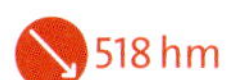 518 hm  238

START | Medveja, Campingplatz
[GPS: UTM Zone 33 x: 442.665 m y: 5.013.292 m]
Anfahrt: Busse von Labin, Haltestelle gegenüber Campingplatz, Parkplatz; von Rijeka, Haltestelle 150 m nach dem Campingplatz.
CHARAKTER | Abwechslungsreiche Rundtour von der Küste zu einem romantischen Wasserfall am Ende eines Wildbachtales. Schöne Aussichten am Rückweg, halb schattig.

Auf steilem Pfad steigen Sie von der Küste durch den Hang eines Wildbachtales hinauf zum Bergdorf **Lovranksa Draga**. Nach dem Besuch des Wasserfalles geht's auf einem aussichtsreichen Weg über den westlichen Höhenrücken zurück zum Strand von **Medveja**.

▶ Von der Bushaltestelle **Medveja** 01 gegenüber dem Autocamp gehen Sie beim kleinen Parkplatz in den Weg rechts dem Camping entlang, der am Fuße der Felsen ins Tal hineinführt. Sie treffen nach dem Camping auf einen Fahrweg, gehen auf diesem kurz nach rechts und biegen bei der Infotafel über das Tal nach rechts in den **Pfad hinauf** 02. Steil aufwärts wandern Sie über den Westhang des Wildbachtales des Medveja. Trockensteinmauern säumen zeitweise den Weg, ehemals landwirtschaftlich genutzte Terrassen sind längst aufgelassen, eine vielfältige Flora

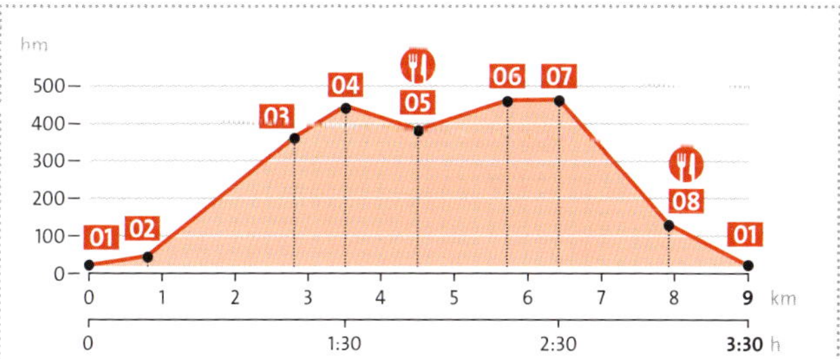

01 Medveja, 2 m; 02 Abzweigung, 43 m; 03 Lovranska Draga, 360 m; 04 Wasserfall, 440 m; 05 Konoba Lovranska Draga, 380 m; 06 Gabelung, 458 m; 07 Abzweigung, 460 m; 08 Konoba Kali, 128 m

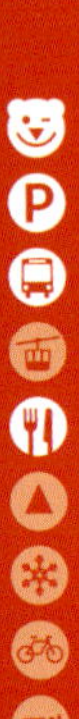

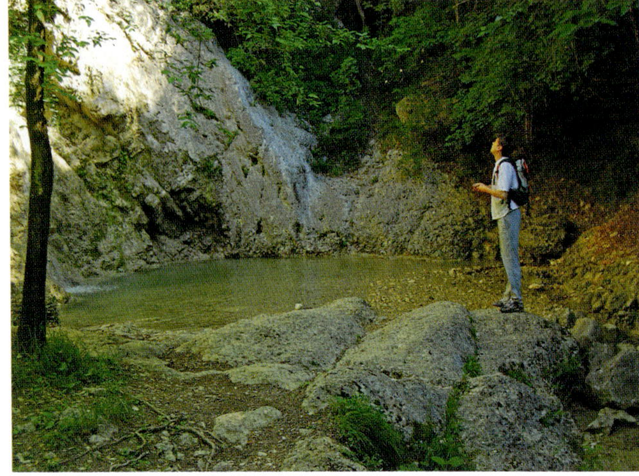

Wasserfall Lovranska Draga

mit Hainbuchen, Flaumeichen, Steineichen, Lorbeer, Edelkastanien, Manna-Eschen und Ahorn hat sich ausgebreitet, im Frühjahr blühen am Wegrand viele Blumen.

Allmählich wird der Blick frei in die Talschlucht, die der Wildbach mit seinen vielen Seitenbächen geschaffen hat – die Kieselsteine bilden heute den Strand von Medveja. Nach 75 Min. erreichen Sie **Lovranska Draga** 03 am östlichen Ortsrand, ein altes, halb verlassenes Bauerndorf auf einem sanften Hang. Viele alte Terrassen werden nicht mehr genutzt, nur noch einige Gärten und Weingärten werden bewirtschaftet, alte Brücken, Brunnen, Kirschbäume und vor allem viele Maronenbäume erinnern noch an die frühere ausgedehnte Nutzung.

Vom Brunnen bei der Infotafel gehen Sie geradeaus weiter dem Bach entlang zum Wasserfall (Wegweiser Slap). Auf der Straße noch kurz ansteigend, biegen Sie vor den Häusern nach rechts, Wegweiser.

Der Pfad führt nun in das vom Schwallwasser geformte Tal hinein, vorbei an prächtigen Exemplaren von alten Maronenbäumen, veredelte Kastanien. Der kleine Bach plätschert über niedere Kaskaden, nur nach stärkeren Regenfällen und im Winter führt er mehr Wasser. Auch bei wenig Wasser ist der **Wasserfall** 04 mit der 30 m hohen Felswand und dem kleinen See neben dem schattigen Rastplatz ein lohnendes Ziel.

Zurück bis zur kleinen Straße, überqueren Sie diese und gehen den asphaltierten Weg geradeaus, vorbei an einem Spielplatz, durch das Dorf. Am anderen Ende ist die **Konoba Lovranska Draga** 05 (Mo – So ab 15 Uhr), auf der Straße unterhalb die Abzweigung für den Rückweg nach Medveja, Wegweiser. Der anfangs fast ebene Pfad quert zuerst zwei kleine Seitentäler mit schönen Blicken zurück auf Lovranska Draga, das Hotel Draga di Lovran und den Knezgrad darüber. Der Name erinnert an die Schlacht zwischen den Franken und Kroaten im Jahr 799, bei der der fränkische Fürst (Knez) Erik ums Leben kam.

Nach dem Aufstieg durch Niederwald mit von Blaugras bewachsenem Waldboden queren Sie ein weiteres Seitental und gelangen zu einer **Gabelung** 06. Hier gehen Sie links weiter, vorbei an einigen schönen Aussichtspunkten mit weitem Blick über die Bucht von Rijeka erreichen Sie die **Abzweigung** 07 zum Vojak. Sie biegen nach links, Wegweiser Medveja, und steigen über einen Bergrücken durch Wald und Lichtungen ab.

Bei den verlassenen Bauernhäusern von Vlasin beginnt ein alter Maultierweg mit vielen Stufen, der direkt hinunter nach Medveja führt. Bei der Stichstraße links, auf einem Treppenweg kann man die Serpentinen abkürzen, bald an der **Konoba Kali** 08 (Mo – Fr ab 16 Uhr, Sa und So ab 12 Uhr) vorbei, erreichen Sie die Hauptstraße bei der Bushaltestelle direkt beim Strand von **Medveja** 01, eine ideale Badegelegenheit nach der Tour.

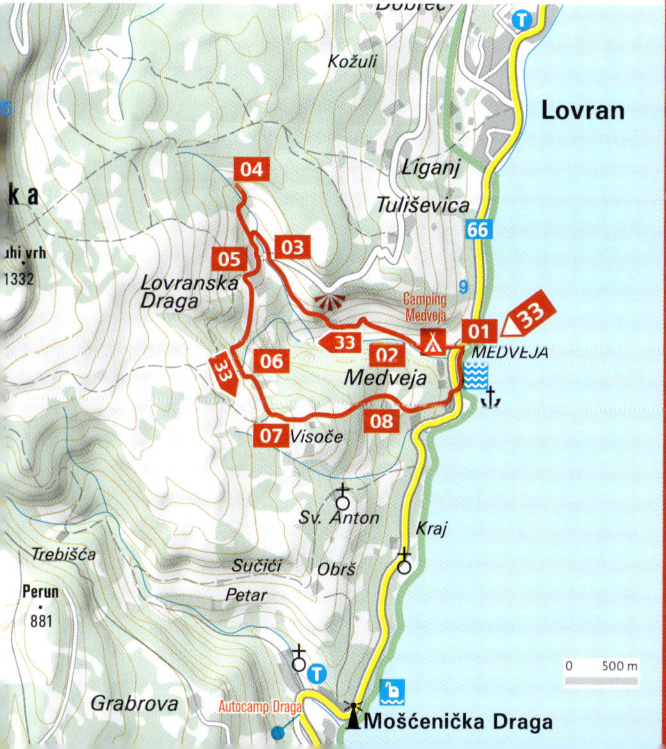

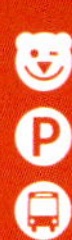
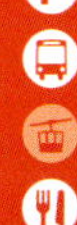
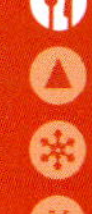

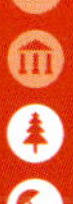

Die Maronen von Lovran

Seit Jahrhunderten werden an den Berghängen des Učka Maronenbäume gepflanzt. Maronen sind eine durch Selektion und Veredelung der gewöhnlichen Edelkastanie entstandene Esskastaniensorte mit größeren Früchten.

Man unterscheidet zwei Sorten – Branac und Dubenac. Branac-Kastanien werden nach der Reifezeit geerntet, wenn die Früchte ohne stachelige Hülle am Boden liegen. Diese Sorte ist nicht lange haltbar und muss bald verzehrt werden. Dubenac-Kastanien werden dagegen vor der Vollreife geerntet, man sammelt die Früchte zu Haufen, bedeckt sie mit Zweigen und lässt sie noch einen Monat in der Hülle weiterreifen. Die Früchte sind von höherer Qualität und bleiben länger genießbar.

Zur Erntezeit der Maronen finden im Oktober traditionelle Volksfeste, die „Marunada", statt.

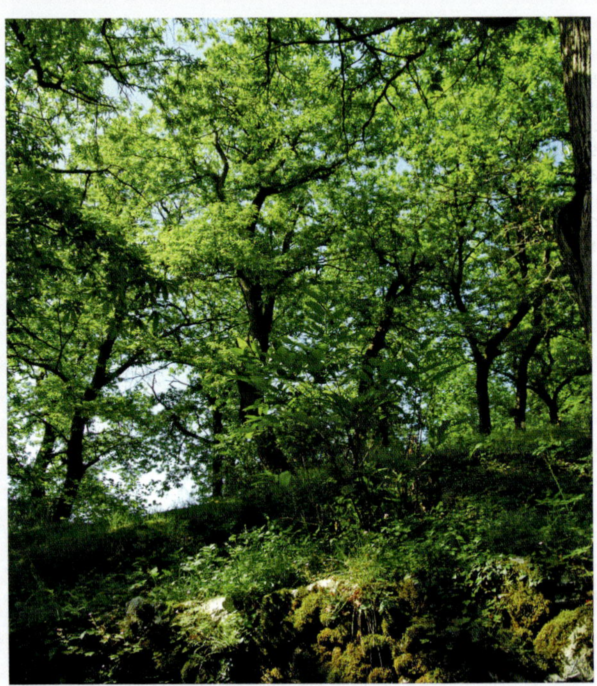

Alte Maronenbäume

WASSERFALL MALA REČINA – GRNJAČ • 850 m

Von der romantischen Talschlucht zum Vorgipfel des Učka-Massivs

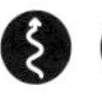  14,2 km 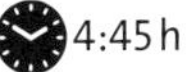 4:45 h 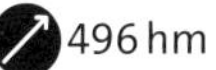 496 hm 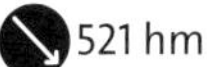 521 hm 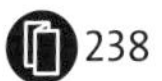 238

START | Bushaltestelle Marović vor Lovranska Draga, Parkmöglichkeit [GPS: UTM Zone 33 x: 441.642 m y: 5.014.014 m]. Anfahrt und Rückfahrt: Lokalbus 36 verkehrt zwischen Lovran (Busstation östlich der Altstadt 100 m oberhalb der Hauptstraße) und Lovranska Draga. Autofahrer können am Beginn der Tour parken.
CHARAKTER | Abwechslungsreiche Waldwanderung am Osthang des Učka-Massivs. Rote Markierung, überwiegend schattig.

Auf guten Wegen und Pfaden wandern Sie zuerst zum Wasserfall **Mala Rečina** in der romantischen Talschlucht und steigen dann durch die bewaldete Karstlandschaft mit Dolinen, Gräben und Felsen auf zum Gipfel des **Grnjač**, wo Sie eine weite Sicht über den Kvarner genießen. Auf steilem Pfad geht's am Ende hinunter nach **Lovranska Draga**.

▶ Am Beginn der Wanderung steht eine lange, fast ebene Passage durch den Wald: Von der **Bushaltestelle Marović** 01, Park-

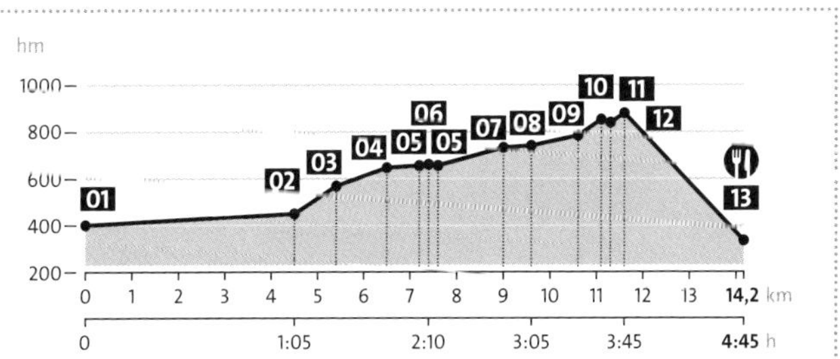

01 Bushaltestelle Marović, 400 m; 02 Abzweigung, 450 m; 03 Weggabelung, 568 m; 04 Abzweigung, 646 m; 05 Betonbarriere, 655 m; 06 Wasserfall, 660 m; 07 Ranch Bubač, 732 m; 08 Fahrweg, 740 m; 09 Abzweigung Grnjač, 783 m; 10 Grnjač, Gipfel, 850 m; 11 Fahrweg, 837 m; 12 Wegkreuzung, 873 m; 13 Lovranska Draga, 875 m

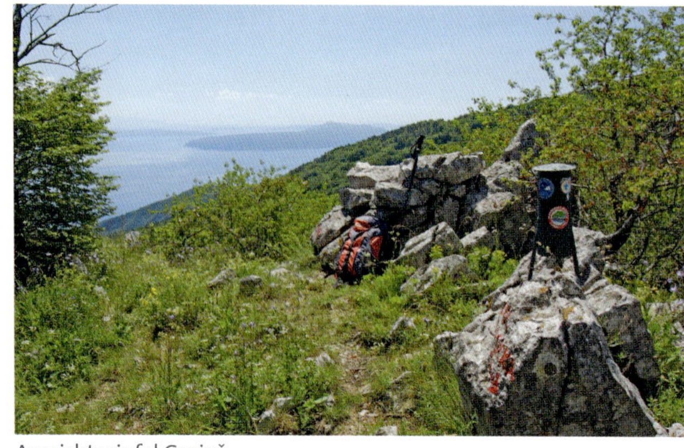

Aussichtsgipfel Grnjač

möglichkeit, gehen Sie noch 100 m auf der Straße weiter und biegen dann in den nur anfangs asphaltierten Weg nach rechts aufwärts, Wegweiser Marović. Der Schotterweg führt in leichtem Auf und Ab durch den Mischwald mit vielen Kiefern und Kastanienbäumen, Sie bleiben immer auf dem Hauptweg und ignorieren die Abzweigungen. Gegen Ende fällt der Weg ab in eine Senke, bei einem abzweigenden asphaltierten Weg, Schranken, bleiben Sie auf dem Schotterweg rechts und biegen dann nach 50 m vor der Kurve, hier beginnt der Asphalt, nach links in den **Pfad 02**, Wegweiser Poklon (**rot-weiße** Markierung).

Der Pfad führt durch Laubmischwald hinauf, ani einer **Weggabelung 03** nach rechts, über eine schöne Lichtung erreichen Sie einen überdachten Picknickplatz, auf dem Fahrweg danach kurz nach links und dann in den Pfad rechts. Sie queren nun die Nordseite des Rečina-Tales und steigen langsam ab zum Bach, der hier in kleinen Kaskaden über Felsen hinunterfließt. Auf Trittsteinen überqueren Sie den Bach und steigen auf der anderen Seite 100 m lang an bis zur **Abzweigung 04**, Wegweiser Richtung Slap. Der romantische Pfad führt nun in die bewaldete, von Felsen gerahmte Talschlucht hinein, die mit Moos bewachsenen Felsen und Bäume weisen auf ein feuchtes Mikroklima hin. Bei einer **Betonbarriere 05** im Bachbett gehen Sie geradeaus weiter zum nahen **Wasserfall Mala Rečina 06**, der jedoch im Sommer nur als Rinnsal über die 20 m hohe Felswand rinnt.

Zurück zur **Betonbarriere 05** biegen Sie nach rechts, auf gutem Pfad durchqueren Sie nun eine eindrucksvolle bewaldete Karstlandschaft mir vielen Dolinen, Gräben und Felsen. Bei einer Gabelung nach rechts Richtung Učka, der Pfad führt oberhalb des Wasserfalls wieder zum Bach zurück und trifft auf einen Fahrweg. Auf diesem kurz nach links zur nahen **Ranch Bubač 07**. Vor der Ranch mit Pferdekoppel verlassen Sie den

Fahrweg wieder und biegen in den Pfad nach links durch den flachen Graben. Nach 200 m schwenkt der Pfad nach links hinauf, auf der anderen Seite des Baches ist ein Picknicktisch. Weiter durch Karstlandschaft gelangen Sie zu einem **Fahrweg 08**, auf dem Sie nach rechts gehen. Bald öffnet sich der Blick auf die Küste, nach 15 Min. stößt von rechts der Weg von Poklon dazu. 50 m danach kommen Sie zur **Abzweigung 09** auf den **Grnjač**. Sie biegen nach links und steigen im Wald steil hinauf zum Gipfel. Der Grnjač scheint nur von unten ganz bewaldet zu sein, vom **Gipfelfelsen 10** genießen Sie eine herrliche Aussicht über die Kvarner Bucht und hinauf zum Vojak mit dem Sendeturm. Vom Gipfel gehen Sie 10 m auf dem Herweg zurück und biegen dann nach links steil hinunter zum **Fahrweg 11**. Auf diesem links aufwärts bis zu einer **Wegkreuzung 12** nach 5 Min., hier gehen Sie links den Pfad hinunter.

Dieser alte, gut angelegte direkte Weg nach Lovranska Draga wird stellenweise von Trockenmauern begleitet, Sie passieren ein Wochenendhaus und gehen bei der nächsten Gabelung rechts. Nach dem steilen Abstieg gelangen Sie zur Bocciabahn von **Lovranska Draga 13**, auf der Zufahrtsstraße gehen Sie weiter bis zur Konoba Lovranska Draga (Mo bis So ab 15 Uhr), unterhalb ist die Bus-Endstation.

Autofahrer können mit dem Bus zum Ausgangspunkt zurückfahren, zu Fuß sind es 15 Min. auf unbefahrener Straße.

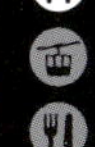

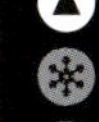

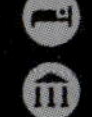

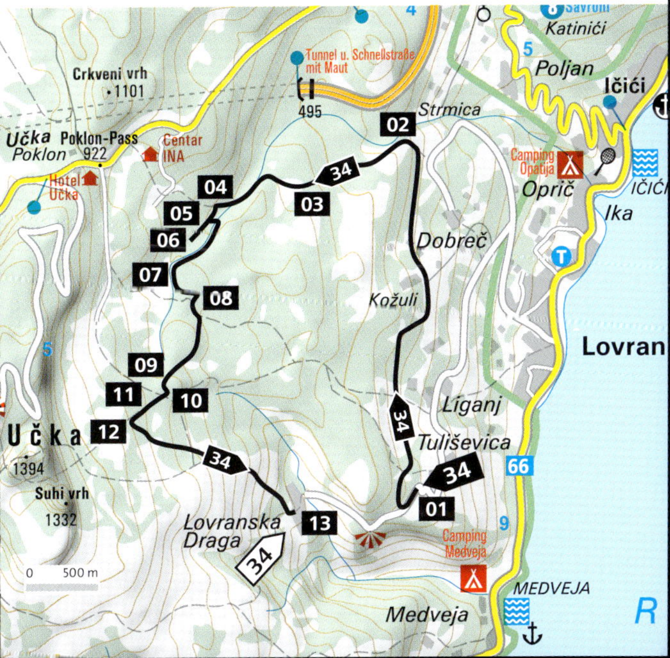

VEPRINAC

Alte Hügelsiedlung hoch über der Küste

 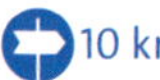 10 km 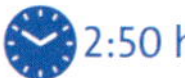 2:50 h 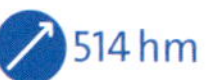 514 hm  514 hm 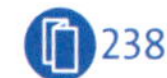 238

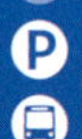

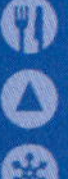
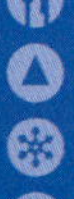
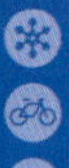
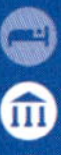
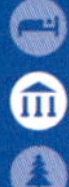

START | Opatija, Busbahnhof
[GPS: UTM Zone 33 x: 445.328 m y: 5.020.160 m]
Anfahrt: Bus 32 von Rijeka oder Lovran.
CHARAKTER | Aussichtsreiche Rundtour am Abhang des Učka-Gebirges oberhalb von Opatija, halb schattig. Rote Markierung.

Ein schöner alter Weg verbindet die zwei sehr unterschiedlichen Orte – das altertümliche, strategisch günstig auf einem befestigten Hügel gelegene **Veprinac** und den eleganten Kur- und Badeort **Opatija** an der Küste.

▶ Gehen Sie vom Busbahnhof in **Opatija** 01 die schmale Ulica Joakima Rakovca hinauf, nach 20 m weist die **rote** Markierung, der Sie nun immer folgen, nach rechts. Der Weg führt vorbei an Häusern und Gärten aufwärts zu einem Sträßchen mit einer Infotafel „Put za Veprinac". Hinter dem kleinen Tunnel beginnt der alte Verbindungsweg zur Hügelsiedlung, Schautafeln informieren hier über die Bedeutung des Weges, die Vegetation und Geschichte von Veprinac. Sie erreichen eine kleine Zufahrtsstraße, dahinter befindet sich bei mehreren Quellen ein ehemaliger Waschplatz, **Vrutki** 02 genannt, was auf kroatisch Brunnen oder Quelle bedeutet. Die Österreicher nannten sie Littorw-Quelle, nach dem Kartografen und Lehrer Hein-

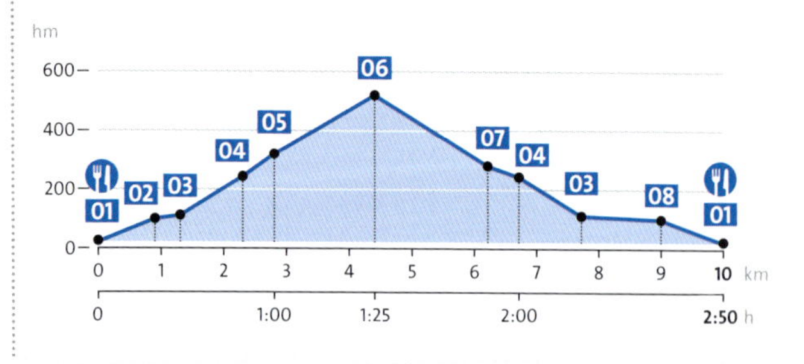

01 Opatija, 5 m; 02 Vrutki, 100 m; 03 Abzweigung Carmen-Sylva-Weg, 112 m; 04 Linkskehre, 243 m; 05 Schnellstraße, 320 m; 06 Veprinac, 519 m; 07 Kolavići, 280 m; 08 Straße, 100 m

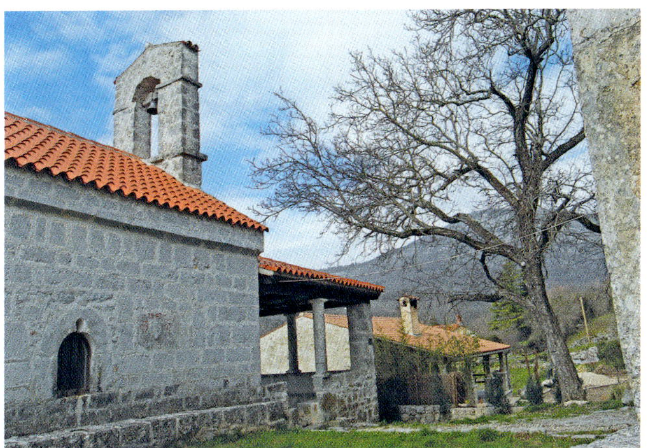

Anna-Kapelle in Veprinac

rich von Littrow, der lange Jahre in Opatija lebte. Bei den Italienern hieß sie Mazzini-Quelle, nach dem Politiker Giuseppe Mazzini.
Auf dem Sträßchen gehen Sie nun kurz weiter aufwärts, bald wird der Weg flach und der Blick frei über die Kvarner Bucht. Sie passieren die **Abzweigung** 03 des Carmen-Sylva-Wegs (Rückweg) und biegen 30 m danach rechts die Veprački Put steil hinauf. Die Stufen gehen bald in einen schön angelegten Weg über, der durch die vielfältige Vegetation (Kiefern, Flaumeichen, Hainbuchen, Lorbeer, Walnuss- und Kirschbaume...) den Hang hinaufführt. Typisch ist der stechende Mäusedorn, von dessen roten Beeren, kroatisch Veprina, der Name Veprinac hergeleitet wird. Bei einer **Linkskehre** 04 gehen Sie nach links (der Wegweiser weist nach rechts, Ihr Rückweg). Sie gelangen nun hinauf zur **Schnellstraße** 05, Vorsicht beim Überqueren!

Auf der anderen Straßenseite führt der Pfad über Steinplatten hinauf und geht in einen Weg über, rechts oben sehen Sie bald die Hügelkirche St. Markus. Der Waldweg trifft auf einen asphaltierten Weg, Sie gelangen zu einem Sträßchen, 50 m danach biegen Sie rechts in den Weg hinauf zur Kirche. Vorbei an terrassierten Gärten und der Volksschule kommen Sie zum alten Stadttor, rechts davor ist die Loggia, links die Anna-Kapelle, auf der Hügelspitze in prächtiger Aussichtslage die St.-Markus-Kirche von **Veprinac** 06.

Nach dem Genuss des weiten Panoramas von Velebit, Učka und Kvarner Bucht gehen Sie zurück bis zur Volksschule und biegen dort nach links, Wegweiser Opatija. Der kunstvoll angelegte Weg führt den Hang hinunter zur Straße, auf der Zufahrtsstraße gehen Sie durch die Unterführung und weiter bis **Kolavići** 07. Geradeaus durch die Hangsiedlung und am Ende weiter bis zur **Linkskehre** 04, dem Herweg. Auf diesem steigen Sie nun weiter ab bis zur **Abzweigung** 03

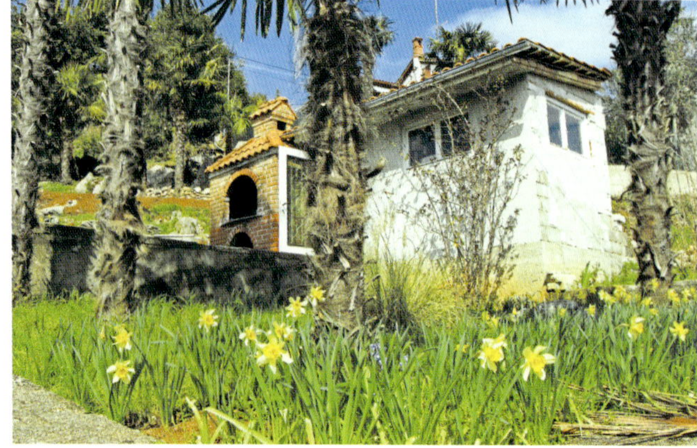
Frühling bei Opatija

und biegen hier nach links die Stufen hinauf zum Carmen-Sylva-Weg. Der angenehme ebene Waldweg, ein Gegenstück zur Küstenpromenade, führt um einen Taleinschnitt herum, oberhalb der Vrutki-Quellen vorbei. Sie queren ein Zufahrtssträßchen, kurz danach treffen Sie auf die **Straße 08**.

Auf der anderen Straßenseite beginnt der Stufenweg, auf dem Sie immer geradeaus bis zur Küstenstraße absteigen: Vorbei an Häusern und Gärten überqueren Sie mehrmals Hangstraßen, darunter auch die obere Hauptstraße – hier ist besondere Vorsicht geboten, die Kurve ist unübersichtlich, die Autos schnell! Die Küstenstraße erreichen Sie nahe der Abtei St. Jakob, rechts geht's zurück zum **Busbahnhof 01**.

Ein schönes altes Kaffeehaus ist das „Wagner", mit Aussichtsterrasse zum Meer, es liegt im Zentrum gegenüber der Tourist-Info.

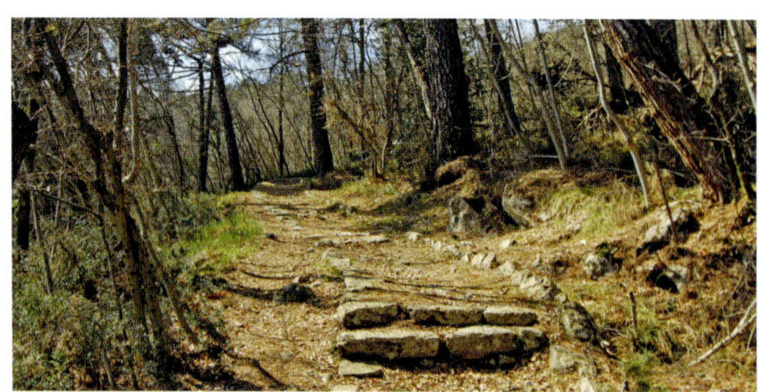
Alter Weg nach Veprinac

Veprinac

Der Ort wurde 1374 erstmals erwähnt und war im Mittelalter Mittelpunkt der kleinen, am Abhang des Učka-Gebirges gelegenen Dörfer. Er besaß ein eigenes Stadtstatut, im Veprinac-Gesetz aus dem Jahr 1507 wurden das Alltagsleben und die damaligen lokalen Bräuche geregelt. Wegen ihrer strategischen Verteidigungslage war die Siedlung gut befestigt, die Burg auf dem Hügel diente als Zufluchtsort der Bevölkerung bei Gefahr.

Heute besteht der Ort aus zwei Teilen – dem oberen Teil um die St.-Markus-Kirche und dem unteren Stadtteil an der Straße. Von den einstigen Befestigungsanlagen am Hügel sind noch das Gemeindehaus mit dem ungewöhnlichen Stadttor (ein überwölbter Durchgang mit drei Öffnungen), die St. Anna-Kapelle aus dem Jahr 1442 und die Loggia, der Versammlungsort für öffentliche Angelegenheiten im Mittelalter, erhalten geblieben. Die heutige St.-Markus-Kirche mit dem frei stehenden Campanile auf dem Hügel wurde im 17. Jh. in der Barockzeit anstelle einer alten, kleineren Vorgängerkirche errichtet.

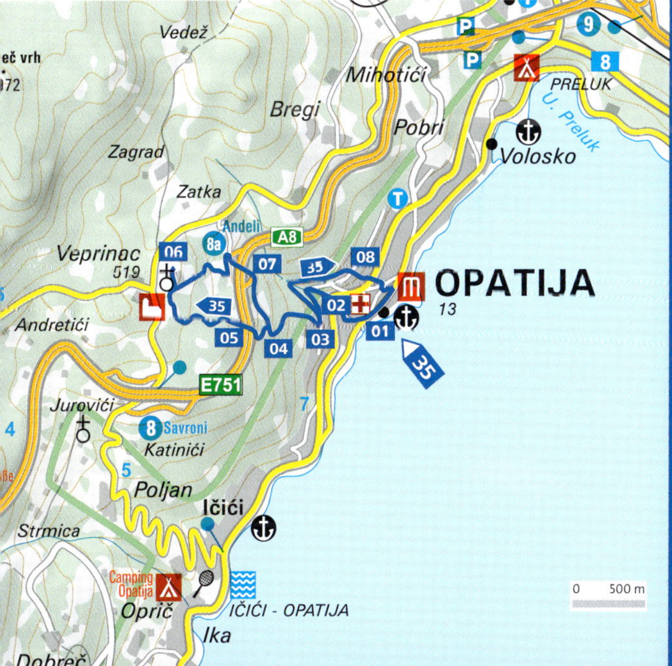

VOJAK • 1.396 m

Auf den höchsten Gipfel Istriens

 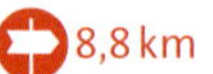 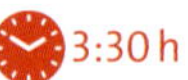 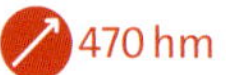 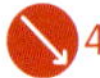 

START | Berghütte Poklon, Parkplatz, Bushaltestelle
[GPS: UTM Zone 33 x: 438509 m y: 5.017.465 m]
Anfahrt: Auf der alten Passstraße von Matulji oder Pazin zum Pass Poklon. Bus 34 (So um 9.30 Uhr ab Opatija, retour 15.45 Uhr).

CHARAKTER | Bergwanderung mit weiter Aussicht vom Gipfel, interessante Infos über den Naturpark Učka auf dem Lehrpfad, steiler Abstieg in zwei Etappen, überwiegend schattig.

1911, also noch in der Monarchie, errichtete der „Österreichische Touristenklub" die Aussichtswarte auf dem Vojak und baute den Weg aus. Den Badegästen wurde damit auch eine attraktive Bergtour angeboten, dies gilt bis heute.

▶ Vom Parkplatz (Bushaltestelle) bei der **Berghütte Poklon** 01 gehen Sie zum Souvenir-Kiosk rechts vom Restaurant Učka. Bei den Infotafeln auf den Holzsäulen beginnt der Weg zum Vojak, rot-weiß-rot markiert. Immer der Markierung folgend, gleich an einer Doline vorbei, steigen Sie auf dem steilen Pfad über die vorwiegend mit Buchen bestandene und von Felsen durchsetzte Flanke des Karstberges auf. Sie queren dreimal die Straße und gelangen nach 50 Min. zu einer kleinen **Quelle** 02.

Der Weg setzt sich nun weniger steil fort und trifft auf den **Lehr-**

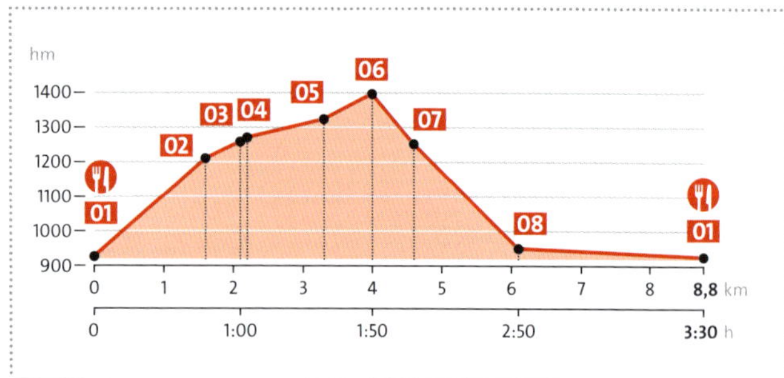

01 Berghütte Poklon, 926 m; 02 Quelle, 1.210 m; 03 Lehrpfad, 1.258 m; 04 Karsthöhle, 1.270 m; 05 Straße, 1.323 m; 06 Vojak, 1.396 m; 07 Sattel, 1.252 m; 08 Wegkreuzung, 950 m

pfad 03 mit Infotafeln, auch in Deutsch. Für die folgende Strecke sollten Sie sich genügend Zeit nehmen, die Informationen über Geologie, Flora und Fauna des Naturparks Učka zeigen die große Vielfalt dieser kleinen Bergregion. Sie verlassen nun den Hauptweg und folgen dem Lehrpfad zur Hälfte gegen den Uhrzeigersinn: Sie gehen rechts hinunter, nach 200 m (bei der Gabelung Abstecher 50 m nach links) stehen Sie vor einer typischen **Karsthöhle** 04, einem 37 m tiefen Spalt. In diesem feuchten Mikroklima lebt der seltene, nachtaktive schwarze Alpensalamander. Der Weg führt weiter zu einem aussichtsreichen Grat, dem Sie bis zum Beginn des Lehrpfades an der **Straße** 05 entlangwandern.

Rechts oberhalb der Straße gehen Sie anschließend weiter zum Sendeturm, auf einem Schotterweg erreichen Sie dann den alten Aussichtsturm auf dem **Vojak** 06. Vom Steinturm schweift der Blick über die Bucht von Rijeka, die wie Walfische im Kvarner liegenden Inseln, Inneristrien, das Ćićarija-Gebirge, bei guter Sicht bis zu den Alpen.

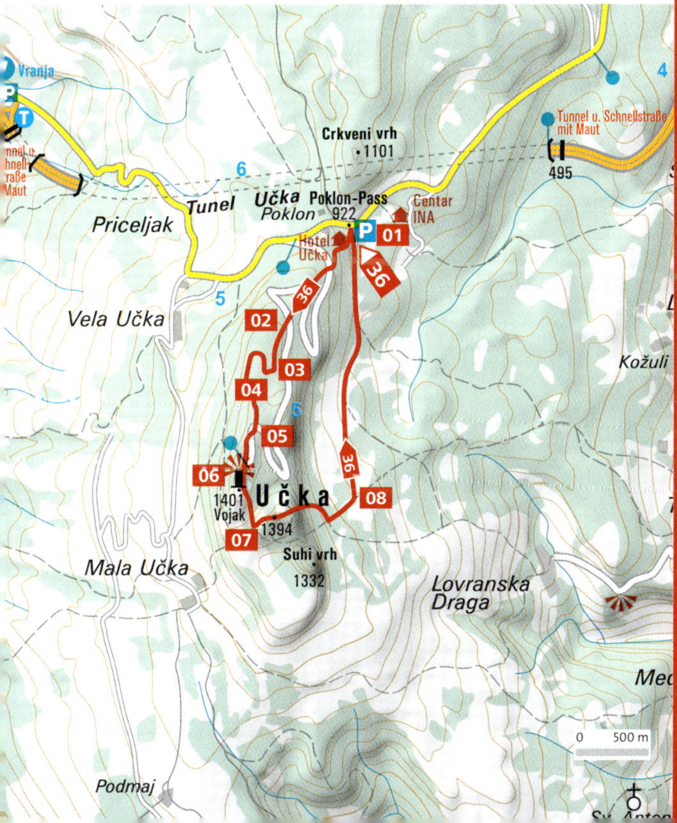

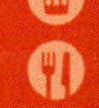
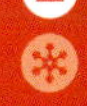

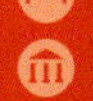
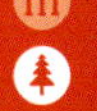

Dass auch Paragleiter den Berg schätzen, zeigt die Startrampe neben dem Turm.

Der Rückweg weist zwei sehr steile Abschnitte auf: Vom Turm gehen Sie über den Grat weiter und dann auf steinigem, steilem Pfad mit freier Sicht hinunter zu einem **Sattel** **07**, einem Kreuzungspunkt mit vielen Wegweisern.

Hier biegen Sie nach links, Richtung Lovran, in den kleinen Kiefernforst. Der angenehme Pfad quert einen Fahrweg, führt dann durch Buchenwald, nochmals tangieren Sie einen Fahrweg, bevor Sie im Wald sehr steil im Zickzack bis zu einer Wegkreuzung absteigen. Hier geradeaus, der Wegweiser Poklon zeigt zu sehr nach links.

Durch die bewaldete Karstlandschaft mit Felsen, Dolinen und Gräben gelangen Sie nun weniger steil zu einer weiteren **Wegkreuzung** **08**, hier nach links, Wegweiser Poklon. Der Pfad führt an einer Holzhütte vorbei durch den Wald und über Lichtungen, mündet dann in einen Fahrweg, auf dem Sie zum Ausgangspunkt, der **Berghütte Poklon** **01**, zurückkehren.

Variante mit Kindern

Eine interessante und kinderfreundliche Tour können Sie unternehmen, wenn Sie der ausgeschilderten Rundtour des Lehrpfades, beginnend beim **Wegpunkt** **05** an der Straße (Parkplatz), folgen. Anschließend gehen Sie, wie beschrieben, hinauf zum nahen Gipfel des Vojak.

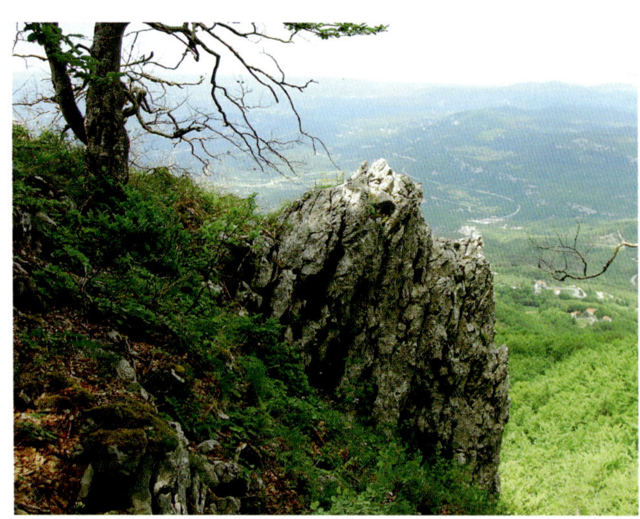

Aufstieg zum Vojak

RJEČINA-QUELLE

Zur großen Karstquelle im Hinterland von Rijeka

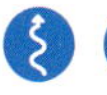  12 km  3:00 h  80 hm 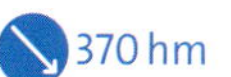 370 hm  K. K.

START | Studena [GPS: UTM Zone 33 x: 452.388 m y: 5.030.669 m]
Anfahrt: Bus 20 ab Rijeka, Delta, hält im Zentrum U. Adamićeva 28. Rückfahrt: Bus 12 ab Lubarska/Jelenje, umsteigen in Dražice (Fahrplan: www.autotrolej.hr – Prigradske Linije).
CHARAKTER | Wald- und Flusswanderung, überwiegend schattig. Rote, manchmal mangelhafte Markierung.

Sehr unterschiedlich präsentiert sich das Rječina-Tal im Laufe des Jahres – im Winter mit rauschendem Bach, im Sommer mit ausgetrocknetem Flussbett. Immer schön ist der Wald, im Sommer auch angenehm kühl.

▶ Sie starten Ihre Tour an der Bushaltestelle in **Studena** 01 und gehen noch 150 m weiter auf der Straße. Am Ende des Dorfes biegen Sie beim Madonnenschrein in den Weg nach rechts, durch eine Wiese und über eine Brücke erreichen Sie den Wald. Auf dem zum Teil etwas ausgewaschenen Weg steigen Sie an und halten sich immer geradeaus, kleinere Abzweigungen ignorierend, der Weg ist **rot** markiert. Auf einer kleinen Wölbung führt der teilweise undeutliche Pfad geradeaus, rechts und links begleitet von zwei Waldwegen. Wenn Sie den linken, unmarkierten Waldweg nehmen, biegen Sie beim folgenden Querweg, Hohlweg, nach rechts, in ihn mündet dann auch der Pfad. Durch schönen Buchenwald mit einigen Karstrippen wandern Sie weiter bis zu einer **Weggabelung** 02 bei Karstfelsen.

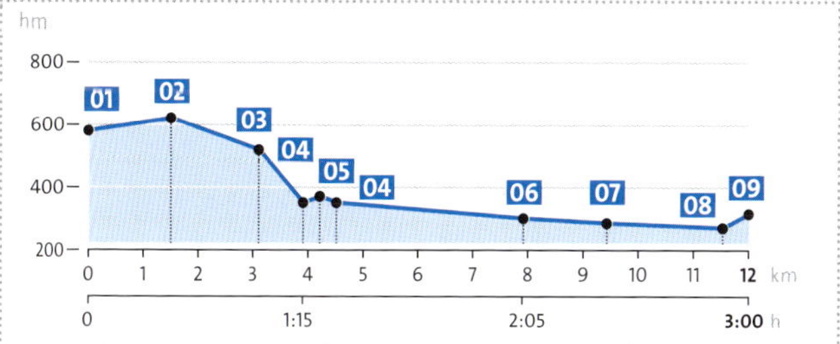

01 Studena, 580 m; 02 Weggabelung, 620 m; 03 Wegkreuzung, 518 m; 04 Talweg, 350 m; 05 Rječina-Quelle, 370 m; 06 Kukuljani, 300 m; 07 Trnovica, 285 m; 08 Martinovo Selo, 270 m; 09 Lubarska, 290 m

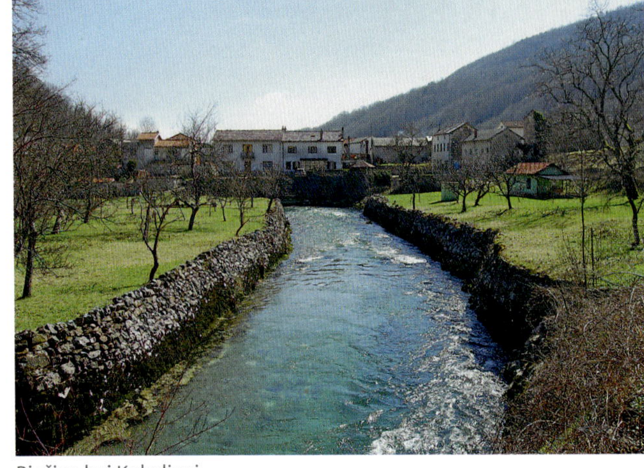

Rječina bei Kukuljani

Hier den rechten Weg leicht abwärts, kleinere Rechtsabzweigungen ignorieren. Der breite Weg wird etwas ruppig, von Steinen gesäumt führt er zu einer Wiese linker Hand. Am Rand der Wiese beschreibt er eine Linkskurve, hier gehen Sie auf dem befestigten Pfad geradeaus weiter unterhalb von Felsen entlang. Am Ende der Befestigung biegt der Pfad undeutlich hinunter zum sichtbaren breiteren Weg, dem Sie nun weiter folgen. Ab jetzt ist die Markierung gut, Sie wandern leicht abwärts durch Mischwald bis zu einer **Wegkreuzung** **03** oberhalb des Rječina-Tales. Hier gehen Sie geradeaus weiter, ein teilweise steiler Pfad führt den Hang mit viel Mäusedorn hinunter zum **Talweg** **04**. Links erreichen Sie in wenigen Minuten die große **Rječina-Quelle** **05** am Fuß mächtiger Felsen. Da hier Trinkwasser nach Rijeka geleitet wird, ist die Quelle nicht direkt zugänglich, schöne Rastplätze gibt es bei **Wegpunkt** **04** am Ufer.

Nun folgt eine sehr angenehme Flusswanderung: Auf dem Uferweg wandern Sie talauswärts, immer der Markierung folgend. Die Ufer des Rječina sind teilweise naturnah befestigt, der Wald reicht bis zum Fluss, in Talweitungen liegen kleine Siedlungen, umgeben von Obstwiesen.

Als erste erreichen Sie das Dorf **Kukuljani** **06**, Sie gehen durch das Dorf und biegen 100 m vor dem Fluss nach rechts. Durch ein Gatter und über Obstterrassen führt der Pfad, hier mangelhaft markiert, hinunter zum Fluss. Dort erkennen Sie rechts den alten Hangweg, kurz in schlechtem Zustand. Er trifft bald auf einen besseren Weg, dem Sie nun immer dem Hang entlang, etwas abseits vom Ufer, bis **Trnovica** **07** folgen. Dort auf der breiten Querstraße nach rechts und nach 100 m in den Fahrweg nach links. Der Weg verläuft dann weiter dem Hang entlang, bei einem Haus

Rječina

Die Rječina-Quelle ist mit einem Schüttungsmaximum von 150 m^3/s eine der größten Karstquellen des Landes, sie tritt an der Kontaktstelle zwischen wasserdurchlässigem Kalkgestein und wasserundurchlässigem Flysch am Fuß des Kičelj-Hügels aus. Die Quelle ist für die Wasserversorgung von Rijeka wichtig, sie versiegt jedoch im Sommer, dann verschwindet auch der sonst so eindrucksvolle Bach.

Der 19 km lange Fluss mündet in Rijeka in die Adria und gab der Stadt ihren Namen, die Italiener nannten ihn und die Stadt „Fiume", Fluss. In der Habsburgermonarchie bildete er die Grenze zwischen dem österreichischen und dem ungarischen Teil der Monarchie, nach dem Ersten Weltkrieg zwischen Italien und Jugoslawien. An seinen Ufern wurden einst viele Mühlen errichtet, die bekannteste ist heute die Gašpar-Mühle in Martinovo Selo, sie wurde 1650 gebaut, 1992 renoviert und kann besichtigt werden.

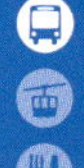

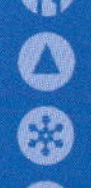

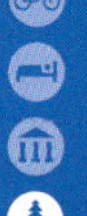

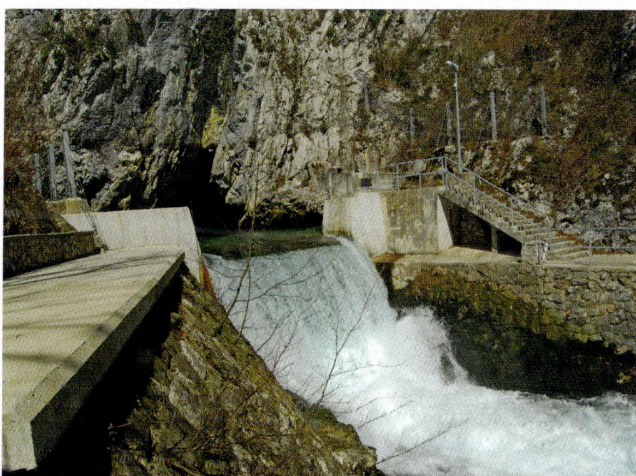

Rječina-Quelle

gehen Sie auf dem asphaltierten Zufahrtssträßchen nach links bis zur Hauptstraße.

Hier wieder links nach **Martinovo Selo** 08, wo Sie beim Wehr neben der Brücke die alte Mühle besichtigen können. Danach biegen Sie in den Hangpfad oberhalb des Ufers, er trifft beim Ortsschild von **Lubarska** 09 auf die Straße. Die Bushaltestelle befindet sich 3 Min. nach links. Wenn Sie noch nach Jelenje spazieren wollen, gehen Sie von der Bushaltestelle das Sträßchen rechts hinauf und immer geradeaus, rund 10 Min. sind es bis ins Zentrum.

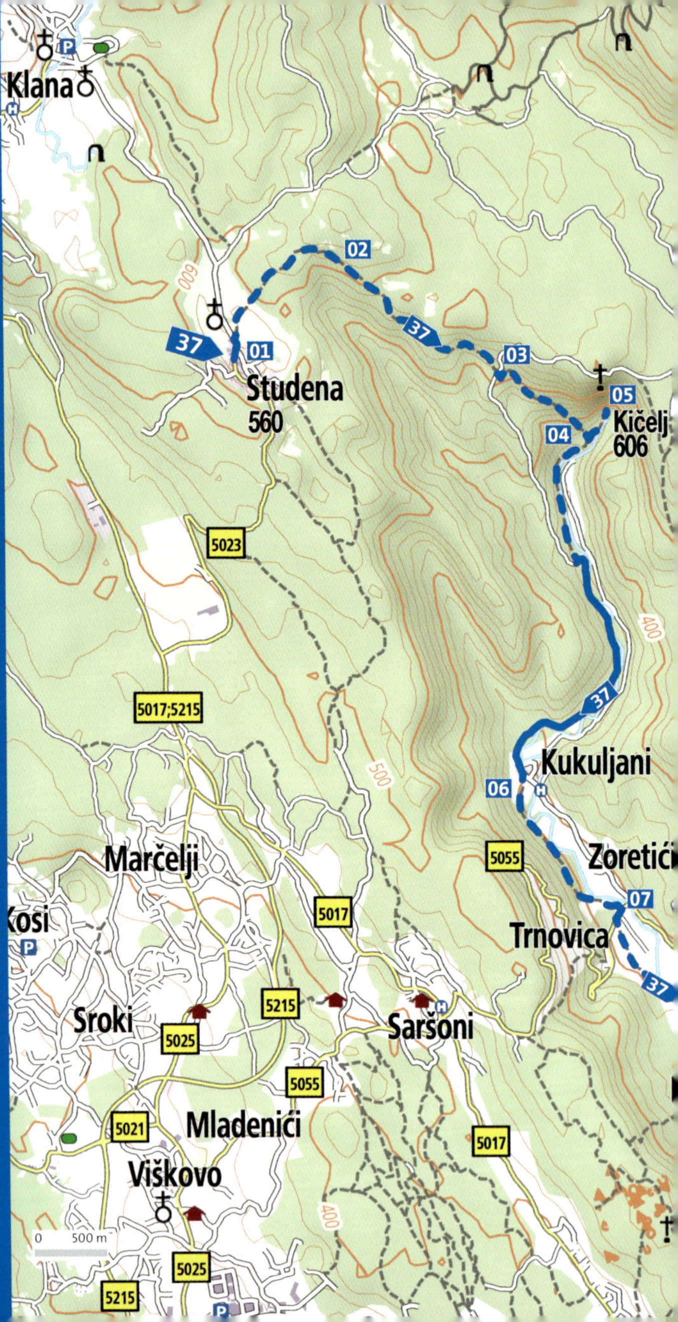

Klana
Studena
560
Kičelj
606
Kukuljani
Zoretići
Trnovica
Marčelji
Kosi
Sroki
Saršoni
Mladenići
Viškovo
01
02
03
04
05
06
07
37
5023
5017;5215
5055
5017
5215
5025
5021
600
500
400
0 500 m

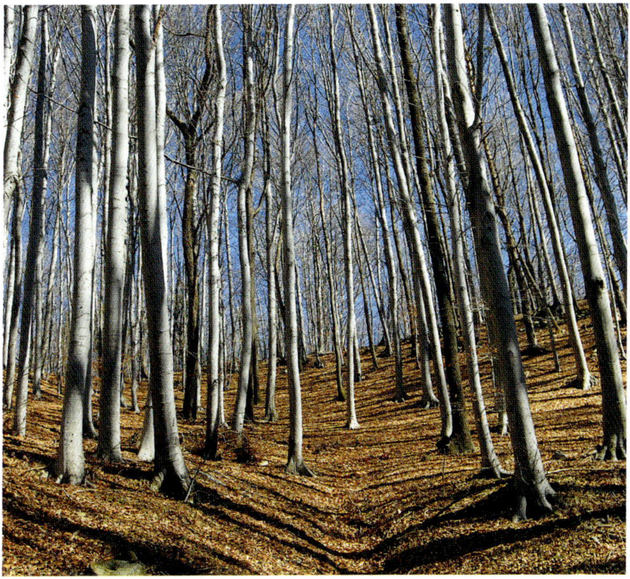

Buchenwald im Vorfrühling

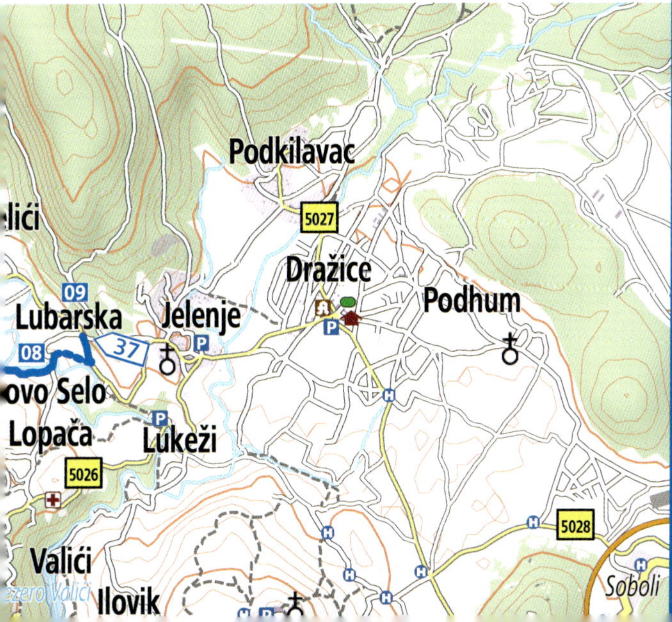

RISNJAK • 1.528 m

Auf den höchsten Gipfel des Nationalparks

  17,6 km 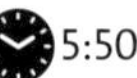 5:50 h  848 hm  848 hm 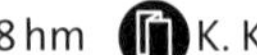 K. K.

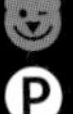
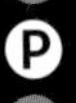
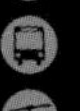

START | Nationalparkhaus bei Crni Lug, Parkplatz
[GPS: UTM Zone 33 x: 475.414 m y: 5.029.496 m]
Anfahrt: Kein Bus. Von Delnice nach Crni Lug und weiter den Schildern zum Nationalparkhaus Risnjak folgen.
CHARAKTER | Lange Waldwanderung auf zum Teil karstigen Wegen, im letzten Abschnitt steiler Anstieg zum Gipfel mit Panoramasicht. Rot-weiße Markierung, außer beim Gipfelanstieg schattig.

Die Tour führt durch den „grünen Karst", eine bewaldete Karstlandschaft mit Felsen, Dolinen, Klüften und Höhlen. Der aus den ausgedehnten Wäldern des Gorski Kotar herausragende felsige Gipfel des Risnjak ist ein hervorragender Aussichtspunkt, 1953 wurde das Risnjak-Massiv mit seiner interessanten Geomorphologie, der vielseitigen Flora und Fauna zum Nationalpark Risnjak erklärt.

Die Schlosserhütte, Schlosserov dom, unterhalb des Gipfels ist in der Sommersaison bewirtschaftet, das dem Nationalparkhaus angeschlossene Hotel das ganze Jahr über offen.

▶ Gleich hinter dem **Nationalparkhaus** 01 starten die Wanderwege zum Risnjak. Sie folgen rechts dem „Horvatova staza", **rot-weiße** Markierung. Bald gelangen Sie zu

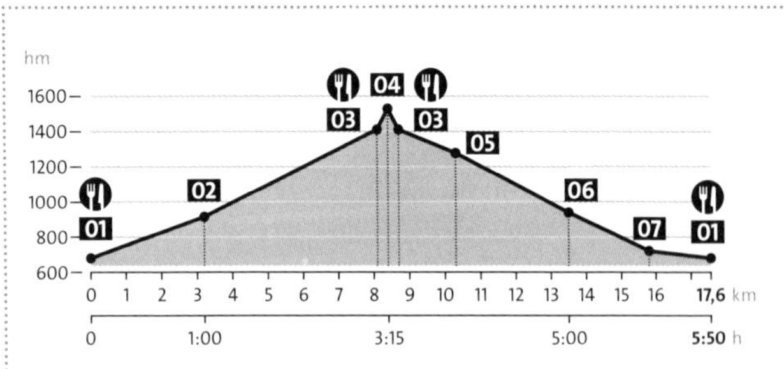

01 Nationalparkhaus, 680 m; 02 Podi, 914 m; 03 Schlosserov dom (Schlosserhütte), 1.410 m; 04 Risnjak, Gipfel, 1.528 m; 05 Medvjeda vrata, 1.277 m; 06 Markov brlog, 938 m; 07 Fahrweg, 721 m

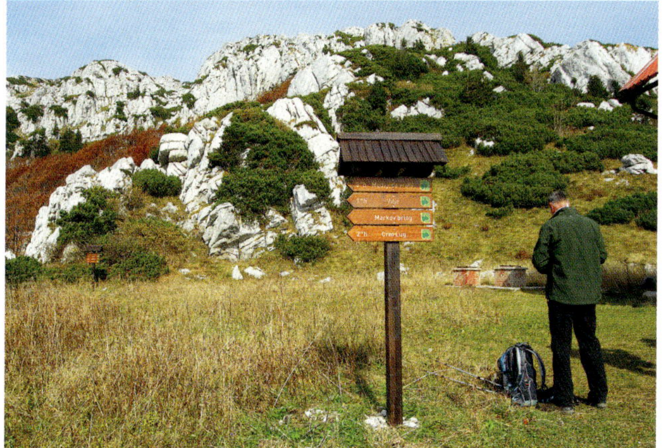

Gipfelfelsen des Risnjak

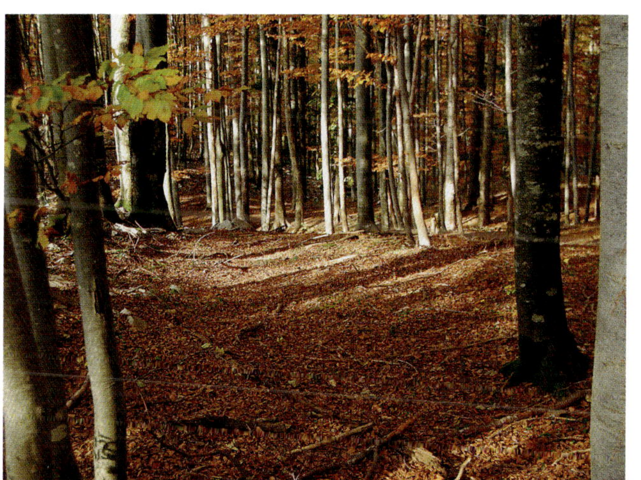

Buchenwald am Risnjak

einem breiten Kiesweg, der abschnittsweise ansteigend durch Mischwald mit vielen Buchen Richtung Risnjak führt, anfangs an der grün markierten Grenze des Nationalparks entlang. Nach einer Stunde erreichen Sie den **Wegpunkt Podi 02**, von rechts mündet ein Fahrweg, nach 20 m biegen Sie rechts in den Pfad bergan, Wegweiser Schlosserov dom (2 Std.).

Auf dem guten Pfad wandern Sie nun durch die bewaldete Karstlandschaft mit Felsen, Klüften und Dolinen, rechts des Weges sehen Sie nach wenigen Minuten die Vučja jama, ein 140 m tiefes Karstloch. Gegen Ende schimmern bereits die weißen Karstfelsen des Risnjakgipfels durch das Blätterdach, in Serpentinen über einen Karsthang hinauf mit bereits schöner Aussicht gelangen Sie zur **Schlosserhütte – Schlosserov dom** 03 auf einer kleinen Ebene am Fuße des Gipfels.

Durch die Latschenzone führt der Pfad anschließend über Felsrücken direkt steil hinauf zum **Gipfel** des **Risnjak** 04 mit seinem gewaltigen Panorama über die bewaldeten Ketten des Gorski Kotar bis zu den Karnischen Alpen auf der einen Seite und dem Kvarner und Učka-Massiv auf der anderen Seite.

Für den Rückweg zurück zur **Schlosserhütte** 03 nehmen Sie die Route über Medvjeda vrata, Wegweiser westlich der Hütte hinunter. Zuerst auf steilem Pfad, dann auf breiterem Weg, erreichen Sie den Pass **Medvjeda vrata** 05 und biegen hier nach links (Wegweiser Markov brlog, Crni Lug).

Bei der folgenden Wegkreuzung rechts, es folgt ein langer nur mäßig steiler Abstieg auf breitem Weg durch die Dolinenlandschaft bis zur Wegkreuzung auf der Waldlichtung **Markov brlog** 06. Hier den Fahrweg überqueren und geradeaus weiter, zuerst auf einem Pfad, dann wieder breitem Weg hinunter ins Tal, wo Sie auf einen **Fahrweg** 07 treffen. Auf diesem rechts und dann auf dem Sträßchen durch Wald und Wiesen zurück zum **Nationalparkhaus** 01 zur Einkehr im angeschlossenen Hotel mit Restaurant.

Naturlehrpfad Leska

Vom Nationalparkhaus führt ein Naturlehrpfad durch Wald- und Wiesengemeinschaften zur Alm Leska. Infotafeln in kroatischer und englischer Sprache erläutern Flora, Fauna, Wirtschaft und Besonderheiten, bei der Verwaltung ist ein Faltblatt auch in deutscher Sprache erhältlich.

Der bei Familien beliebte ebene Rundgang dauert 1:45 Stunden, im Wald neben dem Eingang befindet sich auch ein Abenteuerspielplatz.

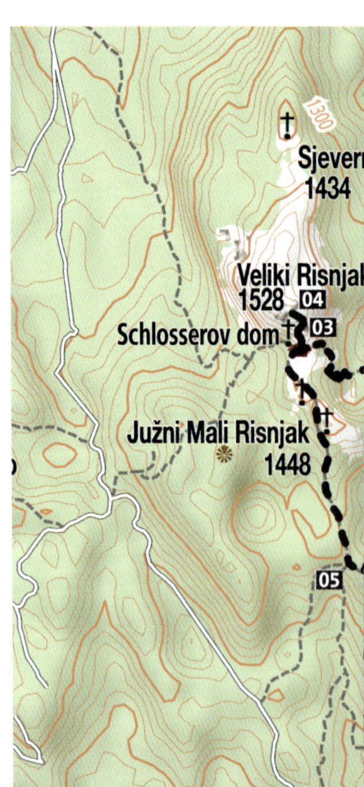

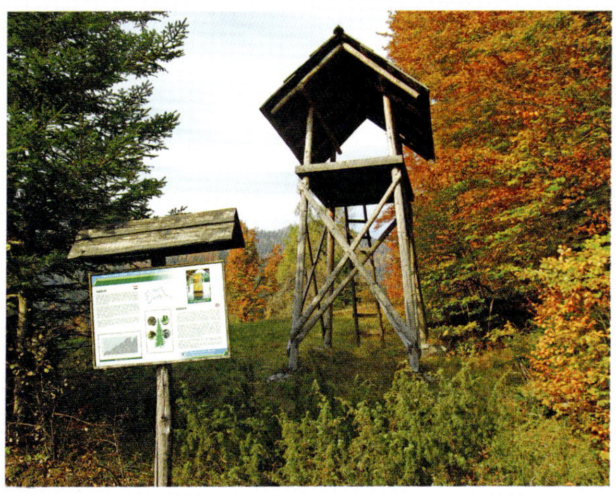

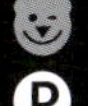

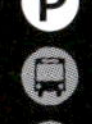

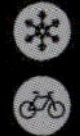

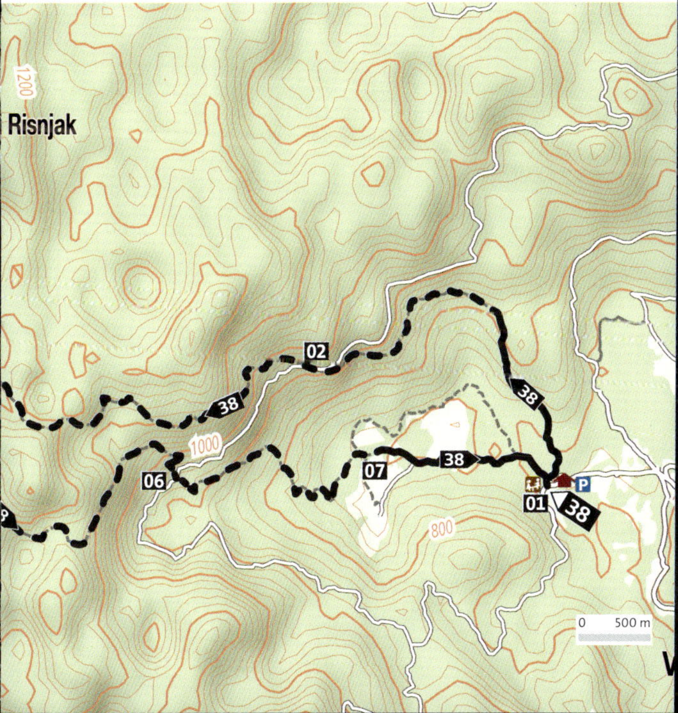

1200
Risnjak
02
38
1000
06
07
38
38
01
P
38
800
0 500 m

DELNICE – VELIKI DRGOMALJ • 1.154 m

Wald und schöne Aussicht

 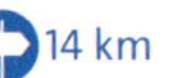 14 km 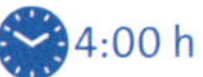 4:00 h 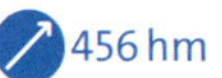 456 hm  456 hm  K.K.

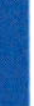

START | Busbahnhof am südlichen Ortsende von Delnice [GPS: UTM Zone 33 x: 483.993 m y: 5.026.620 m]
Anfahrt: Regionalzug oder Bus von Rijeka, Bahnhöfe am Rand der Altstadt.
CHARAKTER | Angenehme Waldwanderung mit weiter Aussicht von den Bergwiesen am Veliki Drgomalj.

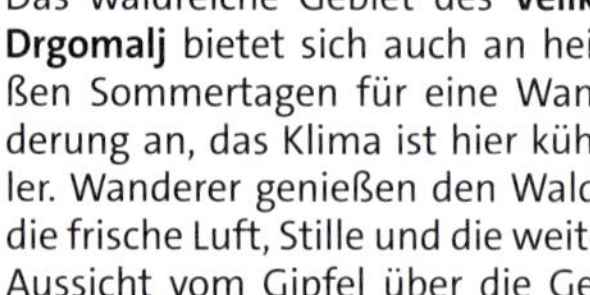

Das waldreiche Gebiet des **Veliki Drgomalj** bietet sich auch an heißen Sommertagen für eine Wanderung an, das Klima ist hier kühler. Wanderer genießen den Wald, die frische Luft, Stille und die weite Aussicht vom Gipfel über die Gebirgsketten.

▶ Gehen Sie vom **Busbahnhof** in **Delnice** 01 zu der langen, von Geschäften gesäumten Hauptstraße Supilova Ulica, und auf dieser durch das Zentrum der Stadt. Der Ort wurde im 16. Jh. von den Türken verwüstet und im 17. Jh. wieder besiedelt, heute ist Delnice mit seinen 4.500 Einwohnern das Zentrum des Gorski Kotar.

Vor der Kirche biegen Sie nach links in die Zrinska Ulica, die aus der Stadt heraus zu einer Kaserne am Waldrand führt, **Parkplatz** 02, Autofahrer können hier die Wanderung beginnen.

Auf einem unbefahrenem Sträßchen wandern Sie nun durch den Wald von Burnik, einen Mischwald

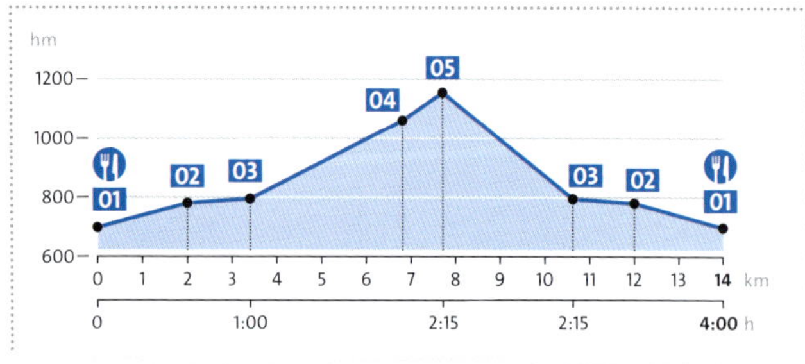

01 Delnice, Busbahnhof, 698 m; 02 Parkplatz, 780 m; 03 Abzweigung, 795 m; 04 Lichtung, 1.060 m; 05 Veliki Drgomalj, 1.154 m

aus Buchen und Fichten. Nach 20 Min. gelangen Sie zu einer **Abzweigung** 03 und biegen nach links, Wegweiser Drgomalj, in den Schotterweg ein und gehen dann durch den roten Schranken.

Nach 5 Min. zweigt rechts der markierte direkte Weg zum Veliki Drgomalj ab, Ihr Rückweg. Sie bleiben immer auf dem breiten Schotterweg aufwärts und ignorieren alle Abzweigungen. Nach einer Stunde gelangen Sie zu einer **Lichtung** 04 mit zwei Ansitzen.

Hier beginnen die Bergwiesen, Sie biegen nach rechts und folgen den Fahrspuren, **rote** Markierung, durch die Bergwiesen mit ihren

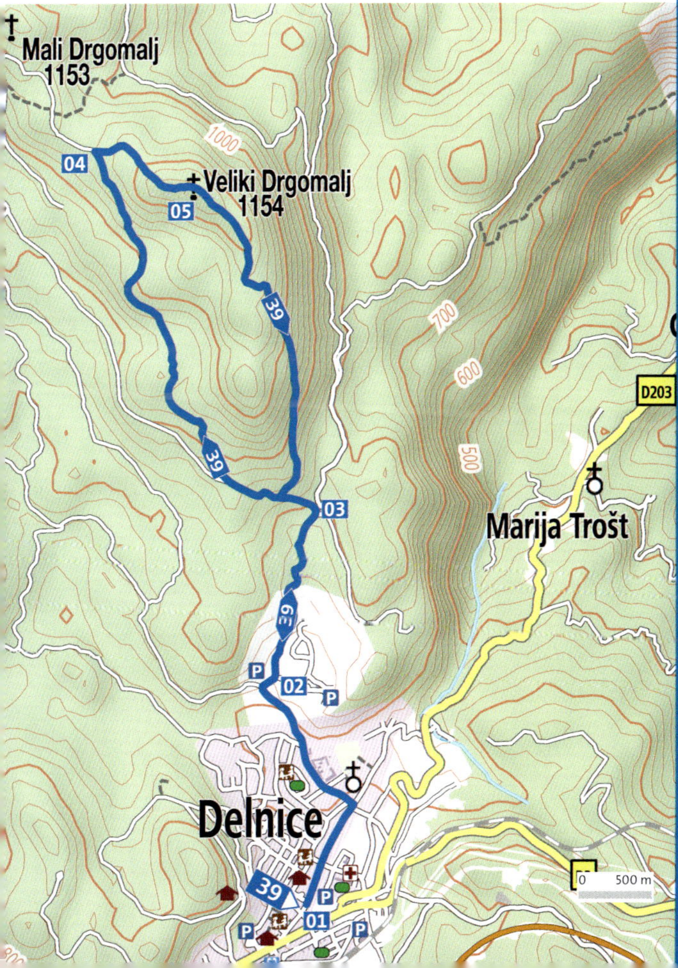

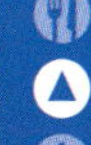
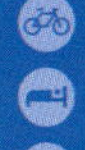

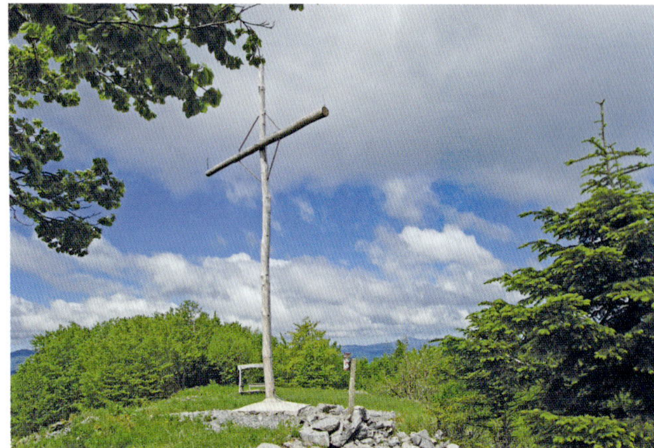

Veliki Drgomalj

vielen Orchideen hinauf zum Gipfel des **Veliki Drgomalj** 05. Dabei genießen Sie eine weite Aussicht zu den Ketten des Gorski Kotar mit dem Risnjak-Gebirge. Der von Bergwiesen und Waldflecken umgebene Gipfel mit dem hohen Gipfelkreuz bietet neben der Aussicht auch schöne Picknickplätze. Der **rot-weißen** Markierung geradeaus weiter folgend, steigen Sie auf einem schönen Waldpfad über die Bergkuppe Stari Drgomalj ab, im Frühjahr blüht hier großflächig der Bärlauch. Knapp vor **Wegpunkt** 03 treffen Sie wieder auf den Herweg, auf dem Sie nach **Delnice** 01 zurückkehren.

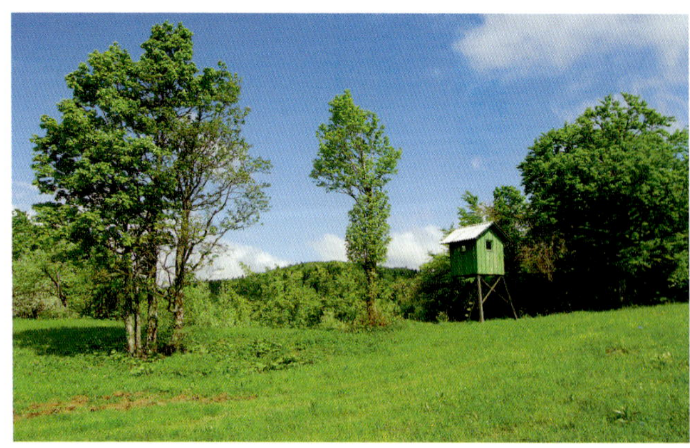

Waldlichtung am Veliki Drgomalj

TEUFELSKLAMM „VRAŽJI PROLAZT“

Schlucht zwischen Höhle und Wasserfall

  5,2 km  2:15 h  319 hm  319 hm 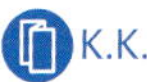 K.K.

START | Skrad, Bahnhof
[GPS: UTM Zone 33 x: 492.418 m y: 5.030.216 m]
Anfahrt: Regionalzug von Rijeka über Delnice. Mit Auto Straße 3, von Delnice kommend vor der Stadt bei der Rechtskurve in die gepflasterte Straße links zum Bahnhof, Parkplatz.
CHARAKTER | Abwechslungsreiche Rundtour durch die beeindruckende Klamm. Eine große Höhle und ein Wasserfall sind weitere Höhepunkte der Wanderung, rot-weiße Markierung, schattig.

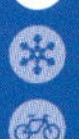

Herzstück der Tour ist die Durchquerung der 800 m langen **Teufelsklamm**, die der Wildbach Jasle in Jahrtausenden in die Felsen gegraben hat. Auf dem Rundweg informieren Tafeln in kroatischer und englischer Sprache über die Geologie und Vegetation des 1962 unter Naturschutz gestellten Canyons.

Auch in Sommermonaten bei Niedrigwasser ist die Teufelsklamm eine lohnende Tour. Vorsicht mit Kindern: Manche Stellen sind nicht ausreichend gesichert.

Sie starten Ihre Wanderung zur Teufelsklamm am **Bahnhof** von **Skrad** 01 (Parkplatz). Vom Bahnhofsvorplatz folgen Sie rechts der Straße, sie biegt hinter dem roten Haus über die Gleise und geht in einen Fahrweg über, der in den Wald hinunterführt. Ein Weg zweigt in der Rechtskurve links ab, Sie bleiben auf dem Hauptweg,

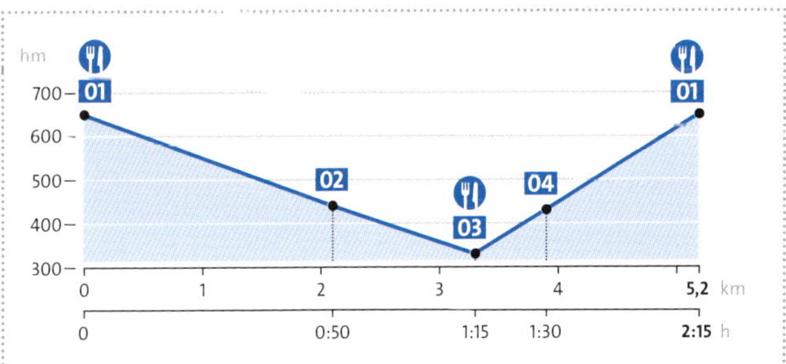

01 Skrad, Bahnhof, 649 m; 02 Höhle Muževa Hiža, 440 m; 03 Gasthof Zeleni Vir, 330 m; 04 Wasserfall Zeleni Vir, 430 m

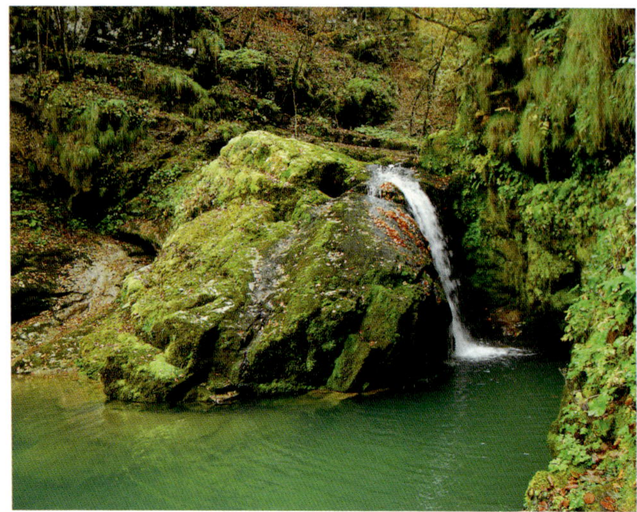

Kaskade des Zeleni Vir

bei der nächsten Gabelung rechts, Wegweiser Vražji prolaz. Nach 100 m links in den nun **rot** markierten Pfad hinunter, Sie queren einen Weg, nach kurzem Gegenanstieg steigen Sie über einen Rücken und dann durch ein kleines Seitental ab. Beim Querweg rechts, auf dem nur zum Teil mit Seilen gesicherten schmalen Pfad in Serpentinen über einen Sporn hinunter zur großen **Höhle Muževa Hiža** 02 rechter Hand. Wer in die fast 200 m lange Höhle hineingehen möchte, braucht eine gute Taschenlampe.

Nun folgt die Durchquerung der tief eingeschnittenen Klamm auf einer aufwändigen Steiganlage, teilweise direkt über dem Bach zwischen den senkrecht aufragenden Felswänden. Entlang der Felsen führt der Pfad dann zum **Gasthof Zeleni Vir** 03, geöffnet in der Sommersaison und an den Wochenenden.

Vom Gasthof weist der Wegweiser „Vodopad" nach rechts, vor dem Kraftwerkshaus über einen Rücken zu einem flachen Wasserbecken, in das sich eine Kaskade ergießt.

Sie gehen über die Brücke beim Wehr, dann die Stufen hinauf und auf ebenem Weg weiter. Bei einer Infotafel über die Vegetation biegt der Pfad links hinauf, vorher machen Sie noch den kurzen Abstecher zum **Wasserfall** 04 des **Zeleni Vir**. 70 m fällt das Wasser hier über die Felswand, in der Grotte daneben wird es gestaut, von der grünen Farbe des Sees stammt der Name Zeleni Vir – Grüner Wirbel.

Zurück zur Abzweigung, biegen Sie nun in den Pfad nach rechts. In kleinen Serpentinen geht's den Steilhang hinauf, durch ein Felsband und weniger steil durch Wald zurück zum **Bahnhof** von **Skrad** 01, Einkehrmöglichkeiten in der Stadt.

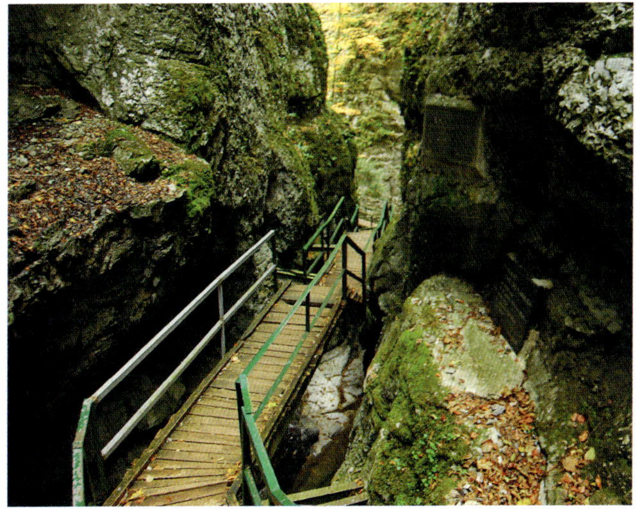

In der Teufelsklamm

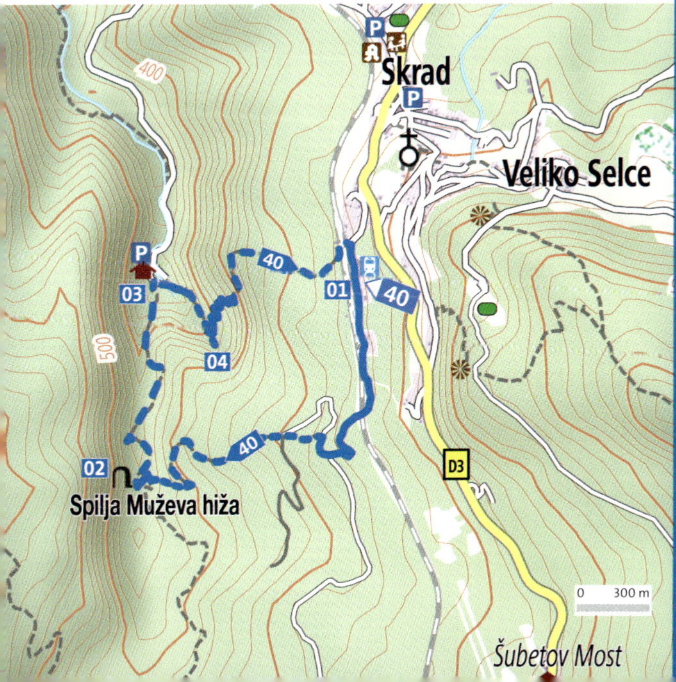

GRIŽANE: FELSENWEG

Auf dem Karstplateau über dem Vinodol

 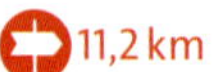 11,2 km 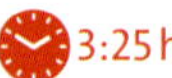 3:25 h 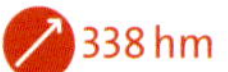 338 hm 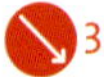 338 m 2901

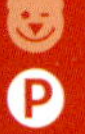
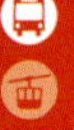
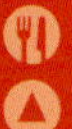
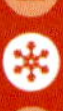
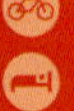

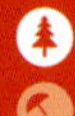

START | Grižane [GPS: UTM Zone 33 x: 477.911 m y: 5.005.451 m]
Anfahrt: Bus oder mit Auto von Crikvenica.
CHARAKTER | Aussichtsreiche Tour über den Karstrand, steiler Aufstieg, Hinweg: Karstweg, rot-weiße Markierung, Rückweg auf unbefahrenen Sträßchen und rot-gelb markiertem Pfad. Wenig Schatten, nicht bei starkem Nordwind gehen.

Der 29 km lange Felsenweg führt auf dem Plateau des Karstrandes über dem Vinodol an mehreren Aussichtspunkten vorbei. Zwei davon passieren Sie bei dieser Tour – **Klamaruša** und **Pridva**. Die Burgruine von Grižane und die alte Kirche in Belgrad sind weitere Höhepunkte der Wanderung.

▶ Sie starten Ihre Wanderung in **Grižane** 01 am Dorfplatz mit Bushaltestelle, Parkplatz, Konzum, und Café. An der Straße sehen Sie die **rot-weiße** Markierung, der Sie bis zum Aussichtspunkt Pridva folgen. 200 m auf der Straße Richtung Süden, beim Museumswegweiser biegen Sie in den Weg nach links bergauf.

In weiten Serpentinen führt der Pfad den Steilhang hinauf, auf dem **Plateau** 02 treffen Sie auf den Felsenweg Nr. 3 von Vinište kommend. Sie gehen nach links und folgen weiterhin der rot-weißen Markierung. Die Route führt abwechselnd durch Freiflächen mit viel Salbei, Buschwald und kurz auch durch Hochwald zum Aussichtspunkt **Klamaruša** 03,

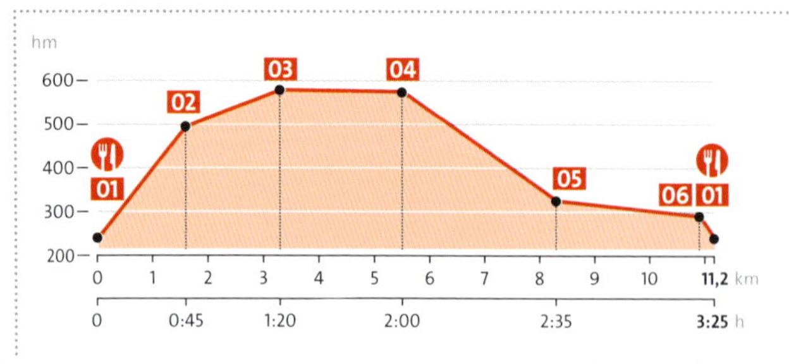

01 Grižane, 240 m; 02 Plateau, 495 m; 03 Klamaruša, 578 m; 04 Pridva, 573 m; 05 Vele Bašunje, 325 m; 06 Burgruine, 290 m

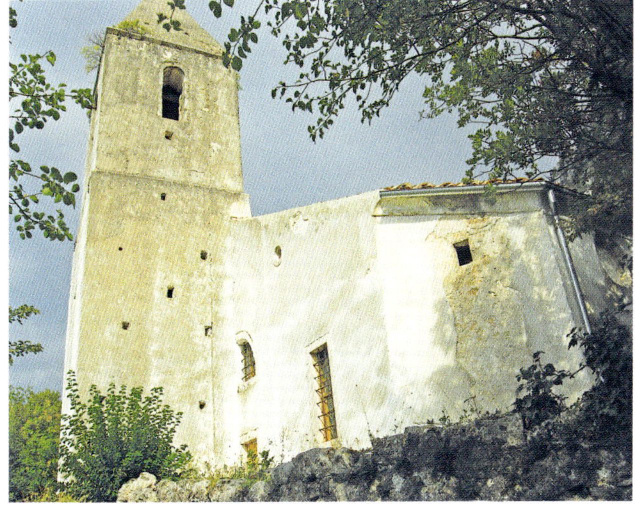

Kirche Maria vom Schnee

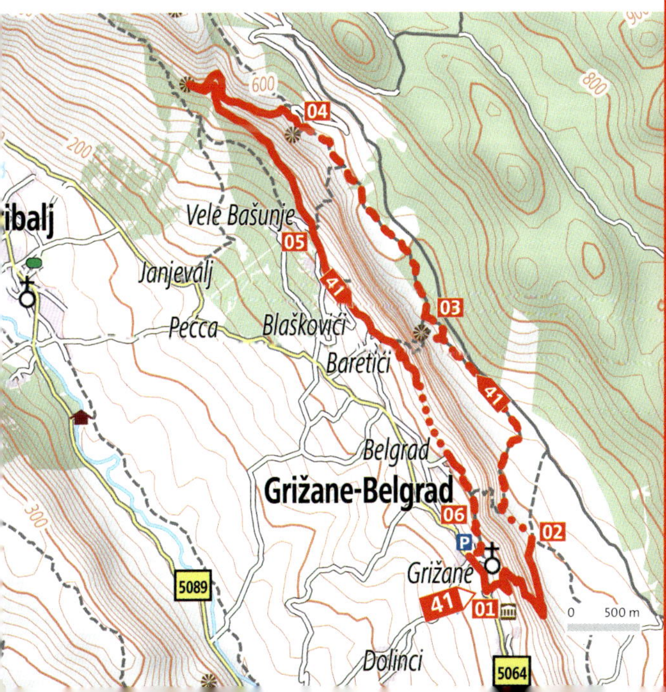

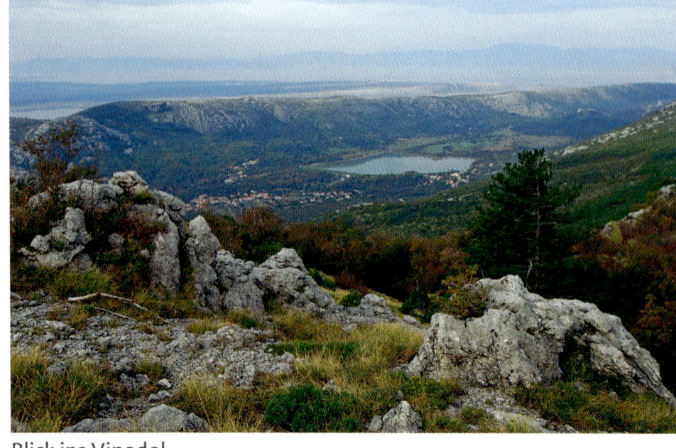
Blick ins Vinodol

50 m links des Weges, Wegweiser. Von den Felsen bietet sich ein prächtiger Blick in die Berglandschaft, das Vinodol und über das Meer zur Insel Krk.

Sie wandern auf dem Klippenweg weiter über das Plateau, links stößt der rot-gelb markierte Put Klamaruša dazu, der später wieder nach Antovo hinunterführt. Auf dem Weiterweg queren Sie Karstwiesen mit herrlichem Panorama, danach stoßen Sie auf ein Sträßchen, hier links 100 m zur Aussichtskanzel **Pridva** 04 hoch über dem Stausee von Tribalj mit Steinbänken zum Rasten.

Der Abstieg erfolgt nun auf dem schmalen, aussichtsreichen Sträßchen in einer großen Schleife bis zum Weiler **Vele Bašunje** 05, wo Sie auf die obere Verbindungsstraße zwischen den Dörfern treffen. Sie bleiben zunächst auf dieser Straße, nicht nach unten abzweigen. Beim alten Brunnen vor Baretići geradeaus und dann links hinauf, Sie folgen nun der **rot-gelben** Markierung dem unteren Karstrand entlang. Bei einem alten Haus in den Fahrweg links vorbei und bei der Gabelung rechts, der Weg geht in einen Waldpfad über, der dann wieder auf einen Fahrweg trifft. Auf diesem gelangen Sie zur Kirche Maria vom Schnee aus dem 17. Jh. mit glagolitischer Inschrift am Portal.

Der Weg führt anschließend oberhalb der Häuser von Belgrad vorbei zur **Burgruine** 06 von Grižane. Das Kastell wurde 1288 das erste Mal erwähnt, es war zur Verteidigung des Verkehrsweges errichtet worden und gehörte zu den Besitztümern der Frankopanen. Als diese im 17. Jh. bei den Habsburgern in Ungnade fielen, wurde auch das Kastell in Grižane geplündert und der Ort verlor damit seine Bedeutung.

Hinter der Burgruine steigen Sie auf dem anfangs steilen Pfad ab zum Dorfplatz von **Grižane** 01, wo Sie im Café Frankopan einkehren können.

KAVRANOVA STENA – SOPALJ

Liebespfad, Karst- und Salbeiweg – Wege im Hinterland des Seebades Crikvenica

 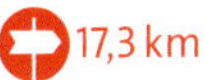 17,3 km  5:25 h  352 hm 352 hm  2901

START | Crikvenica, Busbahnhof am Hafen
[GPS: UTM Zone 33 x: 475.622 m y: 5002233 m]
Anfahrt: Bus von Rijeka.
CHARAKTER | Rundwanderung auf gut markierten Wegen über den Karstrücken mit weiter Aussicht und das bewaldete Vinodol im Hinterland von Crikvenica. Halb schattig.

Auf dem Liebespfad wandern Sie von Crikvenica zur **Burgruine Badanj** und dann durch karstiges Gelände hinauf zum Aussichtsgipfel **Kavranova Stena**. Der steinige Karst- und Salbeiweg führt Sie anschließend wieder über den Karstrücken zum **Sopalj**, dem zweiten markanten Aussichtspunkt. Nach steilem Abstieg geht es auf schattigem Waldweg durch das Vinodol und dann wieder auf dem Liebespfad zurück nach Crikvenica.

▶ Von der Bushaltestelle am Hafen in **Crikvenica** 01 gehen Sie auf der Hauptstraße kurz zurück Richtung Rijeka und biegen nach der Kreuzung, links ist das Tourismusbüro, nach rechts in den breiten Stufenweg hinauf Richtung Kirche Sv. Anton (Wegweiser Badanj, Weg Nr. 2), **rot-weiß-rote** Markierung. Nach der Talbrücke der Adriamagistrale beginnt der „Liebespfad", ein bequemer, ebener Weg durch den Karsthang, angelegt in den

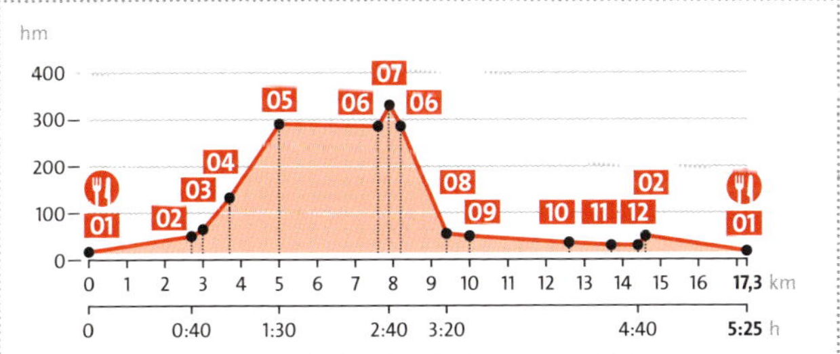

01 Crikvenica, 3 m; 02 Abzweigung, 50 m; 03 Burgruine Badanj, 65 m; 04 Aussichtspunkt, 132 m; 05 Kavranova Stena, 290 m; 06 Querweg, 285 m; 07 Sopalj, 330 m; 08 Querweg, 55 m; 09 Erste Brücke, 50 m; 10 Zweite Brücke, 36 m; 11 Alte Brücke, 30 m; 12 Dritte Brücke, 30 m

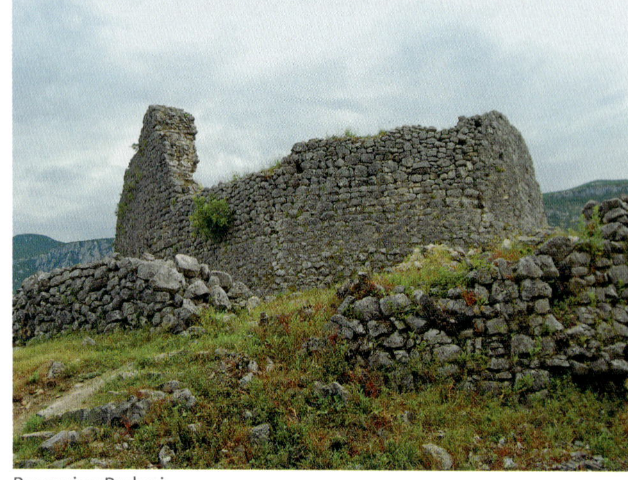

Burgruine Badanj

1930er-Jahren für die Besucher des Seebades Crikvenica als Promenade ins Hinterland. Sie bleiben immer auf dem Hauptweg, Bänke laden zum Verweilen ein, und passieren nach 40 Min. die unscheinbare **Abzweigung** 02, Ihr Rückweg.

Bei der Gabelung danach gehen Sie links aufwärts zur nahen **Burgruine Badanj** 03, die Festung errichteten einst die Frankopanen zur Kontrolle des Vinodol. Der Pfad führt nun den karstigen Hang hinauf, bei einem **Aussichtspunkt** 04, Vidikovac, genießen Sie einen schönen Blick ins Vinodol. Den Wegweisern Lokvica und Kavranova Stena folgend, steigen Sie durch niederen Kiefernwald und über Karstfelder weiter auf bis zum Gipfelkreuz am **Kavranova Stena** 05, wo Sie eine weite Aussicht über die Kvarner Bucht mit ihren Inseln und zum Učka-Gebirge genießen. Der folgende Abschnitt, ein Teil des Karst- und Salbeiweges, erfordert Aufmerksamkeit: Auf steinigem Pfad, abwechselnd durch Karstfelder und Macchia, im Frühjahr blüht hier der Salbei besonders schön, wandern Sie über den Karstkamm, der Weg fällt dann langsam ab und trifft in einer Senke auf einen **Querweg** 06 von Dramalj herauf, dem Sie kurz nach rechts folgen. Nach 50 m bietet sich ein Abstecher zum nahen **Sopalj** 07 an. Knapp unterhalb des Felskammes liegt die Ruine der Kapelle Sv. Kuzam, der Felskamm bietet eine herrliche Sicht auf den Stausee von Tribalj, das Vinodol und den Karstrand, Tour 41, nördlich des Tales.

Zurück zum **Querweg** 06 gehen Sie nun rechts und steigen auf zum Teil steilem Pfad durch Mischwald ab. Schon fast am Talboden treffen Sie auf ein Sträßchen, beim nächsten **Quersträßchen** 08 rechts, **rote** Markierung (Weg Nr. 6). Die Zufahrtsstraße geht bald wieder in

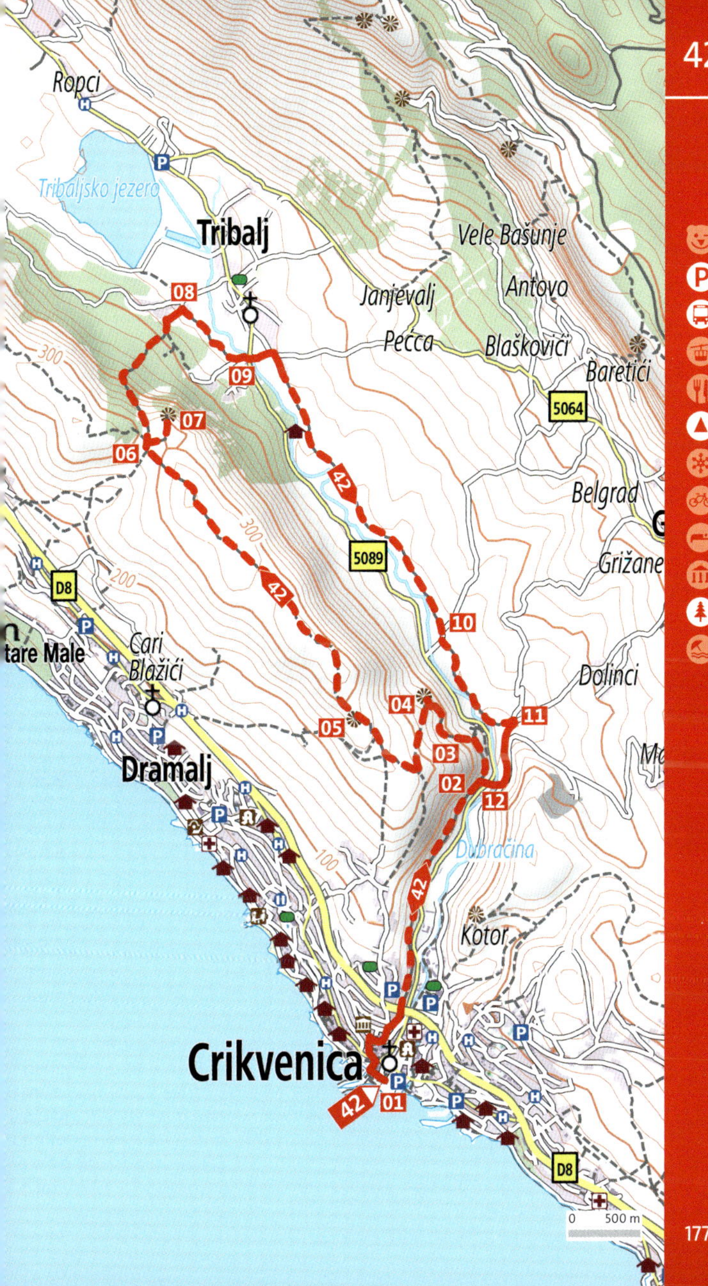
Ropci
Tribaljsko jezero
Tribalj
Vele Bašunje
Antovo
Janjevalj
Pecca
Blaškovići
Baretići
5064
Belgrad
Grižane
5089
Dolinci
D8
tare Male
Cari
Blažići
Dramalj
Dubračina
Kotor
Crikvenica
08
09
07
06
42
10
11
04
05
03
02
12
01
300
200
100
0
500 m

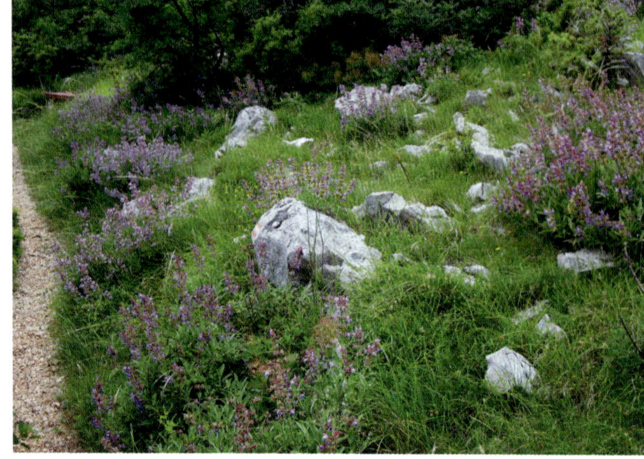

Karst- und Salbeipfad

einen Pfad über, durch Wald gelangen Sie zur Straße und danach zu einer **ersten Brücke** 09 über die Dubračina. Die Markierung leitet Sie nach der Brücke rechts, vorbei an einigen Häusern zum Pfad, auf dem Sie nun fast eben das bewaldete Vinodol durchwandern.

Seebad Crikvenica

Vorläufersiedlung war das römische Ad Turres, bekannt für die große Keramikmanufaktur, in der vor allem Weinamphoren hergestellt wurden, das heutige Städtchen entstand im 15. Jahrhundert. Ende der 19. Jahrhunderts, als sich der österreich-ungarische Adel hier mit Thalasso-Anwendungen behandeln ließ, wandelte sich das Fischerdorf zum Seebad. Auch das alte Kastell der Frankopanen am Ufer wurde restauriert und zum Hotel umfunktioniert, der Ort wird heute wegen seiner flach abfallenden Strände vor allem von Familien geschätzt.

Sie gelangen zu einer **zweiten Straßenbrücke** 10 über einen Seitenbach und biegen kurz danach in den Pfad links weiter durch den Wald. Bald kommt nun wieder die Burgruine ins Blickfeld, der Pfad führt zu einer Straße, auf einer **alten Brücke** 11 überqueren Sie ein zumeist ausgetrocknetes Bachbett eines Seitenbaches und folgen der Straße noch 10 Min. Bei einer Gabelung der Straßen verlassen Sie die Markierung und gehen über die **dritte Brücke** 12 über die Dubračina nach rechts zur Straße auf der anderen Seite. Nach nur 20 m auf der Straße talauswärts biegen Sie rechts in den Pfad, der steil hinauf zum **„Liebespfad“** 02 führt, auf dem Sie dann wieder nach **Crikvenica** 01 zurückkehren.

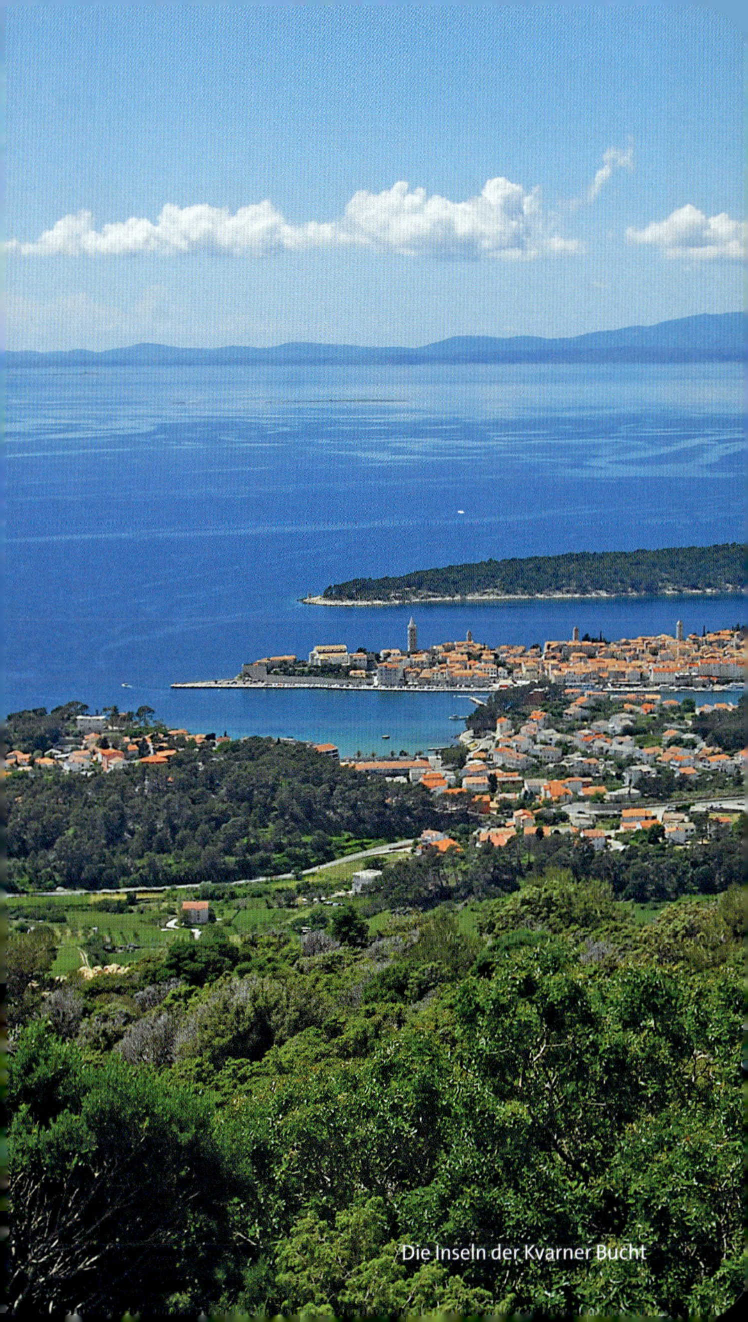
Die Inseln der Kvarner Bucht

HLAM • 461 m

Aussichtsgipfel über dem Mondplateau

 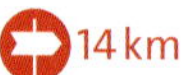 14 km 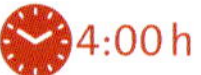 4:00 h 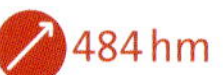 484 hm 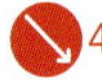 484 hm 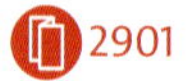 2901

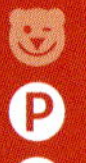
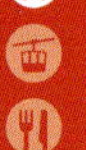
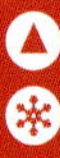
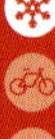
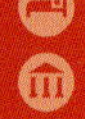

START | Baška, Hotel Forza am westlichen Beginn der Fußgängerzone [GPS: UTM Zone 33 x: 480.602 m y: 4.979.624 m] Anfahrt: Busse von Rijeka über die anderen größeren Inselorte, gebührenpflichtiger Parkplatz beim Busbahnhof.
CHARAKTER | Wald- und Karstwanderung zu schönen Aussichtspunkten im östlichen Gebirgszug oberhalb von Baška. Blaue, grüne und gelbe Markierung.

Die Tour besteht aus zwei sehr unterschiedlichen Teilen – zuerst auf angenehmem, schattigem Waldweg hinauf zum Mondplateau, im zweiten Teil durch eindrückliche Karstlandschaft zum Gipfel **Hlam**, schattenlos, beim Abstieg steiler, steiniger Weg.

▶ Gehen Sie vom Hotel Forza in **Baška** 01 die ansteigende Kralja Tomislava hinauf zum Busbahnhof und folgen von dort an der **blauen** Markierung: Vor der Straße über die alte Brücke, über die Straße und die asphaltierte Put Sv. Jvana Richtung Kirche in schöner Aussichtslage. Von links mündet der gelb markierte Rückweg ein, Sie bleiben bis zur Friedhofskirche **Sv. Jvana** 02 auf der Zufahrtsstraße.

Vor der Kirche auf dem Fahrweg weiter, bei einer kleinen Kirchenruine beginnt der vom Tschechen Emil Geistlich projektierte Waldweg hinauf zum Plato Mjeseca. Mit angenehm regelmäßiger Steigung führt

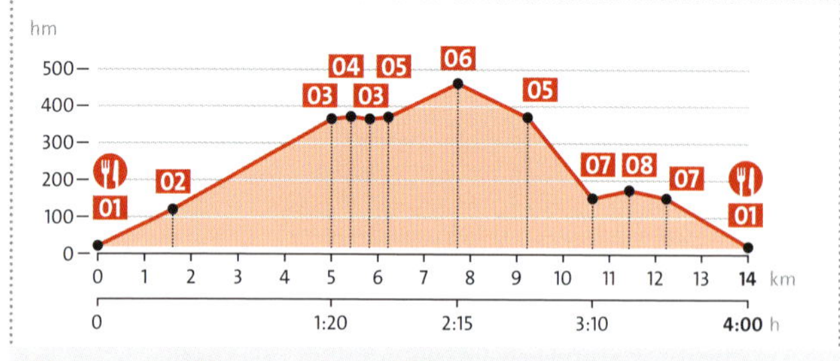

01 Baška, 5 m; 02 Sv. Jvana, 120 m; 03 Abzweigung, 365 m; 04 Aussichtspunkt Stražice, 371 m; 05 Plato Mjeseca, 370 m; 06 Gipfel des Hlam, 461 m; 07 Querweg, 152 m; 08 Aussichtspunkt Zakam, 174 m

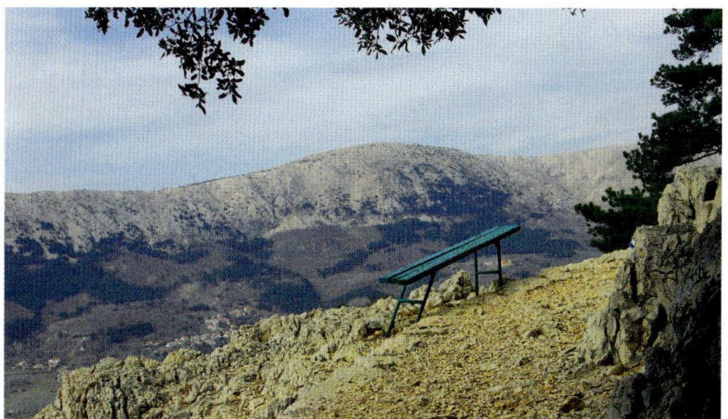

Aussichtsreicher Weg zum Hlam

er in weiten Serpentinen durch Kiefernwald hinauf, immer wieder eröffnen sich schöne Talblicke. Wenn der Weg eben wird, kommen Sie zu einer **Abzweigung** 03, ein Wegweiser weist zum **Aussichtpunkt Stražica** 04 mit weitem Blick zum Velebit nach rechts. Der mit blauen Dreiecken markierte Pfad führt durch karstiges, bewaldetes Gelände in 5 Min. zum Rand des Plateaus. Wieder zurück an der

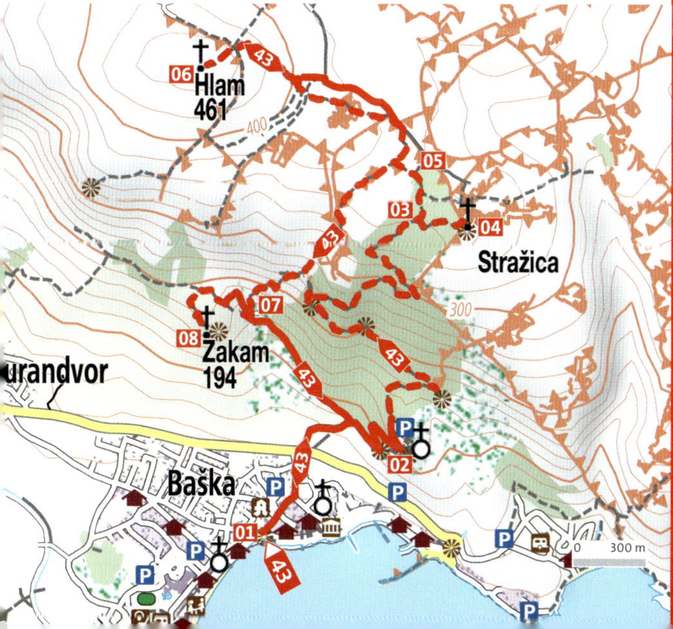

Baška

Der beliebte Urlaubsort liegt am südlichen Ende des Baška-Tals, das Panorama wird bestimmt von den zwei Gebirgszügen und den Inseln vor der Bucht. Die ersten Bewohner waren die Illyrer, die Römer siedelten nahe am jetzigen Hafen. Im Mittelalter war die Region unter der Herrschaft der Frankopanen, die Siedlung befand sich im Schutz des Kastells auf dem Hügel des hl. Johannes, Sv. Jvana, oberhalb der jetzigen Stadt, wo heute der Friedhof liegt. 1380 zerstörten die Venezianer diese Siedlung, 1514 begann mit der Errichtung der kleinen Michaelkirche der Aufbau des neuen Ortes am Ufer. Bis 1918 war Baška unter österreichischer Herrschaft, die Österreicher förderten auch hier, wie in Lošinj und Rab, den Tourismus. Emil Geistlich, Direktor der Druckerei „Narodna Politika" in Prag, gilt als Touristikvater Baškas. Heute gehört Baška mit seinem 1,8 km langen Kieselstrand zu den beliebtesten Ferienorten in ganz Kroatien, viele Ferienhaussiedlungen sind in Strandnähe entstanden.

Ein wichtiges historisches Fundstück für die slawische Tradition ist die Tafel von Baška mit den aus dem Beginn des 12. Jhs. stammenden glagolitischen Schriftzeichen, eine Kopie kann in der Kirche Sv. Lucije in Jurandvor besichtigt werden.

Abzweigung 03 erreichen Sie auf dem Waldweg bald die Mauer, die den Wald vom Mondplateau **Plato Mjeseca** 05 scharf abgrenzt, daneben eine Unterstandshütte.

Die Hochebene ist vollkommen kahl, nur die Steinmauern der Schafhürden bieten den Tieren etwas Windschutz. 100 m nach dem Mauerdurchlass stoßen Sie auf eine **T-Kreuzung**, Sie folgen rechts weiter dem Pfad mit der **blauen** Markierung, er führt bald durch eine Maueröffnung zu einem Fahrweg. Nach dem Gatter leitet die blaue Markierung weglos quer über ein Karstfeld zum kleinen Quellteich Kalić lokva – einfacher ist es, wenn Sie nach dem Gatter noch 300 m auf dem Fahrweg weitergehen und bei der Rechtskurve, kleines Wasserreservoir, links den Hang zum Teich hinaufgehen. Dort folgen Sie wieder der blauen Markierung und den großen Steinmännern bis zum **Gipfel** des **Hlam** 06 mit herrlicher Rundumsicht.

Auf dem Herweg gehen Sie zurück zur T-Kreuzung vor dem Wald und folgen nun dem **grün** markierten Pfad geradeaus weiter. Beim bald steilen Abstieg auf dem steinigen Pfad erleben Sie noch einmal eindrücklich die raue, lebensfeindliche Karstlandschaft. Unterhalb des Hügels Zakam treffen Sie auf den **gelb** markierten **Querweg** 07, dem Sie nun folgen: Zuerst rechts zu einem lohnenswerten Abstecher zum **Aussichtspunkt Zakam** 08 hinauf und dann zurück zum **Querweg** 07 und weiter angenehm leicht abfallend bis zum Herweg und auf diesem zurück nach **Baška** 01.

VRŽENICA-SCHLUCHT

Badebuchten und Kletterpartie durch die Karstschlucht

 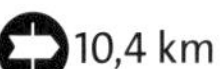10,4 km 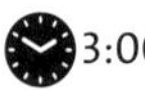3:00 h 196 hm 196 hm 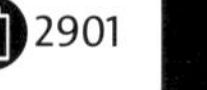2901

START | Baška, Hotel Forza
[GPS: UTM Zone 33 x: 480.602 m y: 4.979.624 m]
Anfahrt: Wie bei Tour 43.
CHARAKTER | Karstwanderung, anspruchsvolle Rundtour, im ersten Abschnitt der buchtenreichen Küste entlang, dann durch die trockene Vrženica-Karstschlucht, wenig Schatten. Grüne/rote, gelbe und rote Markierung.

Der Pfad über die Felsen der Küste entlang erfordert Trittsicherheit, die leichten Klettereien über die Steilstufen in der Schlucht Erfahrung, sie sind aber von geübten Wanderern gut zu bewältigen. Nicht bei Nässe oder nach stärkeren Regenfällen gehen!

Sie starten Ihre Wanderung beim Hotel Forza am westlichen Beginn der Fußgängerzone von **Baška 01** oberhalb der Strandpromenade, die Fußgängerzone führt zur Strandpromenade.

Für den ersten Abschnitt bis zum **FKK-Camping 02** gibt es zwei Möglichkeiten:

- Von der Strandpromenade immer der Küste entlang weiter, **grün** markiert, zuerst auf unbefahrenem Zufahrtssträßchen, dann auf Betonweg durch zwei Gatter zum Campingplatz, Durchgangsgebühr.
- Oder Sie folgen der **roten** Markierung: Von der Strandpromenade nach Nr. 83 in die Ribarska, am Ende die Stufen hinauf, über die Straße und wieder Stufen hi-

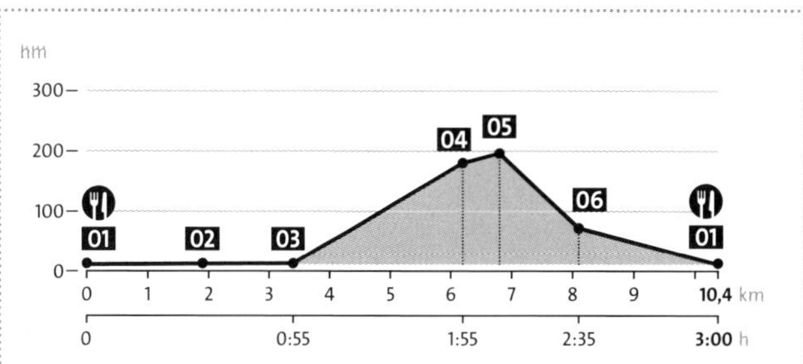

01 Baška, 0 m; **02** FKK-Camping, 0 m; **03** U. Vela Vrženica, 0 m;
04 Querweg, 180 m; **05** Lubinin, 196 m; **06** Abzweigung Bunculuka, 72 m

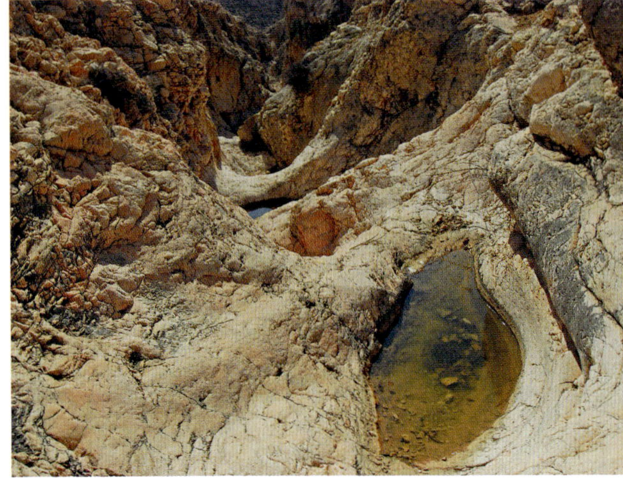

Die Route führt durch die Vrženica-Schlucht

nauf zur Zufahrt zum Campingplatz. Nach der Rezeption den Weg dem Zaun entlang oberhalb des Campingplatzes vorbei, bei der zweiten **Abzweigung** (die erste ist abgezäunt) **Bunculuka 06** rechts hinunter zur Küste beim **FKK-Camping 02**.

Der Weg nach dem Campingplatz führt kurz unter Felsen dem Ufer entlang, dann über die Felsen der Steilküste, vorbei an schönen Badebuchten. Durch eine Mauer erreichen Sie die weite Kiesbucht **U. Vela Vrženica 03**. Hier endet die rote Markierung, Sie folgen nun dem **gelb** markierten Weg nach links durch die Schlucht Vrženica aufwärts. Er führt dem ausgetrockneten Bachbett entlang, daher sind in diesem Abschnitt immer wieder leichte Klettereien über die bis zu 3 m hohen Steilstufen notwendig.

Nach rund 1 Std. treffen Sie auf einen rot markierten **Querweg 04**: Rechts geht's über den Aussichtspunkt Rebica zu den Buchten Veli und Mala Luka, Sie gehen links und steigen noch kurz an bis zur Hochebene **Lubinin 05** mit vielen Windschutzmauern und Kiefernwald.

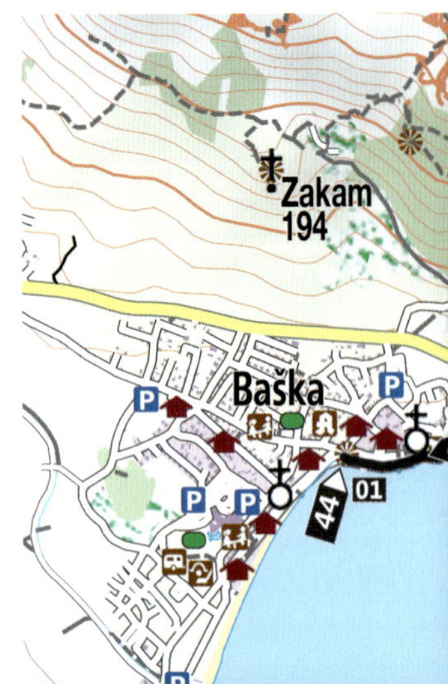

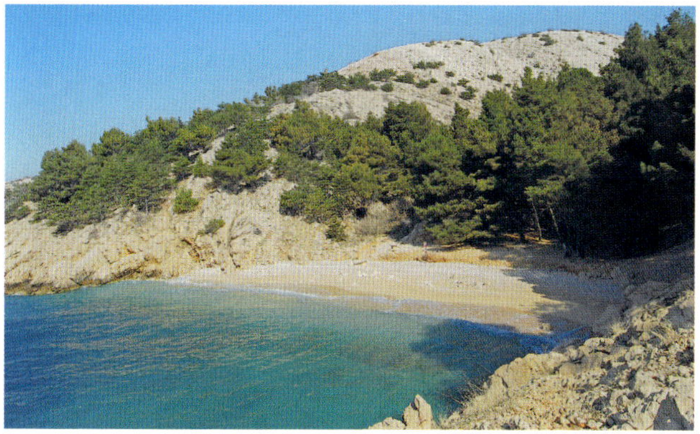

Ruhige Buchten liegen am Weg

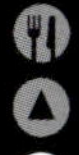
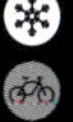
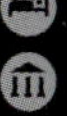
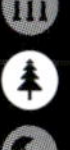

Hier gibt's mehrere Tierpfade, folgen Sie genau der **roten** Markierung leicht rechts haltend, auf steinigem Weg geht's zwischen Mauern hinunter zu einem Taleinschnitt und dann dem Karsthang entlang weiter, das Panorama entschädigt für den steinigen Weg. Auf Serpentinen absteigend gelangen Sie anschließend zur Abzweigung **Bunculuka** **06** oberhalb des FKK-Camping. Wer baden will, kann hier noch mal zum Strand absteigen, der Rückweg nach Baška verläuft sonst oberhalb des Camping, bald nach der Rezeption die Stufen links hinunter, über die Straße, wieder die Stufen hinunter zur Ribarska und zur Strandpromenade von **Baška** **01**.

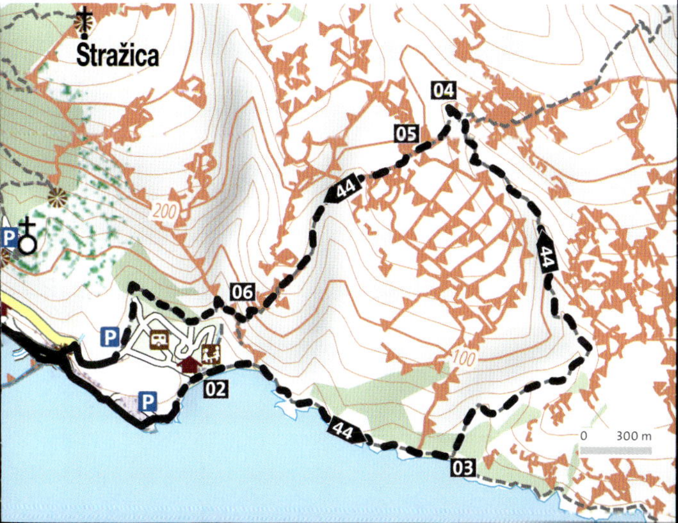

BAG • 185 m – BRATINAC

Aussichtsgipfel über der Bucht von Baška

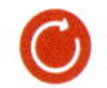 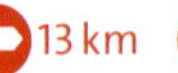 13 km 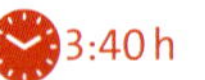 3:40 h 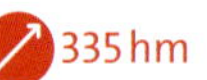 335 hm 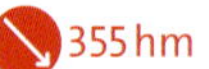 355 hm  2901

START | Baška, Hotel Forza
[GPS: UTM Zone 33 x: 480.602 m y: 4.979.624 m]
Anfahrt: Wie Tour 43.
CHARAKTER | Aussichtsreiche Höhenwanderung über die Karstgipfel oberhalb von Baška, größtenteils schattenlos. Rote, blaue und gelbe Markierung.

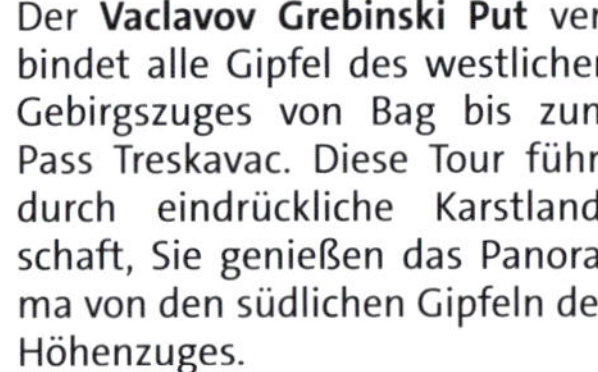

Der **Vaclavov Grebinski Put** verbindet alle Gipfel des westlichen Gebirgszuges von Bag bis zum Pass Treskavac. Diese Tour führt durch eindrückliche Karstlandschaft, Sie genießen das Panorama von den südlichen Gipfeln des Höhenzuges.

▶ Die Wanderung beginnt beim **Hotel Forza** in **Baška** 01. Sie gehen zur Strandpromenade hinunter und auf dieser Richtung Westen entlang, ab dem Wegpunkt Atrium Residence Baška mit den vielen Wegweisern folgen Sie bis Bag der **roten** Markierung. Vorbei am Camping Zablaće gelangen Sie nach **Zarok** 02, am Ende der Feriensiedlung beginnt der ansteigende Naturweg. Über eine Terrasse von Braunerdeboden führt der Pfad oberhalb der Klippen entlang, oft nah an der Abbruchkante, Vorsicht mit Kindern!

Das herrliche Panorama begleitet Sie nun auf der gesamten Wanderung: Kurz durch Kiefernwald aufwärts steigen Sie anschließend

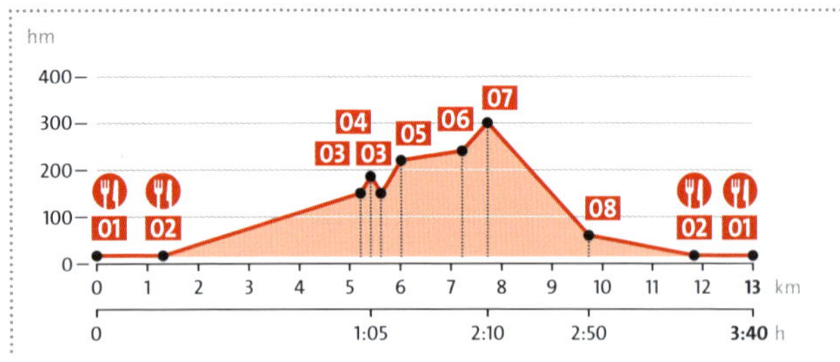

01 Baška, Hotel Forza, 0 m; 02 Zarok, 0 m; 03 Prijevoj Vraca, 150 m; 04 Bag, Gipfel, 185 m; 05 Ljubimer, Gipfel, 220 m; 06 Gabri, 240 m; 07 Pass Bratinac, 300 m; 08 Batomalj, 60 m

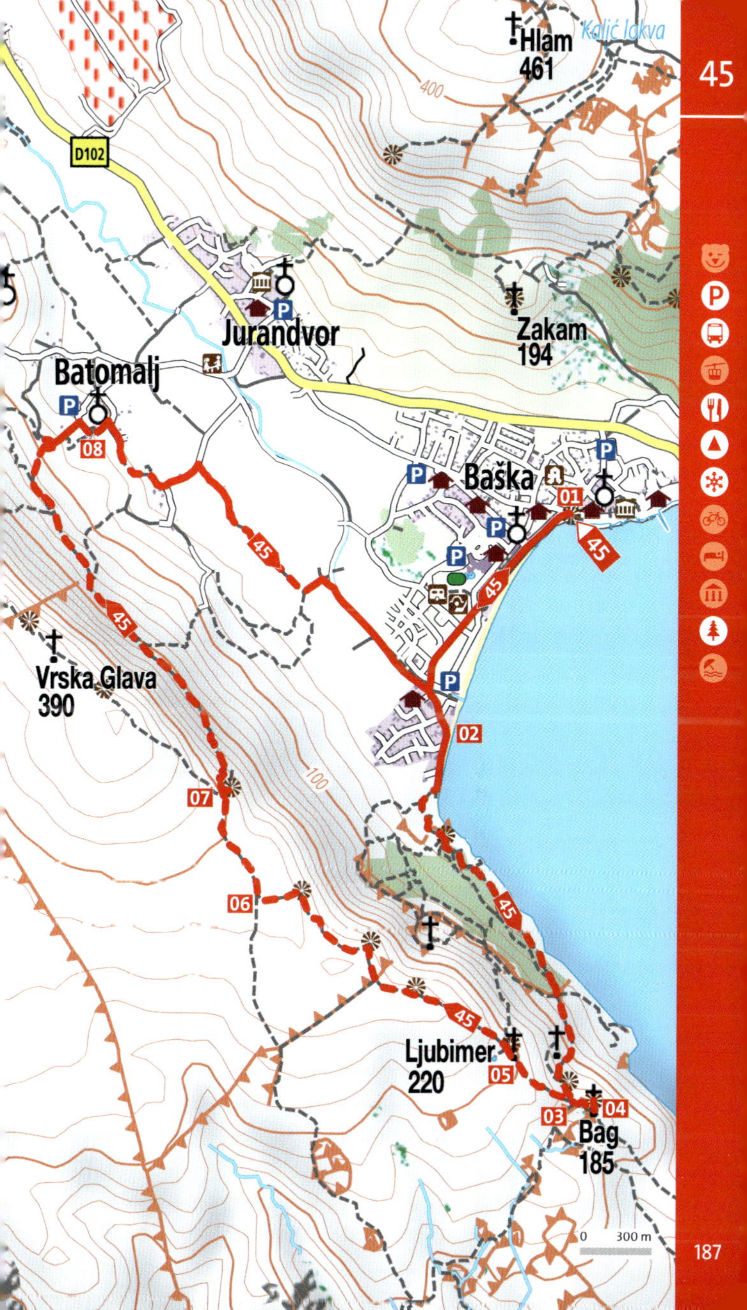

Hlam
461
Kalić lokva
400
D102
Zakam
194
Jurandvor
Batomalj
08
45
Baška
01
45
45
45
Vrska Glava
390
100
02
07
06
45
45
Ljubimer
220
05
03
04
Bag
185
0
300 m

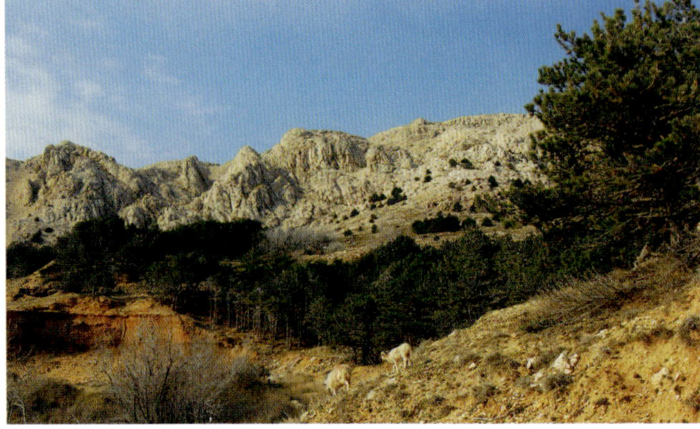

Aufstieg zum Bag

durch karstiges Gelände an zum Pass **Prijevoj Vraca** 03. Den krönenden Rundblick genießen Sie dann beim kurzen Abstecher zum Aussichtsgipfel **Bag** 04: Die Bucht von Baška, Hlam, das Velebitgebirge am Festland, die Insel Prvić, Rab im Hintergrund und den Weiterweg über den Karsthang hinauf zum Ljubimer.

Zurück zum **Pass** 03 folgen Sie nun der **blauen** Markierung hinauf zum **Karstgipfel Ljubimer** 05, in der Senke links liegt ein kleiner See. Der blau markierte Pfad führt weiter aufwärts und dann nahe der Kante über das Plateau, kleine Steinmänner am Rande des Plateaus signalisieren besonders schöne Talblicke. Über weite Strecken verläuft die Route der Mauer entlang, vor dem leicht bewaldeten Vrska glava schwenkt sie weg von der Kante und macht eine Schleife zum **Wegpunkt Gabri** 06 und dann wieder zurück zum **Pass Bratinac** 07.

Für den Abstieg folgen Sie nun der **gelben** Markierung: Durch den Mauerdurchlass führt der Weg in Serpentinen durch die Felslandschaft mit herrlichen Blicken abwärts und dann durch Kiefernwald zur Abzweigung Iznad Batomlja, wo Sie auf den **grün** markierten Weg vom Pass Vratudih (Tour 46) treffen. Sie gehen hinunter nach **Batomalj** 08, biegen bei der Querstraße nach rechts zur kleinen Kirche und gehen auf dem Lehrpfad nach Baška zurück. Der Weg ist in der Gegenrichtung ausgeschildert, Infotafeln in kroatischer und englischer Sprache informieren über Sehenswertes am Weg, alternativer Rückweg siehe Tour 46.

Durch die Gasse links an der Kirche vorbei, links hinunter, auf der Querstraße rechts, am Ende den Pfad weiter, Zufahrtsstraße, bei Gabelung links und bei den Leitschienen rechts den Weg entlang eines Wassergrabens. Auf einem Pfad dann durch Schafweide, in einem Linksknick zum Bach Vela Rika und am rechten Ufer entlang bis zur Straße bei **Zarok** 02, auf dem Herweg dann zurück zum Ausgangspunkt **Baška** 01.

OBZOVA • 569 m

Fünf Karstgipfel mit weitem Panorama

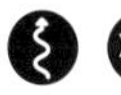 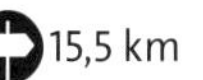 15,5 km 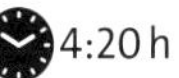 4:20 h 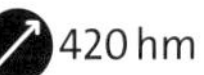 420 hm 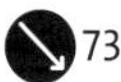 733 hm 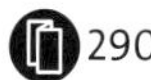 2901

START | Pass Treskavac zwischen Punat und Baška [GPS: UTM Zone 33 x: 474.111 m y: 4.986.332 m].
Anfahrt: Busse von Baška oder Punat, halten auf Verlangen am Pass.
CHARAKTER | Aussichtsreiche Höhenwanderung auf dem Vaclavov Grebenski Put über fünf Karstgipfel oberhalb des Baška-Tales, kaum Schatten. Rote, ab Vratudih grüne Markierung.

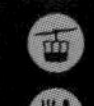

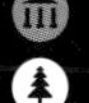
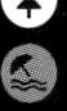

Vom Pass Treskavac reiht sich ein Karstgipfel an den anderen, darunter der **Obzova**, der höchste Berg der Insel. Die Tour erfordert Aufmerksamkeit – gut markiert, aber oft weglos geht es über mehrere Karstfelder, immer mit herrlichem Panorama.

Sie starten Ihre Wanderung am **Pass Treskavac 01**, am Höhenrücken zwischen Punat und Baška, von der Straße führt ein **rot** markierter Fahrweg in den Wald. Durch niederen Kiefernwald geht's langsam aufwärts, abschnittsweise ist der Weg asphaltiert. Nach 25 Min. weist die rote Markierung vor einem Gatter nach rechts, der Pfad führt anfangs noch durch den Wald, ab einem Bauernhof dann über den Karsthang hinauf zum **Veli vrh 02** mit der kleinen Betonsäule am Gipfel.

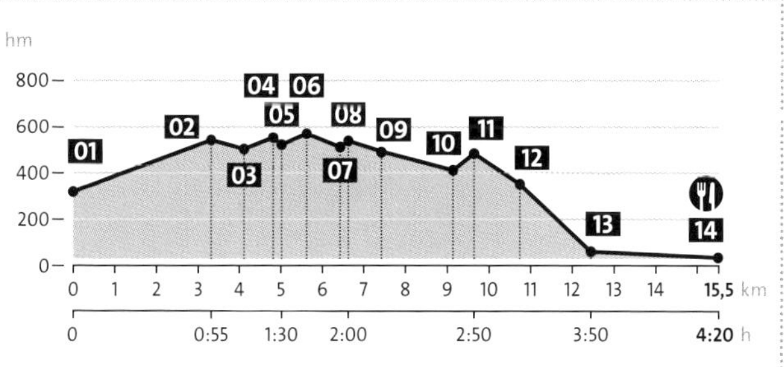

01 Pass Treskavac, 318 m; **02** Veli vrh, Gipfel, 541 m; **03** Na Hramčići, 502 m; **04** Brestovica, 552 m; **05** Lokvič, 521 m; **06** Obzova, 569 m; **07** Senke, 510 m; **08** Zminja, 537 m; **09** Aussichtspunkt, 488 m; **10** Lipica, 410 m; **11** Viliki Hlam, Gipfel, 482 m; **12** Vratudih, 350 m; **13** Batomalj, 60 m; **14** Baška, 5 m

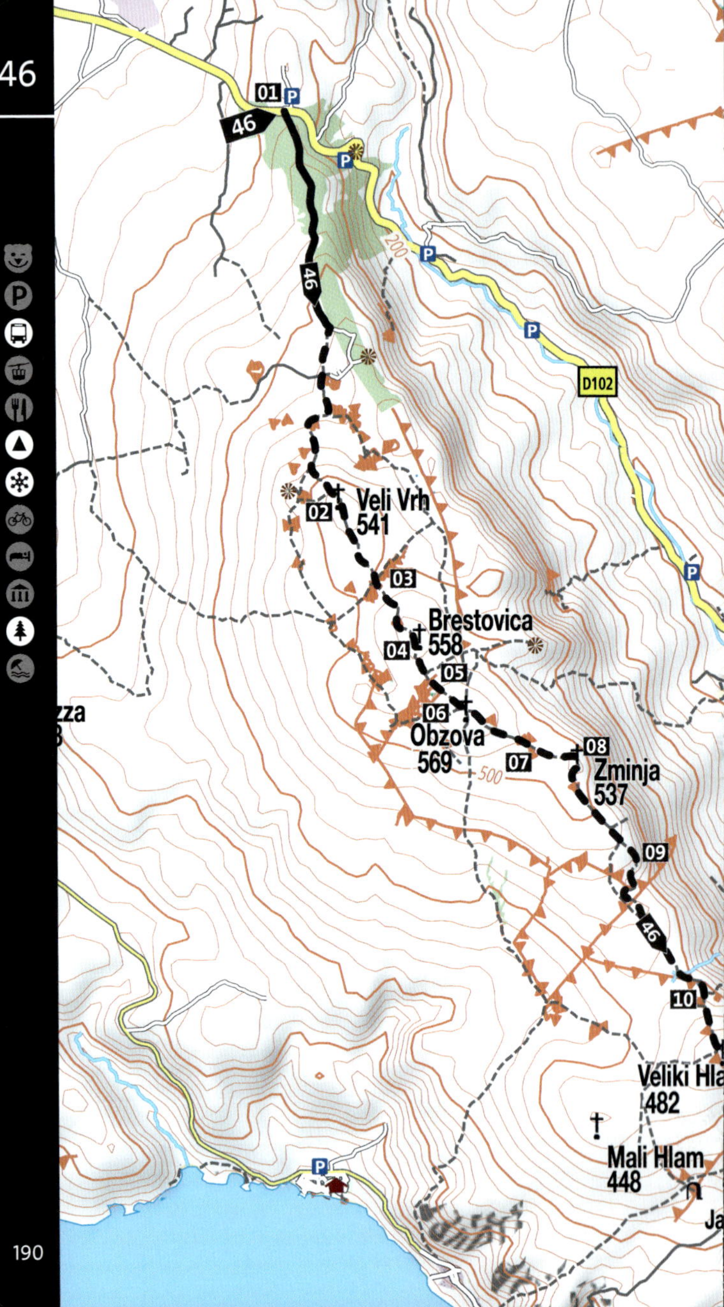
01
46
D102
200
02
Veli Vrh
541
03
Brestovica
558
04
05
06
Obzova
569
07
08
Zminja
537
500
09
46
10
Veliki Hla
482
Mali Hlam
448

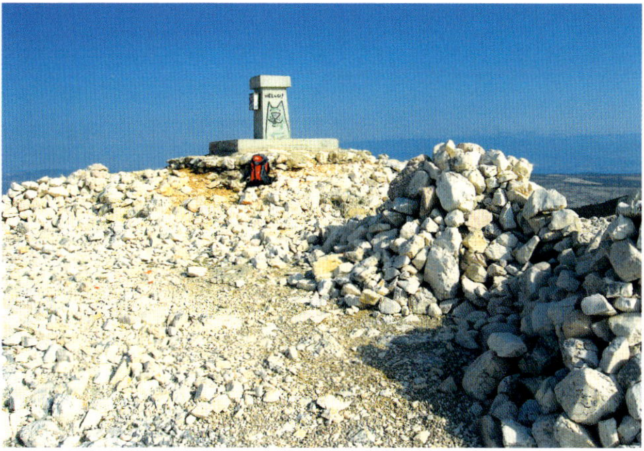

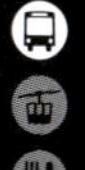

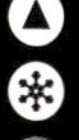

Karstgipfel Veli Vrh

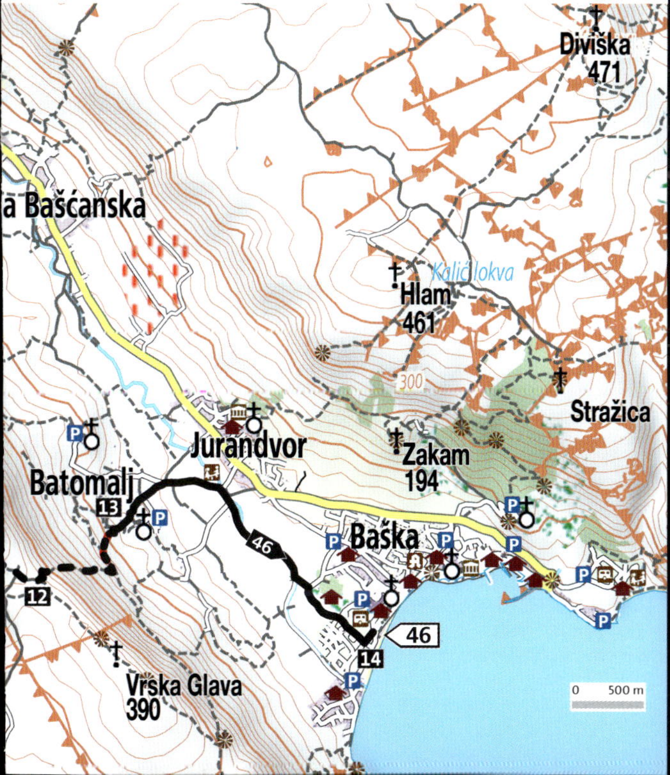

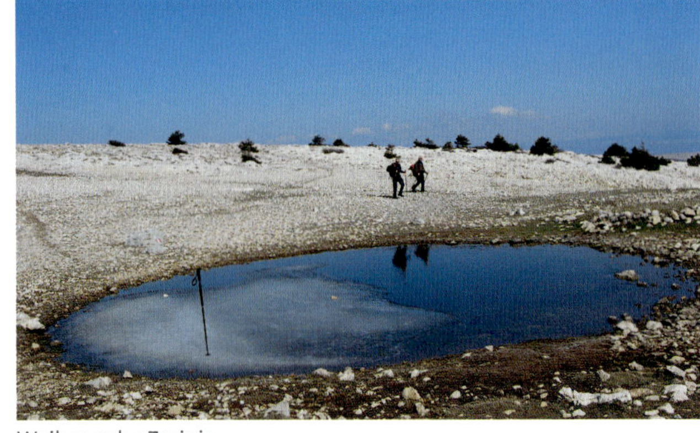
Weiher nahe Zminja

Nun folgen immer wieder weglose Passagen über Karstfelder, rote Markierung am Boden. Die Orientierung fällt trotzdem leicht, die Gipfel sind nicht zu verfehlen. Sie durchqueren die Senke **Na Hramčići** **03** mit dem kleinen Teich, steigen auf zum **Brestovica** **04**, wieder hinunter in die Senke **Lokvič** **05** und dann hinauf zum **Obzova** **06**. Der höchste **Inselgipfel** bietet eine weite Fernsicht auf die Inseln und den Velebit, herrliche Talblicke genießen Sie ab dem nächsten Gipfel.

In der folgenden **Senke** **07** gibt es schattige Rastplätze in einer Kieferngruppe hinter Windschutzmauern, dann steigt der Weg wieder an zum **Zminja** **08** mit beeindruckendem Blick ins Tal und auf die Bucht von Baška. Der Pfad führt nun etwas abseits der Geländekante weiter, ein Abstecher zum **Aussichtspunkt** **09** neben dem gut sichtbaren Holzkreuz lohnt sich. Zurück zum Pfad, passieren Sie einen kleinen See, danach schwenkt der Pfad kurz unterhalb des Plateaus in die Felslandschaft und steigt dann wieder an, über eine grasig-karstige Hochebene gehen Sie zur großen Mauer, die sich von der Senke zum Veliki Hlam hinaufzieht. Sie passieren den **Wegpunkt Lipica** **10** und steigen weiter der Mauer entlang auf zum **Gipfel Veliki Hlam** **11** mit freiem Rundumblick.

Auf dem Gipfel verlässt der Pfad die Mauer, Sie biegen beim kleinen Windschutz nach links und gehen hinunter zur Senke auf die Strommasten zuhaltend. Bei der Abzweigung **Vratudih** **12** vor dem zweiten Masten beginnt der nun grün markierte Abstieg: In kleinen Serpentinen führt der Pfad zunächst den Karsthang und dann durch den Wald hinunter nach **Batomalj** **13**.

Sie gehen ganz bis zum Talboden, dann auf der Straße bis vor die Brücke und biegen dort nach rechts, Einkehrmöglichkeit im Restaurant Malin. Entlang des Baches Vela Rika wandern Sie weiter, über die Brücke dann dem Strand entlang nach **Baška** **14** (Alternativer Rückweg ab Batomalj siehe Tour 45).

KAMENJAK • 408 m

Auf den Raber Hausberg

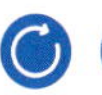  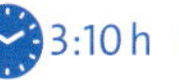 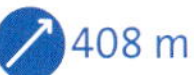 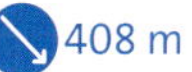 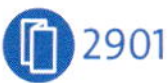

11,5 km | 3:10 h | 408 m | 408 m | 2901

START | Rab, Hafen [GPS: UTM Zone 33 x: 481.050 m y: 4.956.078 m]
Anfahrt: Busse von den anderen Inselorten, gebührenpflichtiger Parkplatz am Hafen.
CHARAKTER | Abwechslungsreiche Rundtour mit herrlichem Panorama. Überwiegend schattiger, steiler Aufstieg auf Fußweg, rot markiert bis zum Gipfel, Abstieg auf Fahrweg.

Die Tour auf den Kamenjak gehört zu den traditionellen Ausflügen auf der Insel, das Panorama begeistert immer wieder – auch das Bergrestaurant lebt davon.

Sie starten Ihre Tour beim Hafenbecken von **Rab** 01 neben der Altstadt. Schräg rechts durch den kleinen Park kommen Sie zur Straße, dort links zum Busbahnhof, danach weist die rote Markierung in das Sträßchen nach rechts. Es führt zu einem alten, gepflasterten Weg, auf dem Sie nach **Mundanije** 02 hinaufsteigen. Die Streusiedlung liegt auf einer Terrasse über dem Meer, Sie treffen auf die Hauptstraße, folgen ihr kurz nach links und biegen nach 150 m in das Sträßchen nach rechts, Wegweiser Kamenjak. Vorbei an Weingärten und Olivenhainen führt die kleine Straße neben einem meist ausgetrockneten Bachbett hinauf zu den obersten Häusern von Mundanije, hinter dem ersten Haus weist der **Wegweiser** 03 nach links.

Auf dem 1932 angelegten Touristenweg geht's nun durch den vorwiegend von Kiefern bewachsenen karstigen Hang weiter aufwärts, bei einer Rechtskehre pas-

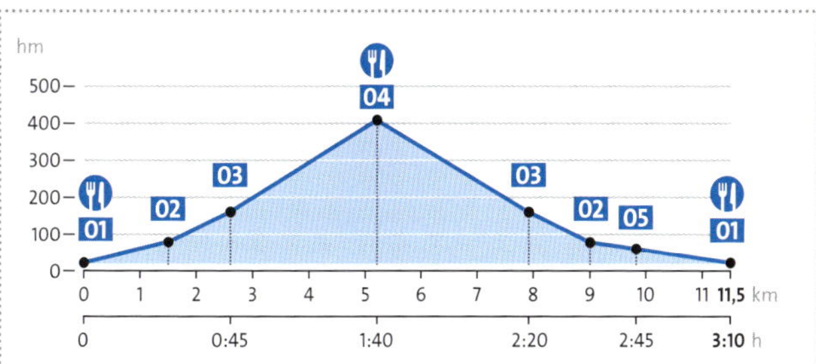

01 Rab, 0 m; 02 Mundanije, 78 m; 03 Wegweiser Fahrweg, 160 m;
04 Kamenjak, Gipfel, 408 m; 05 Sušići, 60 m

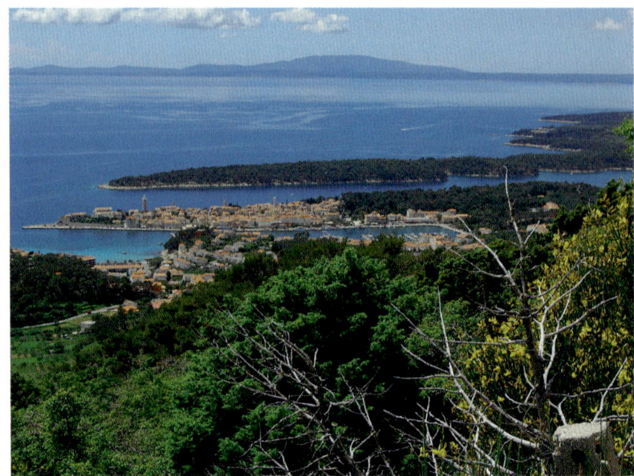
Blick auf Rab

sieren Sie die Quelle Živa voda, im Sommer ausgetrocknet. Die Sicht wird nun freier, von der ebenfalls 1932 errichteten runden Steinkanzel **Vidilica** genießen Sie dann einen herrlichen Blick auf Rab, Cres und Lošinj. Der Pfad führt nun über das Plateau mit vielen Trockenmauern und Gattern, eine ausgedehnte Schafweide, zum **Gipfel** des **Kamenjak** 04 beim Sendemasten, hier schweift der Blick nach Norden zum Velebit-Gebirge.

Für den Abstieg folgen Sie zunächst der Schotterstraße Richtung Süden, nach 700 m bietet sich das Bergrestaurant Kamenjak in herrlicher Aussichtslage für eine Einkehr an. Der nun betonierte Fahrweg führt dann mit Panoramasicht auf die Stadt am **Wegweiser** 03 vom Herweg vorbei hinunter nach **Mundanije** 02. Knapp vor der Hauptstraße biegen Sie bei der Trockenmarina nach links, auf dem Sträßchen wan-

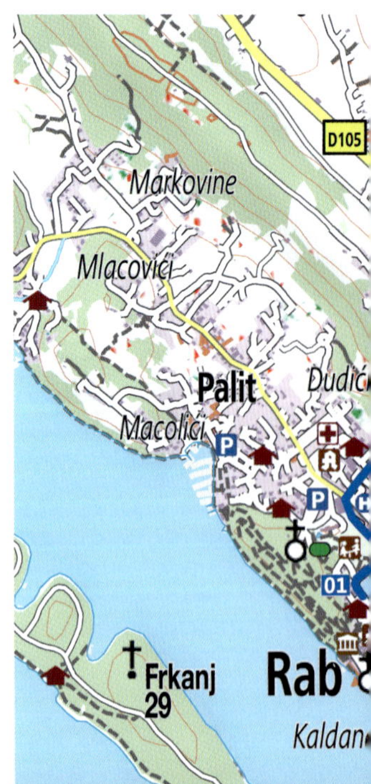

dern Sie am Rande einer Senke vorbei an Villen, Apartments und Bauernhöfen durch bäuerliches Kulturland. Sie gehen immer geradeaus, das Sträßchen wird zum Pfad, über eine kleine Brücke gelangen Sie zu den Häusern von **Sušići** 05 und biegen dort nach rechts. Auf der leicht abfallenden Nebenstraße kommen Sie zu einem kanalisierten Bach, dann hinauf zur Hauptstraße, diese überqueren und durch den mit Villen und Apartments verbauten Hang langsam abwärts zur Hauptstraße nahe dem Hafen.

Nach dem Kreisverkehr links sind Sie in wenigen Schritten beim Hafen und der Altstadt von **Rab** 01, die nun zu einem Bummel einlädt.

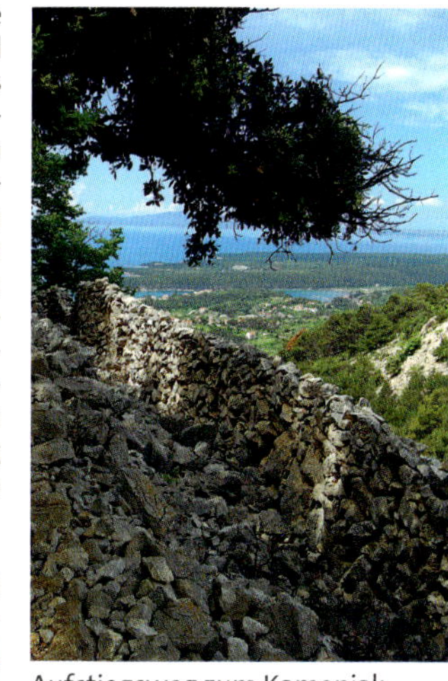
Aufstiegsweg zum Kamenjak

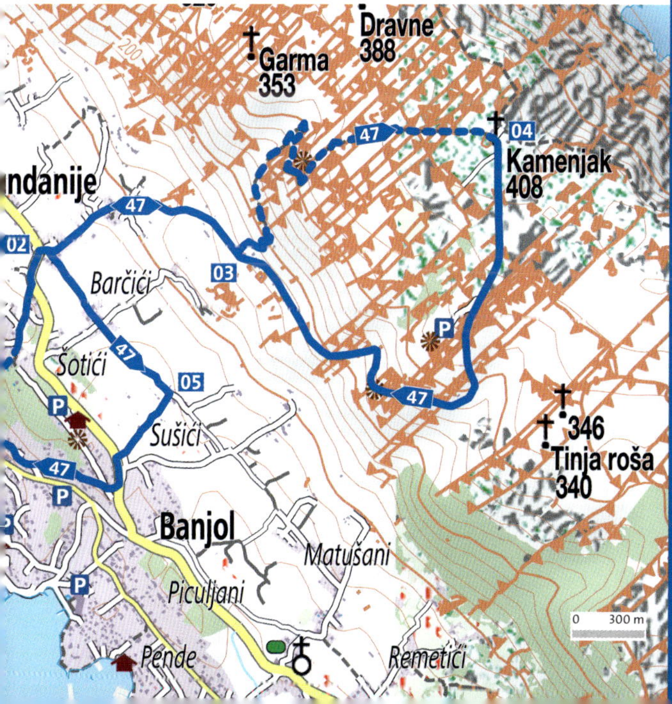

RAB – WALD VON DUNDO

Wald und Badebuchten

 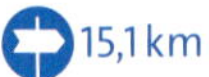    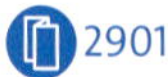

START | Rab, Hafen [GPS: UTM Zone 33 x: 480.954 m y: 4.956.226 m]
Anfahrt: wie Tour 47.

CHARAKTER | Abwechslungsreiche Rundtour durch geschützten Wald und schöne Badebuchten auf Promenadenweg, Waldweg und Uferpfad. Im Wald rote Markierung, Weg Nr. 10, Mittelteil schattig.

Im Windschatten des kargen Kamenjak hat sich eine üppige Vegetation entwickelt, die Waldgebiete von Dundo und Kalifront, vorwiegend Steineichen, stehen heute unter Schutz. Baden und Einkehren im Gasthof Gožinka sind weitere Höhepunkte der Tour.

Vom **Hafen** in **Rab** 01 gehen Sie zwischen Hotel Istra und Info Eros Rab durch zur Jurja Barakovića und auf dieser nach rechts. Am Ende geradeaus den betonierten Weg durch den Park hinauf zum Hotel Valamar-Imperial, dann folgen Sie dem Fußweg am Rande des Waldes hinunter zur Küste, Wegweiser Strand. Nun wandern Sie der Uferpromenade entlang, vorbei an einem kleinen Bootshafen, und kommen zur Kirche **Sv. Eufemija** 02 in erhöhter Lage am Hang.

Weiter am Ufer entlang, in der Kurve geradeaus in den Fahrweg gelangen Sie zum Waldrand, zur Straße nach Suha Punta. Hier beginnt auf der anderen Seite der **Straße** der ausgeschilderte, **rot** markierte **Weg Nr. 10** 03, auf dem Sie nun weitergehen. Der schön angelegte alte Saumpfad führt leicht ansteigend durch Mischwald, vorwiegend Kiefern und Steineichen, in 25 Min. hinauf zur Straße auf dem Höhenzug Plogall.

Auf dem verkehrsfreien Sträßchen nach rechts, Sie passieren einen Schranken, Fahrverbot, und biegen bei der **Abzweigung** 04 bei der Infotafel über den Wald von Dundo nach links, Wegweiser Weg Nr. 10.

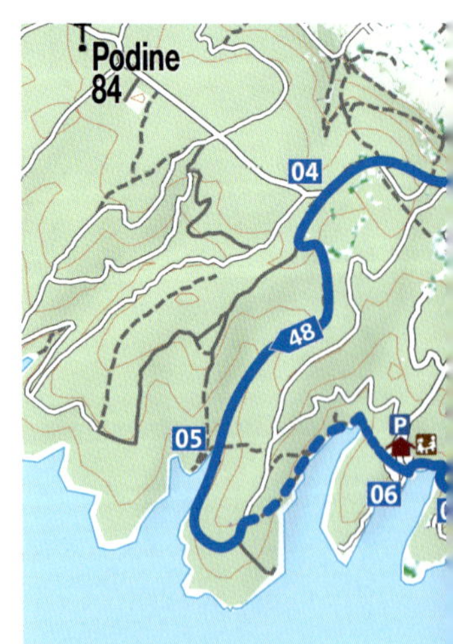

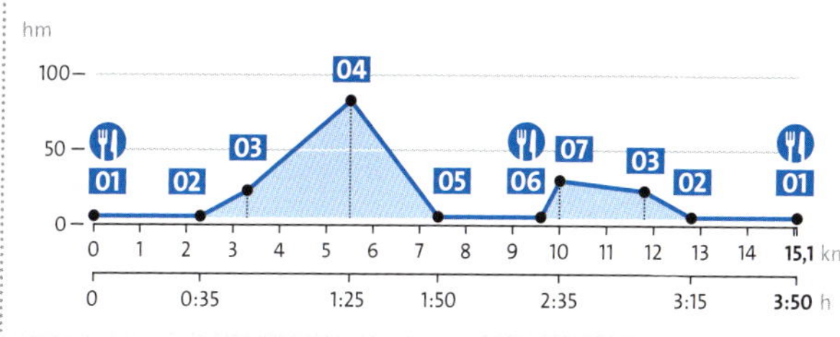

01 Rab, Hafen, 0 m; 02 Sv. Eufemija, 0 m; 03 Weg Nr. 10, 23 m; 04 Abzweigung, 83 m; 05 Bucht U. Krištofor, 0 m; 06 Bucht U. Gožinka, 0 m; 07 Fahrweg, 30 m

Auf dem alten Saumweg wandern Sie nun bald leicht abfallend hinunter zur Bucht **U. Krištofor** 05. Schönere Bademöglichkeiten bieten die folgenden Buchten: Sie gehen auf dem Fahrweg weiter und biegen bei der zweiten Abzweigung des Weges Nr. 10 nach rechts hinunter zur Bucht Ćifnata mit kleinem Sandstrand am Ende. Der schmale, rot markierte Pfad führt immer der Küstenlinie entlang, ein paar Schritte nach dem Sandstrand schwenkt er nach links hinauf über den Rücken zur Bucht **U. Gožinka** 06. Wo er auf den Fahrweg trifft gehen Sie rechts, vorbei an Apartments, und bei der Gabelung links die Stufen hinunter zum Gasthof Gožinka mit Terrasse über dem Strand, ein idealer Ort zum Einkehren.

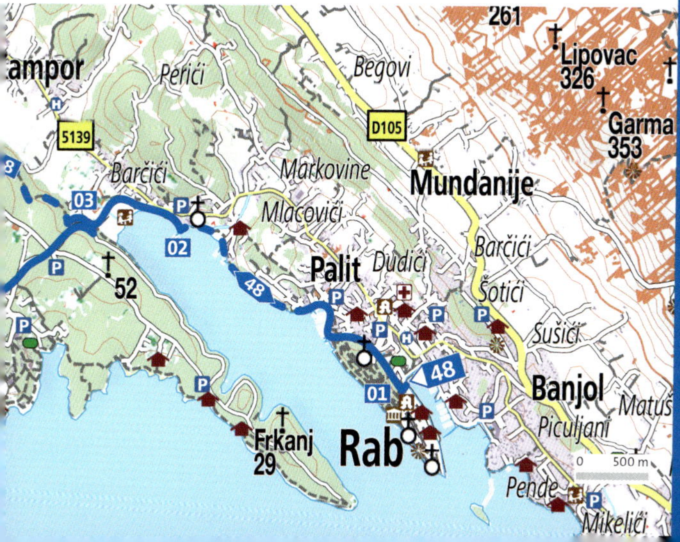

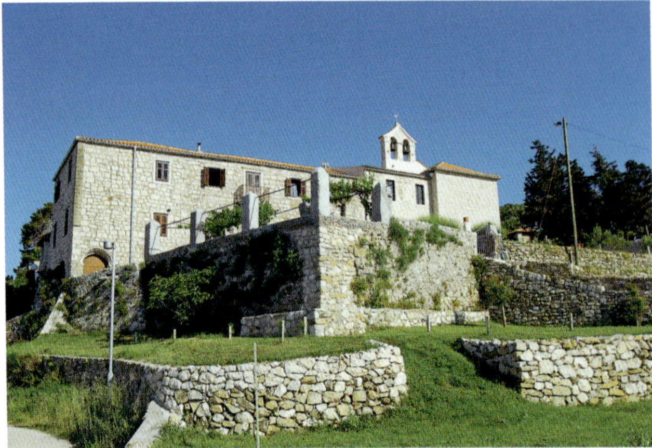

Sv. Eufemija

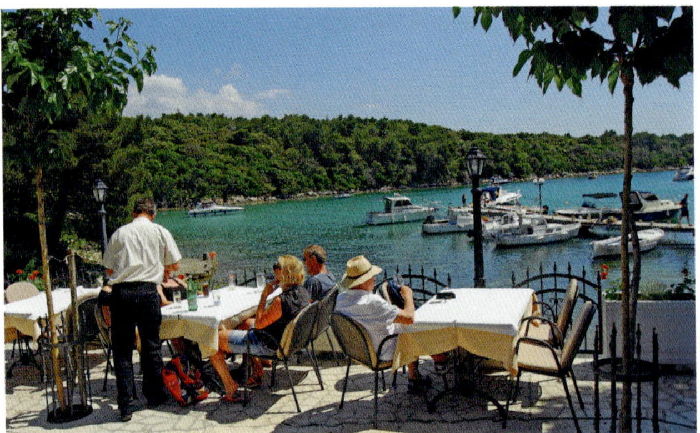

Gasthof Gožinka in der gleichnamigen Bucht

Vom Parkplatz wandern Sie auf dem Pfad weiter etwas oberhalb der Küste entlang, nach einem weiteren kleinen Sandstrand schwenkt der Pfad nach links hinauf zu einem **Fahrweg** 07.

Hier gibt es zwei Möglichkeiten:

- Sie gehen geradeaus auf dem Pfad weiter zur Bucht Jelenovica und danach zur Suha Punta, von der in der Sommersaison (1. Juni bis 15. Sept.) ein Bus nach Rab zurückfährt.

- Oder Sie gehen auf dem Fahrweg nach links (er führt zur Straße) und auf dieser bis zum **Hinweg** 03 und auf diesem zurück nach **Rab** 01.

LOPAR: STANIŠĆE – ĆUNIKA

Über den Bergrücken oberhalb der Bucht von Lopar

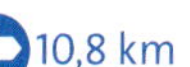

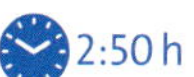

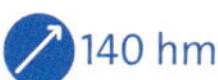

140 hm
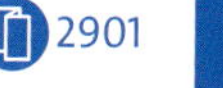

START | Lopar, Campingplatz San Marino
[GPS: UTM Zone 33 x: 479.422 m y: 4.963.523 m]
Anfahrt: Busse von Rab, Parkplatz neben dem kleinen Konzum-Supermarkt bei der Campingplatzzufahrt.
CHARAKTER | Interessante, aussichtsreiche Rundtour über den karstigen Höhenrücken oberhalb der Badebucht von Lopar. Wenig Schatten, grüne Wegweisersäulen, rote Markierung.

Die Wanderung vermittelt mannigfaltige Eindrücke, sie führt über das karstige Plateau, vorbei an fruchtbaren Schafweiden, Roterde-Aufschlüssen und schließlich auf dem Panoramaweg/Geologiepfad zurück nach Lopar zum beliebten Paradies-Sandstrand.

Die Tour beginnt beim kleinen Supermarkt in **Lopar** 01 an der Zufahrt zum Camping San Marino (Parkplatz, Bar), die Bushaltestelle ist 150 m weiter beim Kreisverkehr. Sie gehen zum Camping und durch diesen geradeaus durch, am Ende durch ein Gittertor hinaus. Beim Querweg biegen Sie nach rechts, von links kommen Sie zurück, anfänglich rote Markierung. Nach 80 m entlang der Trockensteinmauer nach links, der Schotterweg führt nun in den Wald hinauf.

Bald eröffnen sich schöne Blicke zurück auf Lopar, vorbei an einem Wasserwerk gelangen Sie zum **Karstplateau** 02, spärlich bewach-

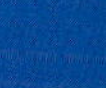

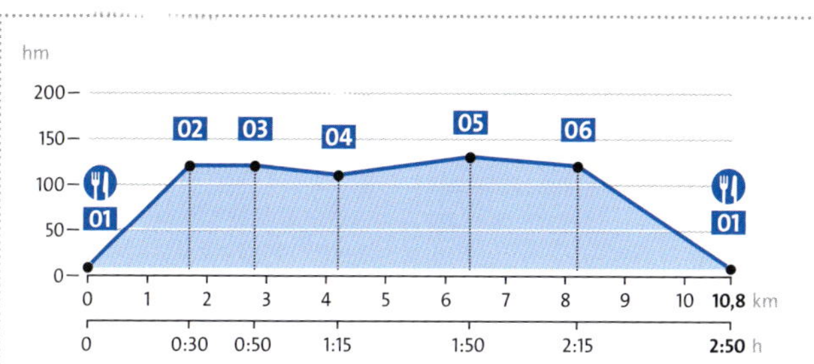

01 Lopar, 0 m; 02 Karstplateau, 120 m; 03 T-Kreuzung, 120 m; 04 Erste Abzweigung, 110 m; 05 Zweite Abzweigung, 130 m; 06 Panoramaweg, 120 m

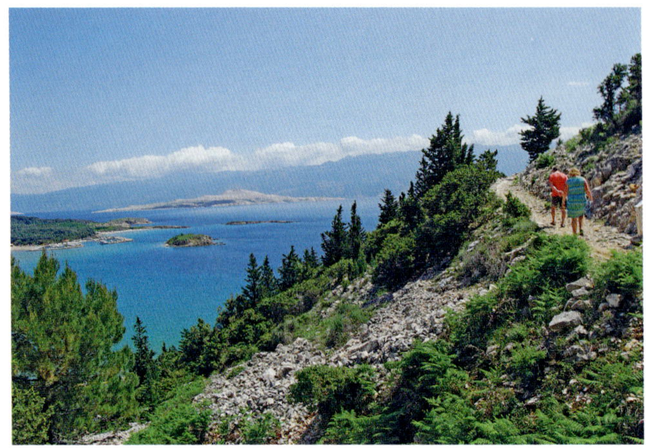

Über der Bucht von Lopar

sen mit Kiefern und Wacholder. Sie wandern über das Plateau, vorbei an einem zweiten Wasserwerk bis zur **T-Kreuzung** 03 mit schönem Blick auf die Bucht von Supetarksa Draga. Hier biegen Sie nach links, Wegweiser auf grüner Säule, Radroute 8. In leichtem Auf und Ab wandern Sie vom Bergrücken Stanišće zum Ćunika. Die Vegetation wird allmählich dichter, die Landschaft fruchtbarer.

Achtung: Nach rund 20 Min. zweigt zwischen zwei 50 m entfernten Trockenmauern der **Weg nach links ab** 04, Wegweiser Fahrradroute 8. Nach 50 m wieder nach links führt der Weg entlang einer Trockenmauer durch schöne Schafweiden, vorbei an einem kleinen Wasserreservoir, und dann durch einen Anschnitt von Roterdeboden, ein deutlicher Kontrast zum weißen Kalkstein. Nach einem Hohlweg bleiben Sie auf dem Hauptweg und ignorieren zwei Abzweigungen nach links. Erst bei einer verfallenden Trockenmauer biegen Sie **nach links** 05, Wegweiser Wanderrouten 6, 8, 11. Bei der Gabelung danach links, kommen Sie bald am Rande der kleinen Ebene Fruga an Farnfedern vorbei, an ihrem Ende geradeaus weiter passieren Sie einen besonders schönen Roterde-Aufschluss. Hier halbrechts den gepflasterten breiten Weg aufwärts, kurz geradeaus und dann in den von rechts mündenden Schotterweg hinauf zum Querweg.

Nun links, Wegweiser 1, 2, 8 und 11. Bald danach bleibt die Radroute auf dem breiten Schotterweg, der nun wieder rot markierte **Panoramaweg/Geologiepfad** 06 zweigt nach rechts durch die Trockenmauer ab zur Kante. Mit herrlichen Blicken auf die Bucht von Lopar wandern Sie nun langsam abfallend hinunter zum Campingplatz, Schautafeln informieren über geologische Besonderheiten am Weg. Durch den Campingplatz gelangen Sie zum Paradies-Strand von **Lopar** 01 mit diversen Einkehrmöglichkeiten und vor allem Badevergnügen.

San Marino

Der Sage nach ist Lopar der Geburtsort des Heiligen Marinus, eines Steinmetzes, der nach Rimini auf die Apenninenhalbinsel ausgewandert war und vor der Christenverfolgung unter Kaiser Diokletian auf den unzugänglichen Berg Titan floh. Dort baute er eine kleine Kirche, die bald zum Treffpunkt einer kleinen christlichen Gemeinde wurde, als offizielles Gründungsdatum wird heute der 3. September 301 angegeben. Als sich die Lage 311 mit dem Toleranzedikt von Nikodemia beruhigte, wurde Marinus vom Bischof von Rimini, Gaudentius, zum Diakon ernannt und bekam den Berg und die Kirche geschenkt. Nach dem Tod ihres Namenspatrons 366 begründete sich San Marino als Republik auf dessen legendären letzten Worten: „Ich lasse euch frei von beiden Menschen zurück" d.h. von Kaiser und Papst als Souveränen des Reichs und des Kirchenstaates. Bis heute konnte sie ihre Unabhängigkeit erhalten und ist damit die älteste existierende Republik der Welt.

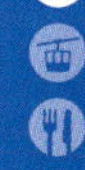

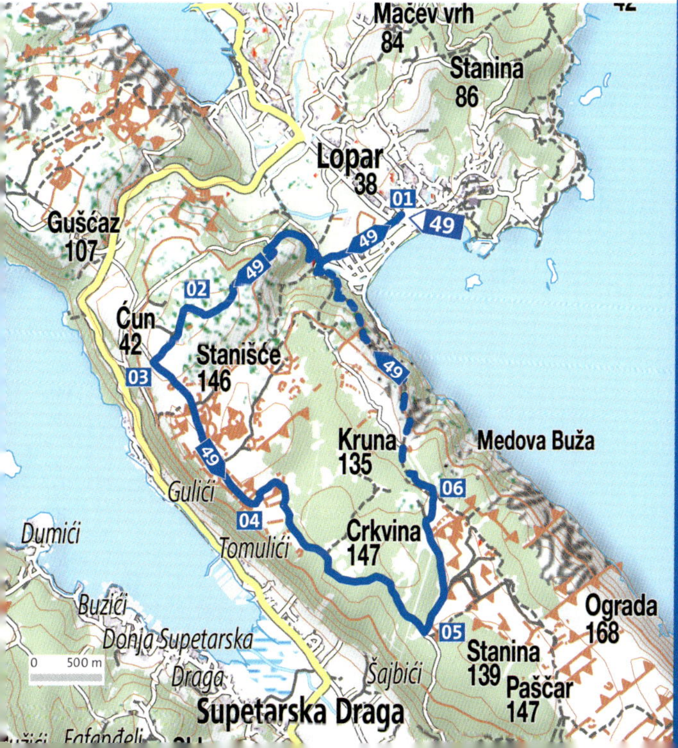

POROZINA – JAMA ČAMPARI

Durch die verlassene Tramuntana zur Karsthöhle

 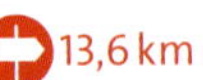 13,6 km 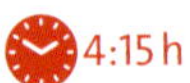 4:15 h 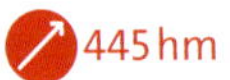 445 hm 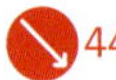 445m 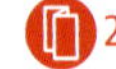 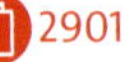 2901

START | Porozina, Fährhafen
[GPS: UTM Zone 33 x: 443.804 m y: 4.997.766 m]
Anfahrt: Busse von Rijeka – Brestova – Cres – Veli Lošinj, Parkmöglichkeit am Fährhafen und am Rand des Dorfes.
CHARAKTER | Ruhige Rundtour in der bewaldeten Karstlandschaft Tramuntana. Schattig; rote und gelbe Markierung; die Wege sind unterschiedlich – Waldwege wechseln mit steinigen, ruppigen Strecken.

Auf alten Maultierwegen, Pfaden und Fahrwegen führt die Route zur Karsthöhle Čampari, in die man, mit Vorsicht und Taschenlampe, auch absteigen kann. Bei der Erforschung der Höhle hat man Knochen eines prähistorischen Bären und zwei endemische Käferarten entdeckt, zugänglich sind nur die ersten zwei Räume des rund 100 m tiefen Höhlensystems. Beeindruckend sind auch die mächtigen alten Eichen am Weg.

▶ Vom **Fährhafen Porozina** 01 gehen Sie, vorbei an Bars, 150 auf der Hauptstraße hinauf und biegen dann links in die Seitenstraße zum Dorf Porozina. Ab dem Dorfeingang ist der Weg **rot** markiert, Sie folgen bis knapp vor die Höhle den Wegweisern Beli. Nach dem Dorf mit einigen Ferienhäusern geht die Straße in einen alten, gepflasterten Maultierweg über, auf dem Sie durch die bewaldete Karstlandschaft mit vielen Felsen aufstei-

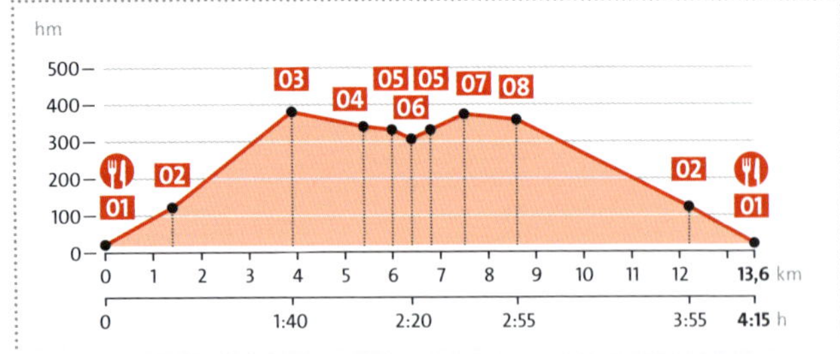

01 Porozina, Fährhafen, 2 m; 02 Abzweigung, 122 m; 03 Weggabelung, 380 m; 04 Fahrweg, 340 m; 05 Wegkreuzung Petričevi, 331 m; 06 Jama Čampari, 306 m; 07 Niska, 373 m; 08 Gabelung, 358 m

gen. Bei der **Abzweigung** 02 gehen Sie rechts Richtung Beli, durch niederen Eichenwald mit einigen alten Exemplaren geht's weiter aufwärts, Sie queren einen freien Hang mit viel Wacholder und genießen dabei einen schönen Blick hinüber zum Festland mit dem Učka-Massiv.

Das nachfolgende Plateau ist noch durchzogen von alten Trockensteinmauern, früher war es landwirtschaftlich genutzt, heute ist es bewaldet, Wildschafe haben hier ein ideales Revier. Hier gibt es viele Wege, achten Sie daher genau auf die Markierung, bei einem Durchlass durch eine Trockensteinmauer teilen sich bei der **Weggabelung** 03 die Wege: Der linke führt in 5 Min. zum Plateau Novograjice, Sie gehen geradeaus weiter leicht abwärts und dann rechts-links durch Mischwald mit vielen Kiefern bis zum **Fahrweg** 04. Sie biegen nach rechts und wandern 10 Min. auf dem ebenen Fahrweg bis zur **Wegkreuzung Petričevi** 05. Hier machen Sie einen Abstecher zur nahen Karsthöhle Čampari: Noch kurz der roten Markierung folgend, gehen Sie nach links Richtung Beli, bei einem Durchlass durch eine Trockensteinmauer weist Sie die **gelbe** Markierung zur **Jama Čampari** 06. Der Einstieg ist steil und rutschig, wer ein Stück in die 100 m lange Höhle absteigen möchte, braucht eine gute Taschenlampe.

Zurück zur **Wegkreuzung** 05 gehen Sie nun über den Fahrweg und geradeaus weiter auf breitem Weg Richtung Dragozetići, **rote** Markierung. Nach 10 Min. passieren Sie den verlassenen Weiler **Niska** 07, der Weg führt danach weiter durch Wald über einen flachen Karstrücken. Bei einem ehemaligen kleinen Steinbruch weist die **rote** Markierung in den rechten Weg leicht abwärts. Bei der folgenden **Gabelung** 08 an einem Durchlass durch eine Trockensteinmauer verlassen Sie die **rote** Markierung, sie führt links weiter bis Dragozetići, Busstation, Alternative

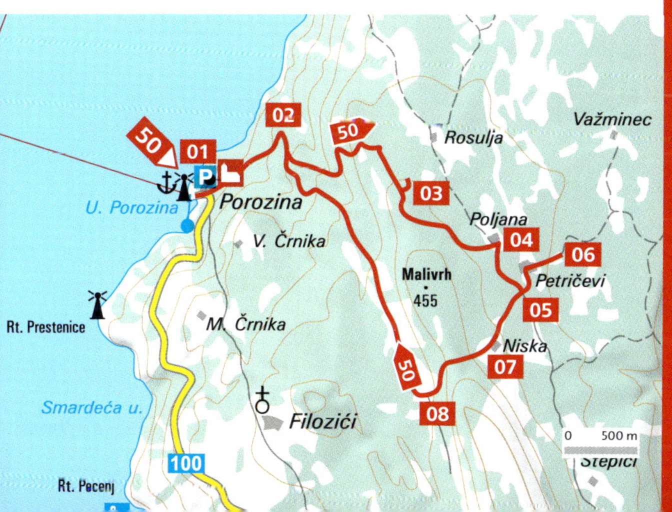

Tramuntana

Tramuntana, ital. Tramontana, bedeutet „hinter dem Berg", der wilde Norden der Insel Cres unterscheidet sich stark von der übrigen Insel: Alte Eichenwälder mit einigen mächtigen Exemplaren, Kastanien, Olivenbäume, gefallene Baumriesen bilden einen natürlichen Kreislauf, in dem eine große Artenvielfalt entsteht: Die vermodernden Stämme bilden die Nahrung für Pilze, Moose, Insekten, Vögel und Jungpflanzen. Wirtschaft wird hier nicht mehr betrieben, alle Dörfer außer dem kleinen Beli sind ausgestorben und verlassen. Damwild, Wildschweine, Marder und vor allem wild lebende Schafe durchstreifen die Wälder, in der Luft kreisen Gänsegeier auf der Suche nach Aas (siehe Kasten, S. 207).

für eine Streckenwanderung mit besserem Pfad im Abstieg. Sie folgen nun der **gelben** Markierung, manchmal etwas undeutlich und verwittert. Auf breitem Weg gehen Sie zunächst durch ein karges Weidegebiet mit einzelnen alten Eichen leicht abwärts. Der Weg geht langsam in einen Pfad über, führt durch ein Karstfeld, macht danach einen Linksknick, Markierung beachten, und biegt dann bald wieder nach rechts durch eine Trockensteinmauer. Entlang von alten Strommasten führt der undeutliche Pfad durch die karstige Weide hinunter, bei einer weiteren Trockensteinmauer beginnt ein alter, nicht mehr unterhaltener steiniger Maultierweg, das schlechteste Wegstück der Wanderung. Knapp oberhalb der **Abzweigung** 02 treffen Sie wieder auf den Herweg, auf dem Sie dann zum **Hafen** von **Porozina** 01 zurückkehren.

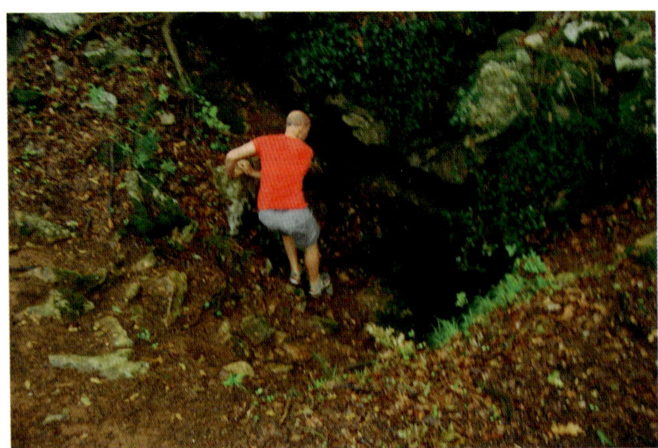

Karsthöhle Čampari

BELI

Auf dem Skulpturen- und Feenweg

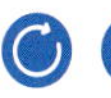 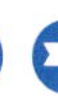 10,7 km 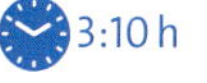 3:10 h 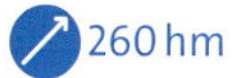 260 hm 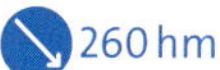 260 hm 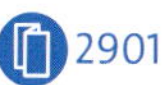 2901

START | Beli [GPS: UTM Zone 33 x: 449.041 m y: 4.995.789 m]
Anfahrt: Nur Schulbusse. Mit Auto von der Inselhauptstraße auf schmaler Stichstraße bis zum Parkplatz unterhalb des Öko-Zentrums vor Beli.

CHARAKTER | Ruhige Wanderung durch die bewaldete, größtenteils verlassene Tramuntana. Auf- und Abstieg auf steinigem, ungepflegtem Weg, im Mittelteil schöne alte Fahrwege. Halb schattig; gelbe, blaue, grüne Markierung.

Beli, das kleine Dorf mit frühgeschichtlichem Ursprung, war zur Römerzeit ein befestigter Vorposten im Norden und wurde deshalb „Caput Insulae“, Kopf der Insel, genannt. Der Name Beli geht auf den ungarisch-kroatischen König Bela IV. zurück, der hier vor den Tataren Schutz fand. Lange Jahre lag das Hügeldorf abseits der Touristenströme, bekannt wurde es durch die Einrichtung des Ökozentrums „Caput Insulae“, einem Forschungszentrum für Gänsegeier. In den letzten Jahren wurde Beli zum bekannten „touristischen Geheimtipp“: Das ursprüngliche Dorf, der Strand mit Zipline und Campingplatz am Meer, Themenwege wie Feenweg oder Skulpturenweg und die Gänsegeier in der Luft sorgen für steigende Gästezahlen. Die Wanderung in die Tramuntana kombiniert den Feenweg zu den Labyrinthen und den Weg der Skulpturen.

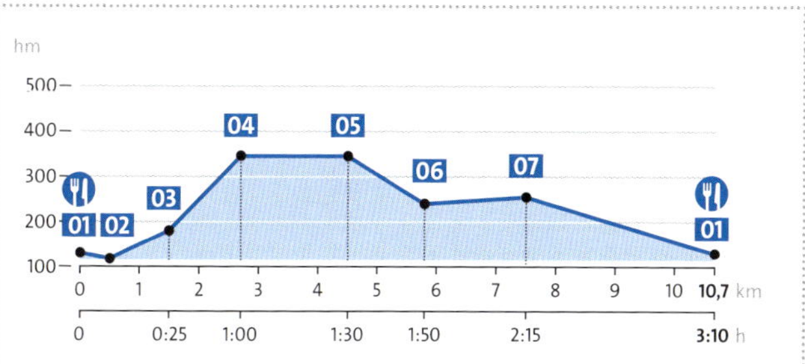

01 Beli, 130 m; 02 Römerbrücke, 100 m; 03 Straße, 180 m; 04 Fahrweg, 345 m; 05 Abzweigung, 345 m; 06 Querweg, 240 m; 07 Frantin, 255 m

Sie starten Ihre Tour am Parkplatz von **Beli** 01 vor dem Dorf und gehen auf der Straße zum Dorfeingang, dort biegen Sie bei der Oštarija Beli nach rechts durch den Torbogen in den Weg hinunter zur **Römerbrücke** 02.

Der **gelb** markierte Skulpturenweg führt anschließend auf der anderen Seite der Schlucht mit schönen Blicken auf das Hügeldörfchen durch langsam verfallende Terrassen mit Olivenbäumen, vorbei an einer tiefen Höhle, hinauf zur **Straße** 03. An der Einmündung steht eine erste Stele des Bildhauers Ljubo de Karina mit Zitaten des Dichters Andro Vid Mihičić, im Laufe der Tour werden Sie an vielen weiteren vorbeikommen.

Sie folgen weiter genau der **gelb** markierten Route teilweise weglos durch den Wald hinauf und passieren nach rund 30 Min. vier Labyrinthe auf einer Wiese rechts des Weges. Kurz danach erreichen Sie den **Fahrweg** 04, dem Sie nach rechts folgen. Durch Wald und Schafweiden des verlassenen Weilers Stepići wandern Sie über die Hochebene, nach 30 Min. biegen Sie bei einer **Abzweigung** 05 nach einer großen Doline nach rechts in den Fahrweg, **blau** markiert.

Leicht abfallend geht's weiter durch den Wald, rechts zweigt bald der direkte, rot markierte Rückweg nach Beli ab, wenig später links der blau markierte Weg zur Höhle Ćampari. Sie bleiben auf dem Hauptweg, immer wieder ist im folgenden Abschnitt Roterde auf den Kalk aufgesetzt. Beim folgenden **Querweg** 06, kurz betoniert, gehen Sie links und folgen nun immer

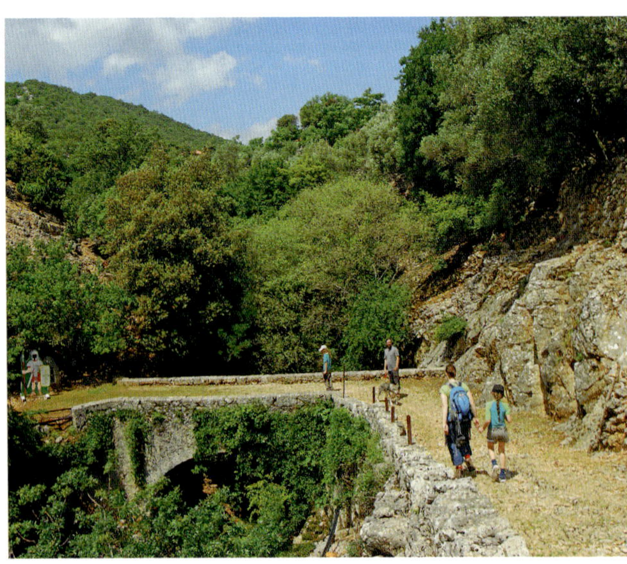

Römerbrücke in Beli

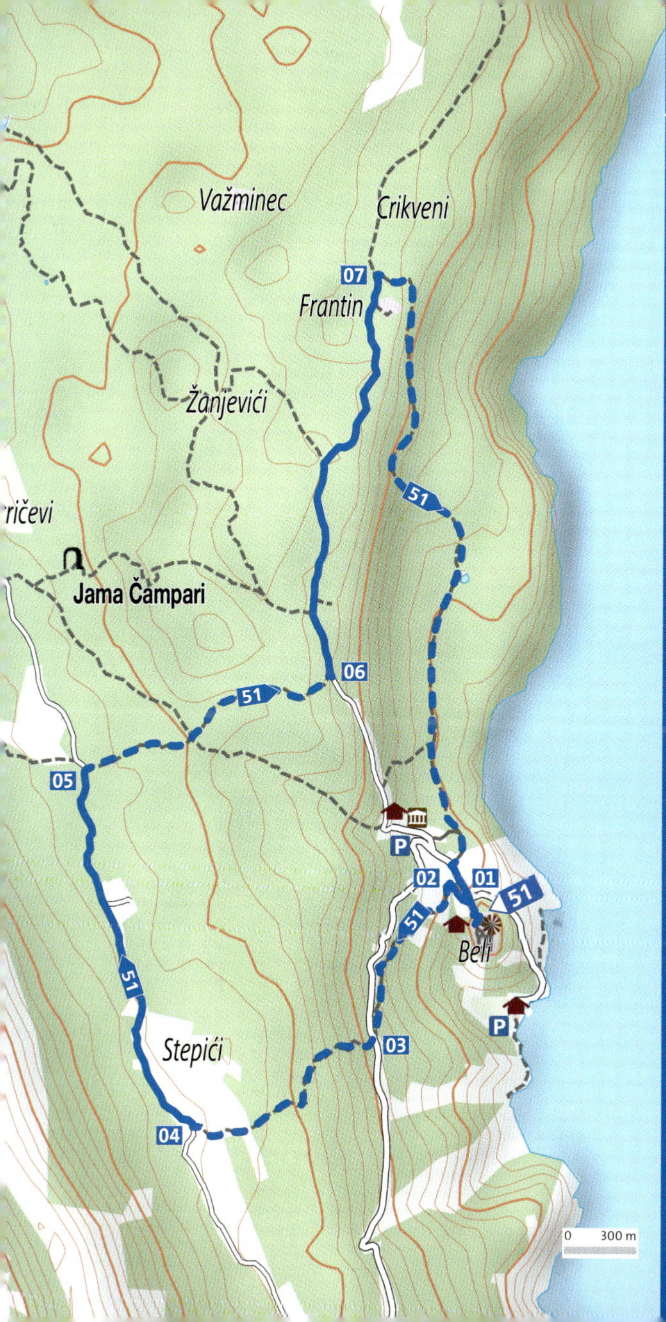

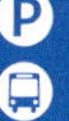
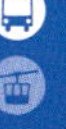
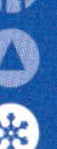
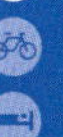
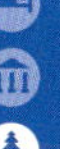

Važminec

Crikveni

07

Frantin

Žanjevići

ričevi

Jama Čampari

51

06

51

05

P

02

01

51

51

Beli

P

51

Stepići

03

04

0 300 m

der **grünen** Markierung in einer großen Schleife über Frantin nach Beli zurück, andersfarbig markierte Wege zweigen unterwegs ab.

Bald weist ein Wegweiser für einen Abstecher zu einem großen, rechteckigen Labyrinth auf einer Wiese. Vorbei an großen Karstfelsen führt der Fahrweg zum verlassenen Weiler **Frantin** **07**, 150 m danach biegen Sie nach rechts. Auf steinigem Weg steigen Sie durch den Wald langsam ab, nach einem idyllischen Weiher beginnen wieder die alten Terrassen. Kurz vor Beli weist Sie die Markierung bei einer Skulptur nach rechts zum Eko-Centar von **Beli** **01**. Die Ausstellung ist täglich von 10 bis 16 Uhr geöffnet, einkehren können Sie im Restaurant oberhalb des Zentrums oder in der Oštarija Beli am Ortsrand.

Nicht versäumen sollten Sie auch einen kleinen Bummel durch den kleinen Ort, in dem in den letzten Jahren viele Häuser als Zweitwohnsitze oder Apartments hergerichtet wurden.

Gänsegeier

Die Tramuntana ist die einzige Region in Europa, in der die streng geschützten Gänsegeier, auch Weißkopfgeier genannt, unmittelbar am Meer leben. Rund 70 Paare brüten in den steilen Felsklippen, mit einer Flügelspannweite von 2,5 bis 3 m gehören sie zu den größten Vögeln der Welt. Wegen ihrer Körpergröße und ihrem Gewicht fällt ihnen der Start in die Lüfte grundsätzlich schwer, deshalb nützen sie bevorzugt die Thermik in der Mittagszeit für ihre Flüge zur Nahrungssuche. Da sie sich ausschließlich von Aas ernähren, könnten sie ohne die Wildschafe nicht überleben, denn etwa zehn Prozent Wildschafe sterben pro Jahr eines natürlichen Todes – ohne Wildschafe keine Gänsegeier.

Im Öko-Zentrum werden Leben, Lebensraum und Wanderrouten der Gänsegeier erforscht und dokumentiert, früher war auch noch eine Zuchtstation angeschlossen, in der u.a. Jungvögel, die bei ihrem ersten Flug manchmal ins Meer stürzen, wieder aufgepäppelt wurden. 2012 musste die Zuchtstation schließen, der mächtigen Lobby der Tourismusbranche und der Jäger waren die Umweltschützer ein Dorn im Auge, der Ausbau des Tourismus hatte Vorrang, es gab keine staatliche Förderung mehr. Finanzielle Probleme und die zunehmende Unruhe (Schiffsverkehr entlang der Küste...) führten schließlich dazu, dass die Zuchtstation nach Sveti Juraj an den Fuß des Velebit-Gebirges umzog – erfolglos, denn auch dieser Standort musste 2017 wegen Geldmangels aufgegeben werden. Eine unrühmliche Geschichte, oder, wie es eine Mitarbeiterin nannte, „eine Folge aus Ignoranz und Unfähigkeit der Behörden".

VALUN – LUBENICE

Belebter Hafenort – stilles Bergdorf

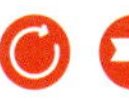

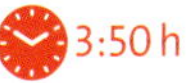
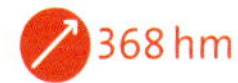
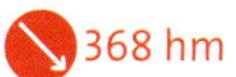
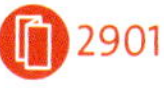

12,5 km | 3:50 h | 368 hm | 368 hm | 2901

START | Valun [GPS: UTM Zone 33 x: 449.368 m y: 4.972.514 m]
Anfahrt: Kein Bus. Von der Inselhauptstraße auf der Stichstraße nach Valun, großer Parkplatz vor dem Ort, kleiner, kostenpflichtiger Parkplatz am Ortsrand.
CHARAKTER | Interessante Rundtour zu alten, teilweise verlassenen Bergdörfern, die früher vorwiegend von der Schafzucht gelebt haben. Nicht ganz vollständige rote Markierung, größtenteils gute Wege und Pfade, an manchen Stellen jedoch zugewachsen und ungepflegt, Auf- und Abstieg auf steinigem Pfad. Außer auf dem Betonweg überwiegend schattig.

Die Rundtour zeigt die Entwicklung der letzten Jahrzehnte – Abwanderung aus den Bergdörfern, Aufschwung der Küste, die Lage macht den Unterschied. Das alte Bergdorf Lubenice liegt auf einem 378 m senkrecht zum Meer abfallenden Felssporn und war zur Römerzeit eine unbezwingbare Festung, die Römer nannten es Hibernicia (hibernus = winterlich). Im kleinen Museum für Schafzucht wird die Erinnerung an vergangene Zeiten wach gehalten, ein kurzer Film informiert über die traditionelle Schafzucht, die über Jahrhunderte das wirtschaftliche Rückgrat der Gegend bildete.

Sie starten Ihre Wanderung am Hafen von **Valun** 01. Vor der kleinen Kirche gehen Sie rechts, vorbei am Mini Market führt der Weg hinauf zum kleinen Parkplatz.

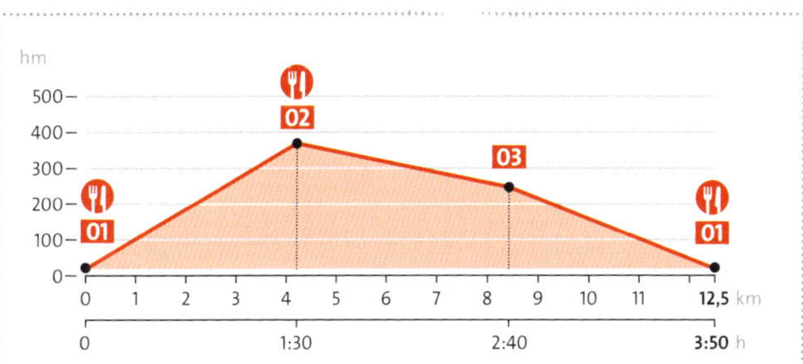

01 Valun, 0 m; 02 Lubenice, 368 m; 03 Pernat, 246 m

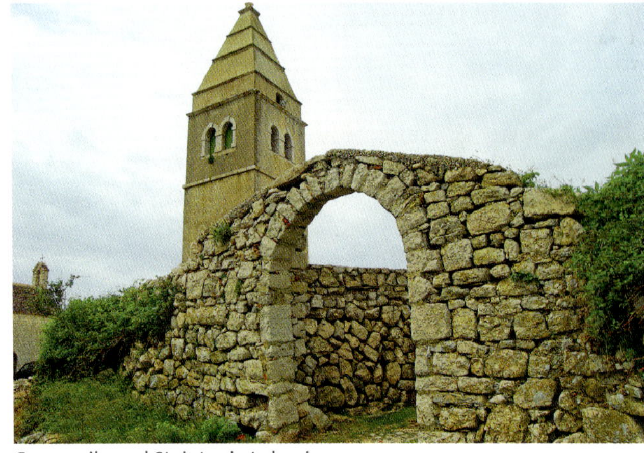

Campanile und Steintor in Lubenice

Hier gehen Sie rechts am Wartehäuschen in die Sackgasse hinauf, Fahrverbot.

Bei einer Rechtskurve in den Fahrweg geradeaus, Wegweiser Lubenice, und nach 100 m in den Pfad nach rechts, ab nun **rote** Markierung. Auf dem alten Weg, oft begleitet von Trockenmauern, steigen Sie auf bis zur Straße vor Zbićina, gehen auf dieser kurz nach rechts und biegen in der Rechtskurve in den Fahrweg nach links, Wegweiser, Fahrverbot.

Nun folgt der besonders bei Hitze anstrengende Anstieg auf dem betonierten, schattenlosen Weg in 20 Min. bis zum Plateau. Am Ende des Betonweges noch 50 m auf dem Fahrweg weiter und in der Rechtskurve geradeaus auf dem alten Weg bald leicht abfallend über das Plateau, rechts etwas unterhalb des Wegs sehen Sie einen idyllischen Teich, ein Paradies für Frösche und Kröten. Oben auf dem Plateaurand wird **Lubenice** **02** sichtbar, das Sie nach einem kurzen Aufstieg erreichen.

Das kleine Bergdorf bietet am Ortseingang ein Buffet beim Campanile (ab 11 Uhr), in der Ortsmitte die Konoba Hibernicia (ab 12 Uhr), daneben ein kleines Museum für Schafzucht (ab 10 Uhr, freier Eintritt) und am Ortsende eine prachtvolle Aussicht von der Abbruchkante der Felsen, auch ein Teleskop ist installiert.

Durch einen steinernen Torbogen verlassen Sie das Dorf wieder, Wegweiser Pernat, gehen vorbei an der Friedhofskirche und wandern über die Hochebene mit Schafweiden zwischen dem Buschwerk, bitte die zahlreichen traditionell aus Holzstäben gefertigten Gatter immer schließen. Der Pfad trifft auf einen Fahrweg, ihm folgen Sie kurz bis zu einer kleinen Andachtsstätte des hl. Antonius auf der Mauer und biegen nach dem großen Gatter in den Weg nach rechts. Er wird bald zum Pfad und führt leicht abwärts, vor **Pernat** 03 treffen Sie wieder auf den Fahrweg, auf dem Sie nun in den weitgehend verlassenen Ort hineinwandern, einige Häuser sind als Zweitwohnsitze oder Apartments hergerichtet. Rechts neben der frisch renovierten Kirche am Ortsanfang befindet sich eine Wasserstelle, Sie gehen rechts weiter und biegen nach dem letzten Haus in den rot markierten Pfad nach rechts. Zwischen Trockenmauern und Buschwald wandern Sie durch Schafweiden, gelangen zu einer Kapelle und 5 Min. danach zu einer Wegkreuzung. Hier biegen Sie links in den mit Ginster zugewachsenen Pfad leicht abwärts, verblassende Markierung am Boden, nach 10 m deutlichere am Baum.

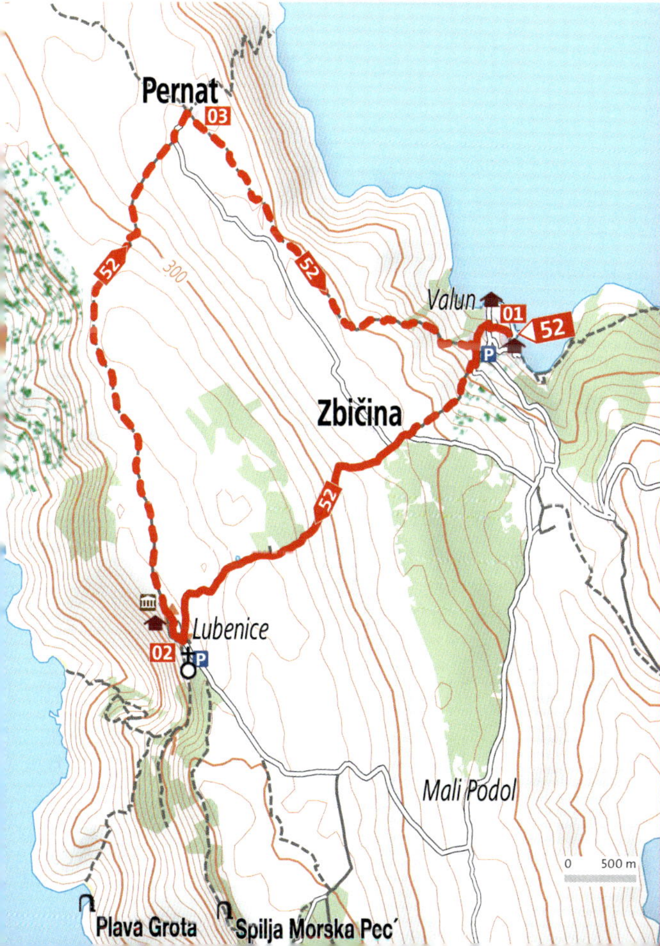

Weiter fast eben einer Trockenmauer entlang bis zu einer Wegkreuzung auf einer kleinen Lichtung mit felsigem Boden, hier links abwärts und nach 10 m wieder rechts, Bodenmarkierung beachten. Nun beginnt der Abstieg auf steinigem Weg, um einen kleinen Taleinschnitt erreichen Sie schließlich wieder den Herweg und gehen auf dem Sträßchen hinunter zum Parkplatz und zum Hafen von **Valun** 01 mit seinen vielen Einkehrmöglichkeiten.

Valun

Historikern ist das ehemalige Fischerdörfchen bekannt, weil in Bucev, dem etwas landeinwärts gelegenen Vorläuferort von Valun, die „Tafel von Valun" gefunden wurde, eines der ältesten Schriftdenkmäler der Kroaten. Der besondere Wert der Inschrift aus dem 11. Jh. liegt darin, dass eine Inschrift in zwei Sprachen in den Stein gemeißelt wurde – in glagolitischen (altslawischen) Buchstaben und Latein. Kopien glagolitischer Texte sind neben der in einer alten Ölmühle eingerichteten Taverne „Juna" im Zentrum ausgestellt, die Orginalinschrift befindet sich in der Sakristei der Ortskirche Sv. Marco.

Der breiten Masse wurde Valun in den 1980er-Jahren bekannt, weil der kleine Ort mediterraner Schauplatz der populären Fernsehserie „Der Sonne entgegen" war. In der Folge wurde aus dem kleinen Fischerdorf mit schönem Strand ein viel besuchter Fremdenverkehrsort.

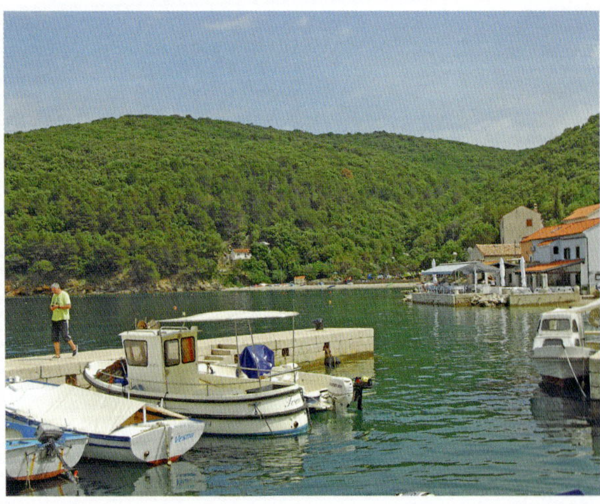

SV. MIKUL • 558 m – TELEVRINA • 588 m

53

Über die Osoršćica auf den höchsten Inselgipfel

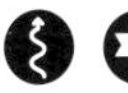

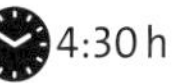
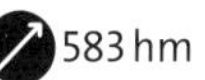
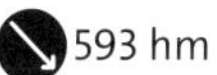

START | Nerezine, Busstation, Parkplatz im Zentrum
[GPS: UTM Zone 33 x: 452.187 m y: 4.945.355 m]
Anfahrt: Anspruchsvolle Tour über den Karstgrat der Osoršćica mit herrlichem Panorama von der Kapelle Sv. Mikul/Nicola. Wenig Schatten, ausreichend Wasser mitnehmen, früh losgehen, rote Markierung. Die Tour erfordert Schwindelfreiheit und vor allem Trittsicherheit über die Karstgrate, feste Schuhe, nicht bei Gewittergefahr gehen.

Das **Osoršćica-Gebirge** mit seinen Wäldern und Höhlen war lange Zeit Wohn- und Rückzugsort für Menschen, die Höhle Vela Jama westlich der Televrina war Tausende Jahre bewohnt. Im Mittelalter zogen Eremiten in die einsame Gegend, der bekannteste unter ihnen war der Osorer Bischof Gaudentius, der einige Zeit asketisch in einer kleinen Höhle nördlich von Sv. Mikula lebte. Im 18. Jh. erforschten Botaniker und Naturfreunde das Gebirge, 1887 begann mit der Eröffnung des Bergweges (direkter Weg) durch Kronprinz Rudolf der Wandertourismus auf den herrlichen Aussichtsberg.

Die Wanderung beginnt bei der Bushaltestelle im Zentrum von **Nerezine 01**, unterhalb der Straße

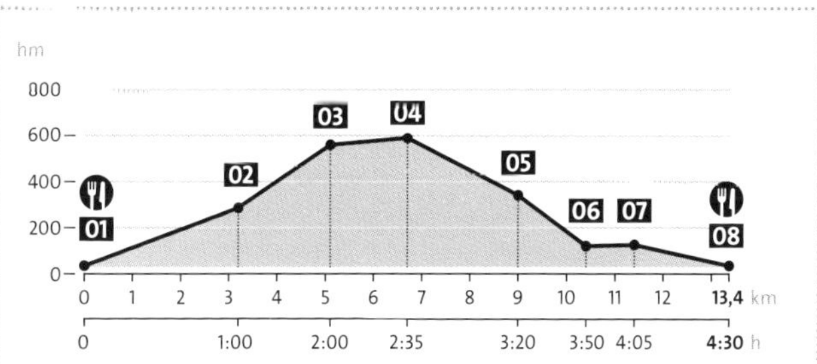

01 Nerezine, 10 m; **02** Počivalice, 285 m; **03** Kapelle Sv. Mikul, 558 m; **04** Televrina, Gipfel, 588 m; **05** Fahrweg, 340 m; **06** Querweg, 120 m; **07** Wegkreuzung, 125 m; **08** Osor, 0 m

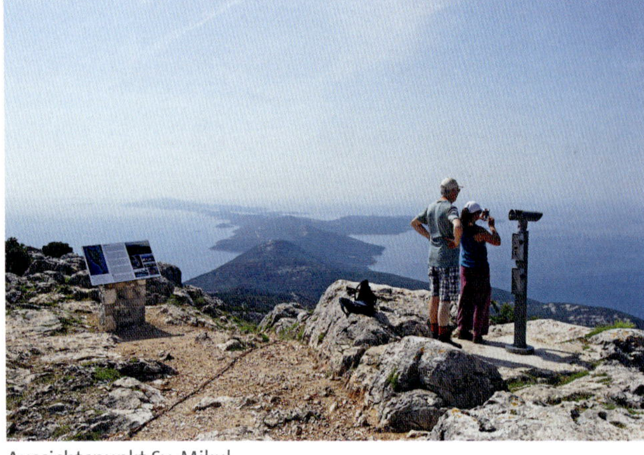

Aussichtspunkt Sv. Mikul

ist der Parkplatz. Sie gehen auf der Dorfstraße zum Hauptplatz mit mehreren Lokalen und biegen beim Brunnen rechts in die Magdalenska U. hinauf zur kleinen Kirche Sv. M. Magdalena an der alten Hauptstraße. Hier treffen Sie auf die rote Markierung, der Sie nun immer folgen, Wegweiser Počivalice und Sv. Mikul.

Auf dem Sträßchen aus dem Dorf hinaus, beim Wegweiser Osoršćica links in den Pfad einbiegen, er führt unter der Umfahrungsstraße durch, rechts durch eine Wasserrinne, danach beginnt der Anstieg.

Auf steinigem Weg, oft begleitet von Trockenmauern, steigen Sie durch Buschwald auf, nach der Abzweigung Tomozina schwenkt der Weg nach rechts, bei einem Karstgrat rechts weiter dem Grat entlang hinauf zum Vorgipfel **Počivalice** **02** mit Gipfelbuch. Hier genießen Sie einen schönen Blick zum Meer und auf Ihr Ziel, die Televrina. Auf dem Pfad wandern Sie weiter kurz durch Kiefernwald zu den Felsen des Karstgrates. Hier beginnt der schwierigste Teil des Aufstiegs, die Route führt weglos über den Karstgrat hinauf, folgen Sie genau den roten Markierungen. Der Blick zurück lässt Sie das Panorama erraten, das Sie am Aussichtspunkt bei der **Kapelle Sv. Mikul** **03** erwartet – einzigartig ist der Ausblick über die lang gestreckte Insel Lošinj und die benachbarten kleinen Inseln.

Der Weiterweg führt kurz rechts abwärts und dann bei der Abzweigung geradeaus Richtung Sendemasten und Televrina. Ab dem Sendemasten gibt es zwei Möglichkeiten – entweder auf dem Fahrweg unterhalb der Televrina vorbei oder auf dem Pfad, der nach 50 m vom Fahrweg nach links abzweigt, dem Karstgrat entlang zum Gipfel. Der Pfad ist landschaftlich schöner, erfordert jedoch Trittsicherheit und Schwindelfreiheit.

Der **Gipfel** der **Televrina** **04** bietet keine Rundumsicht, dafür wan-

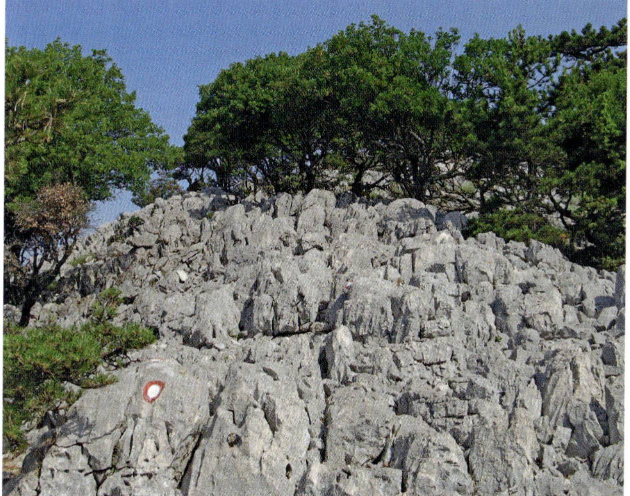

Markierte Route über den zerklüfteten Karstgrat

dern Sie mit freiem Blick zum Meer dem Karstgrat entlang, eine ausgesetzte Stelle ist mit einem Stahlseil gesichert. Langsam beginnt der Abstieg über offenes Gelände mit viel Salbei am Vorgipfel Gredice, vorne sehen Sie die Berghütte des kroatischen Wandervereins, geöffnet im Sommer an Wochenenden (Tel. 051 232683).

Mit freier Sicht auf Osor steigen Sie ab zum **Fahrweg 05**. Auf der anderen Seite wandern Sie weiter bergab, zuerst auf steinigem Pfad, dann auf Waldpfad bis zu einem **Querweg 06**. Hier biegen Sie nach rechts, Wegweiser Osor, auf dem schönen, fast ebenen, von Trockenmauern begleiteten Weg wandern Sie durch den Wald und gelangen

Varianten

Eine Wegtechnisch leichtere Variante ist es, wenn Sie die Route über die Karstgrate vermeiden: Dazu nehmen Sie von der Bushaltestelle Nerezine den direkten, steilen Weg hinauf zur Kapelle Sv. Mikul: Den Markierungen ab Bushaltestelle auf Hauptstraße, nach 200 m rechts Dorfstraße zur Umfahrungsstraße folgen, dann Anstieg. Oben beim Querweg links zur Kapelle. Weg zum Sendemast wie beschrieben, danach auf dem Fahrweg weitergehen.

Rundtour: Wenn Sie wieder nach Nerezine zurückgehen möchten, biegen Sie bei der **Wegkreuzung 07** nach rechts ab und wandern rund 1 Std. bis Nerezine.

Osor

Osor ist die älteste Siedlung auf Cres, die Griechen nannten sie Apsorus, Cres und Lošinj waren damals noch durch eine schmale Landenge verbunden. Unter römischer Herrschaft wurde dieser Isthmus durch einen Kanal getrennt und schiffbar gemacht. Die Stadt profitierte von ihrer strategisch günstigen Lage am Kanal, der eine kurze Schiffspassage zwischen der nördlichen Adria und Dalmatien ermöglichte. Vom Altertum bis ins 14. Jh. war Osor die Hauptstadt der Inseln Cres und Lošinj, im Jahr 1018 wurde hier zum ersten Mal die frühere kroatische Währung Kuna (Marder, Wiesel) als Zahlungsmittel der Kroaten erwähnt.

Ihre Blütezeit erlebte die Stadt im Mittelalter, wegen der Nähe eines großen Sumpfgebietes wurde sie jedoch regelmäßig von Malariaepidemien heimgesucht, daher verlegte man die Inselverwaltung nach Cres. Damit verlor die einstige Hauptstadt an Bedeutung und fiel in einen Dornröschenschlaf. Heute ist Osor ein kleines Dorf mit historischem Ortskern, vom ehemaligen Glanz sind jedoch der historische Stadtkern mit Forum, Rathaus, Loggia, Bischofspalast und die Kathedrale mit ihrem weithin sichtbaren Glockenturm erhalten geblieben.

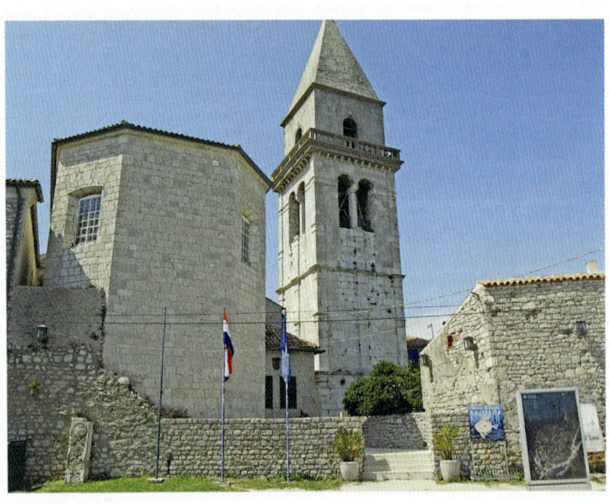

nach 15 Min. zu einer **Wegkreuzung 07**. Nach rechts geht es in einer Stunde zurück nach Nerezine, Sie gehen geradeaus Richtung Osor weiter. Der Pfad trifft auf einen Fahrweg, auf dem Sie dann nach rechts leicht abfallend zum Camping und über die Brücke nach **Osor 08** gelangen.

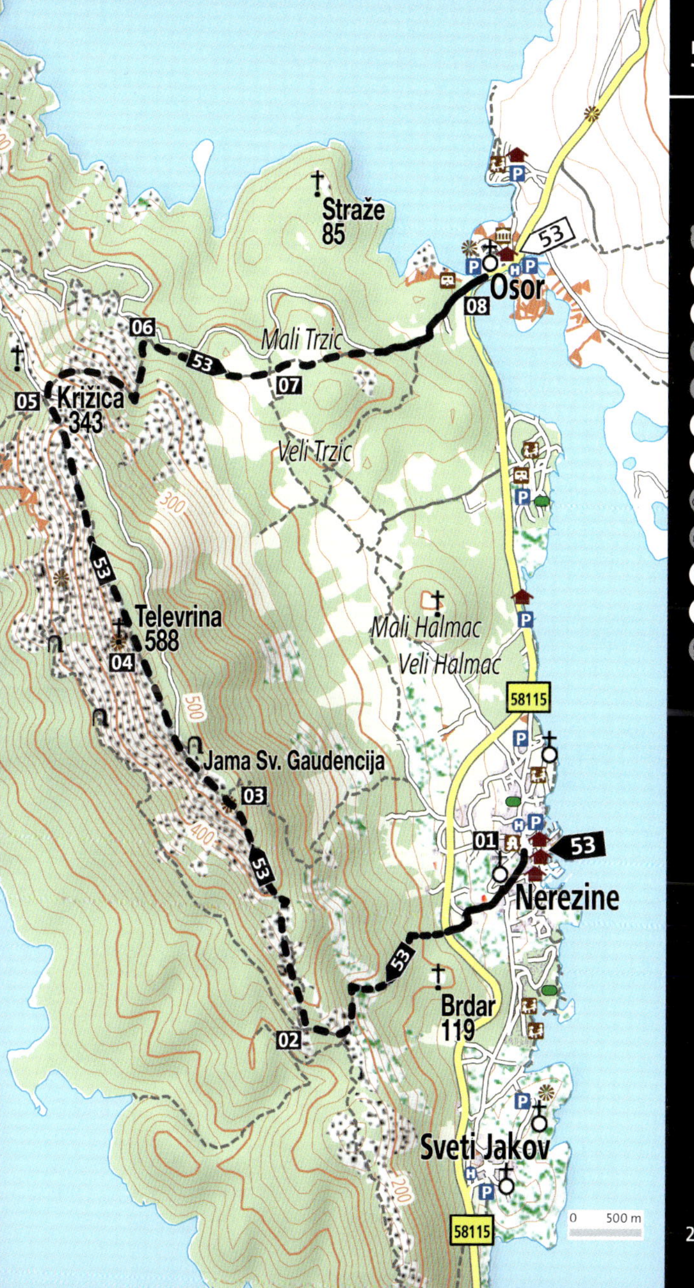
Straže
85
53
Osor
08
06
Mali Trzic
53
07
05
Križica
343
Veli Trzic
300
53
Televrina
588
04
Mali Halmac
Veli Halmac
500
58115
Jama Sv. Gaudencija
03
400
01
53
53
Nerezine
53
Brdar
119
02
Sveti Jakov
200
58115
0
500 m

MALI LOŠINJ – BUCHT ČIKAT

Küstenpromenade an der Wiege des Tourismus

  15 km 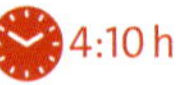 4:10 h  88 hm 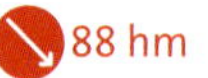 88 hm  2901

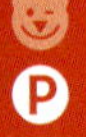
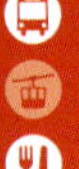
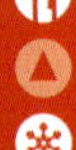

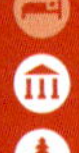

START | Mali Lošinj, Hafen
[GPS: UTM Zone 33 x: 457.760 m y: 4.931.131 m]
Anfahrt: Busse von Rijeka. Gebührenpflichtiger Parkplatz am Hafen.
CHARAKTER | Ausgedehnte Küstenwanderung und über den Inselrücken zurück in die Stadt. Viele Einkehr- und Bademöglichkeiten, überwiegend schattig, rote Markierung.

Die Rundtour führt von **Mali Lošinj** auf der Küstenpromenade vorbei an vielen kleinen Buchten zur großen **Bucht Čikat**, der Wiege des Badetourismus auf Lošinj. Der Rückweg hat einen anderen Charakter: Entlang von alten Trockenmauern kehren Sie über den früher landwirtschaftlich genutzten, heute langsam verwildernden Inselrücken zurück nach Mali Lošinj.

▶ Sie starten die Tour am **Hafen** von **Mali Lošinj** 01, dem Zentrum der Stadt, und gehen an der Westseite des Hafens entlang. Sie bleiben immer am Quai, nach der Stadt und einigen verlassenen Lagerhallen beginnt die gut ausgebaute Küstenpromenade unter Kiefern immer dem Meer entlang. Sie umrunden die **Landspitze** 02, passieren dann die Kiesbucht **Slatina** 03 mit einer Gedenktafel für Dr. Leopold Schrötter, 1837–1908, dessen Verdienst es war, dass Mali und Veli Lošinj 1892 zu Luftkurorten erklärt wurden.

In der **Bucht Zabojci** 04, Strand-Bar, wurde jüngst eine neue Bungalow-Siedlung errichtet, das Zen-

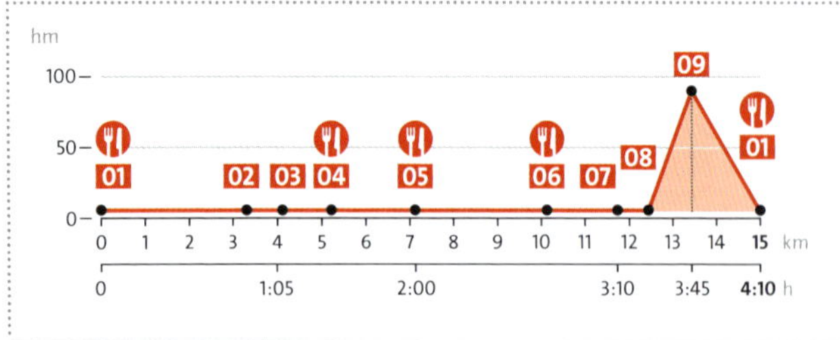

01 Mali Lošinj, Hafen, 0 m; 02 Landspitze, 2 m; 03 Slatina, 2 m; 04 Bucht Zabojci, 2 m; 05 Bucht Čikat, 2 m; 06 Bucht Veli Žal, 2 m; 07 Bucht Porta Šešula, 2 m; 08 Bucht Cuanguski, 2 m; 09 Straße, 90 m

trum des Badetourismus bildet dann die große **Bucht Čikat** 05 mit mehreren Einkehrmöglichkeiten. Die ersten Badeanlagen wurden zu Beginn des 20. Jhs. nach Plänen von Dr. Alfred Manussi-Montesole gebaut. Der Strand mit dem Waldpark Čikat im Hinterland war auch bei den österreichischen Eliten beliebt, die hier prächtige Villen besaßen.

Am Weiterweg liegt die kleine Kirche Maria Verkündigung, knapp dahinter der Leuchtturm, daneben das Restaurant Lanterna, wo man gut essen kann. Sehr belebt ist die nächste **Bucht Veli Žal** 06 mit einem kleinen Sandstrand und Restaurants.

Der Betonweg geht dann bald in einen Naturweg über, der nachfolgende Durchgang durch den FKK-Bereich ist gebührenpflichtig. Sie wandern weiter über die **Bucht Porta Šešula** 07, grober Kiesstrand, erster Pfad nach Mali, bis

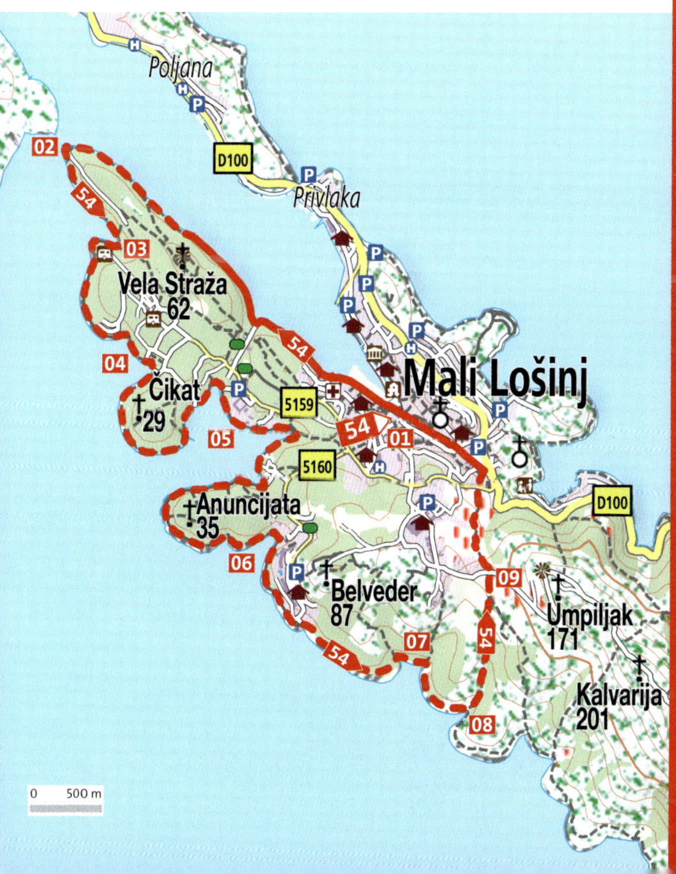

Waldpark Čikat

Im Rahmen der Bemühungen um den Aufbau des Tourismus in Lošinj Ende des 19. Jhs. wurde auch ein großes Aufforstungsprojekt realisiert: Auf einem vernachlässigten Gebiet im Hinterland der Čikat-Bucht und entlang der Küste wurden Aleppokiefern gepflanzt. Der Aleppokiefernwald bildet zusammen mit Mastixstrauch, Myrte, Erdbeerbaum, Baumheide, Stechwacholder, Zypressen und anderen mediterranen Pflanzenarten ein vom Menschen geschaffenes Ökosystem, das 1992 zum geschützten Waldpark erklärt wurde. Mit seinen vielen Spazierwegen ist der 236 ha große Waldpark neben dem Strand eine zweite wichtige Säule des Erholungstourismus in Mali Lošinj.

zur **Bucht Cuanguski** **08**, ebenfalls mit kleinem Kiesstrand. Hier biegen Sie nach links Richtung Mali Lošinj, **rote** Markierung.

Auf zum Teil grobschottrigem Weg entlang von alten Trockenmauern steigen Sie auf, überqueren die **Straße** **09** auf dem Inselrücken und gehen auf dem Pfad nun abfallend weiter. Bei einer Gabelung halten Sie sich rechts, bald kommt Mali Lošinj ins Blickfeld. Bei den ersten Häusern überqueren Sie die Straße, gehen den betonierten Weg abwärts und biegen bei der Kapelle Addolorata nach links, immer geradeaus kommen Sie direkt zum **Hafen** **01**, dem Ausgangspunkt der Tour.

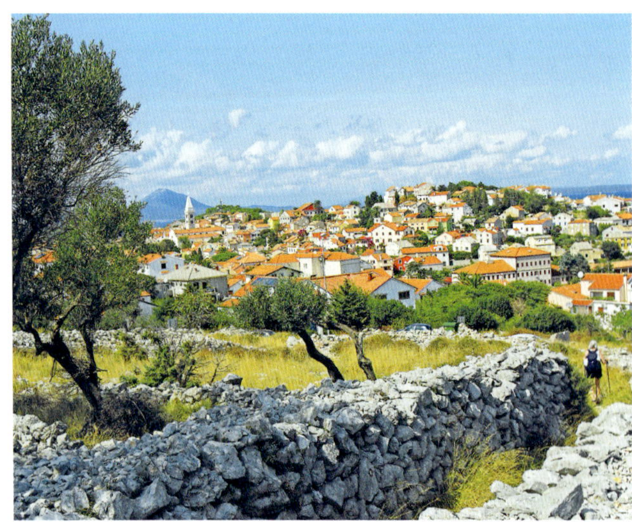

Blick auf Mali Lošinj

VELI LOŠINJ – SV. IVAN

Um die Südspitze der Insel Lošinj

 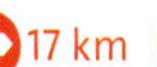 17 km  5:20 h 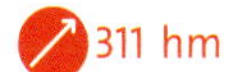 311 hm 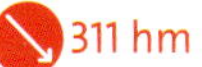 311 hm 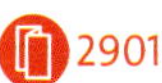 2901

START | Veli Lošinj, Hafen
[GPS: UTM Zone 33 x: 460.411 m y: 4.929.879 m]
Anfahrt: Busse von Rijeka und Mali Lošinj. Gebührenpflichtige Parkplätze nahe der Busstation. Zum Hafen gelangen Sie über die große Kirche Sv. Marija und dann die Fußgängerzone hinunter.
CHARAKTER | Lange Küstenwanderung mit vielen Bademöglichkeiten, Einkehrmöglichkeit in der stimmungsvollen Konoba Balvanide. Wenig Schatten, rote Markierung.

Die Tour führt auf weiten Strecken der Küste entlang, vorbei an vielen Badebuchten. Bei den Passagen am und über den Rücken der Halbinsel genießen Sie weite Ausblicke über die Kvarner Bucht, am schönsten vom Aussichtsturm bei Sv. Ivan. Die Wege sind unterschiedlich: Waldböden wechseln mit ruppigen, steinigen Strecken, feste Schuhe sind daher notwendig.

▶ Vom venezianisch geprägten Zentrum am **Hafen** von **Veli Lošinj** 01 gehen Sie links an der Kirche Sv. Antun vorbei, dahinter beginnt der Promenadenweg entlang der Küste, bis vor die Bucht Javorna betoniert und im Schatten großer Kiefern. Vorbei am Friedhof gelangen Sie zur Hafenbucht **Rovenska** 02 mit Restaurants, danach ein Kiesstrand. Vor der **Bucht**

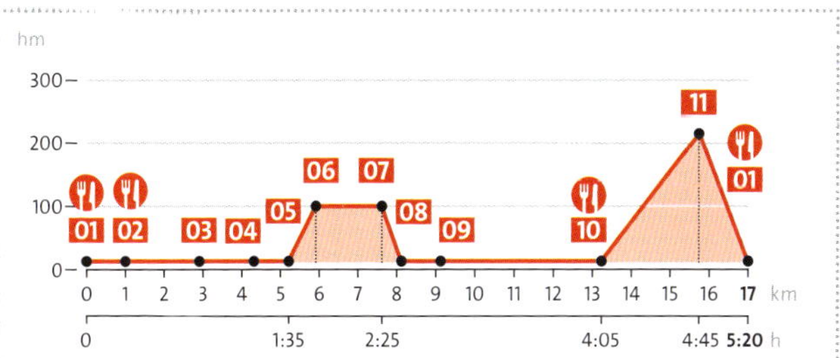

01 Veli Lošinj, Hafen, 2 m; 02 Rovenska, 2 m; 03 Bucht Javorna, 2 m; 04 Kiesbucht Kriška, 2 m; 05 Bucht Jamna, 2 m; 06 100-m-Höhenlinie, 100 m; 07 Aussichtspunkt, 100 m; 08 Küstenpfad, 2 m; 09 Bucht Mrtvaška, 2 m; 10 Konoba Balvanida, 2 m; 11 Kapelle Sv. Ivan, 215 m

Javorna **03** beginnt der Naturweg, abwechselnd steinig-ruppig und angenehmer Waldboden. Entlang großer Trockenmauern erreichen Sie die **Kiesbucht Kriška** **04**, der Weiterweg ist nun **rot-weiß** markiert.

Bei der **Bucht Jamna** **05** schwenkt der Weg von der Küste weg hinauf zum Inselrücken bis zur **100-m-Höhenlinie** **06**. Entlang eines Seitentales steigen Sie an, dann führt der Weg, begleitet von Trockenmauern, entlang der Höhenlinie durch Macchia mit vielen Erdbeerbäumen und niederen Steineichen. Bei einer T-Kreuzung gehen Sie kurz nach rechts und nach wenigen Metern wieder links weiter, Wegweiser Mrtvaška. Vom nachfolgenden **Aussichtspunkt** **07** genießen Sie einen prächtigen Blick auf die vorgelagerten kleineren Inseln, bevor Sie auf dem Pfad wieder absteigen. Sie queren einen Fahrweg und gehen hinunter bis zum **Küstenpfad** **08** und auf diesem rechts bis zur **Bucht Mrtvaška** **09**, Parkplatz, Steg für Taxiboote zur Insel Ilovik.

Auf der Straße gehen Sie zum großen Parkplatz, knapp vor dem Ende des Parkplatzes führt links ein Pfad hinunter zum Küstenpfad, auf dem Sie nun wieder durch Buschwald mit viel Salbei, Baumheide und einigen großen Pinien weiterwandern. Sie passieren die Buchten Pećina, Vinikova und Plieski. Hier kündigt ein großes Schild bereits die **Konoba Balvanida** **10** an, die Sie nach Überquerung der kleinen Halbinsel erreichen, sie liegt etwas oberhalb der Bucht Balvanida bei einem Olivenhain.

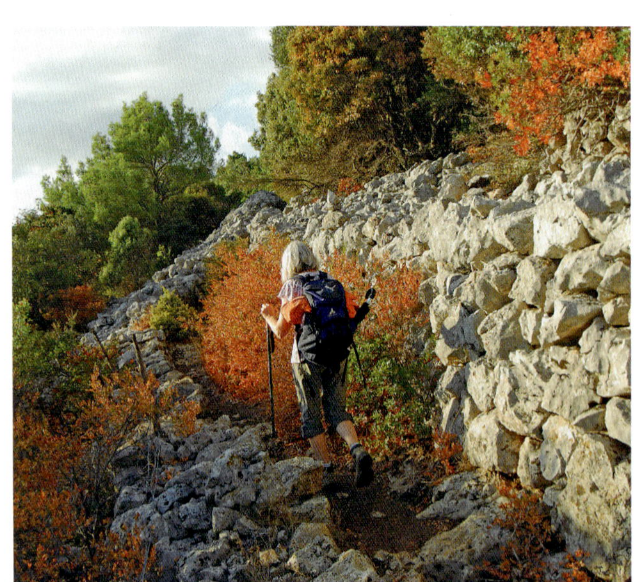

Aufstieg zur Kapelle Sv. Ivan

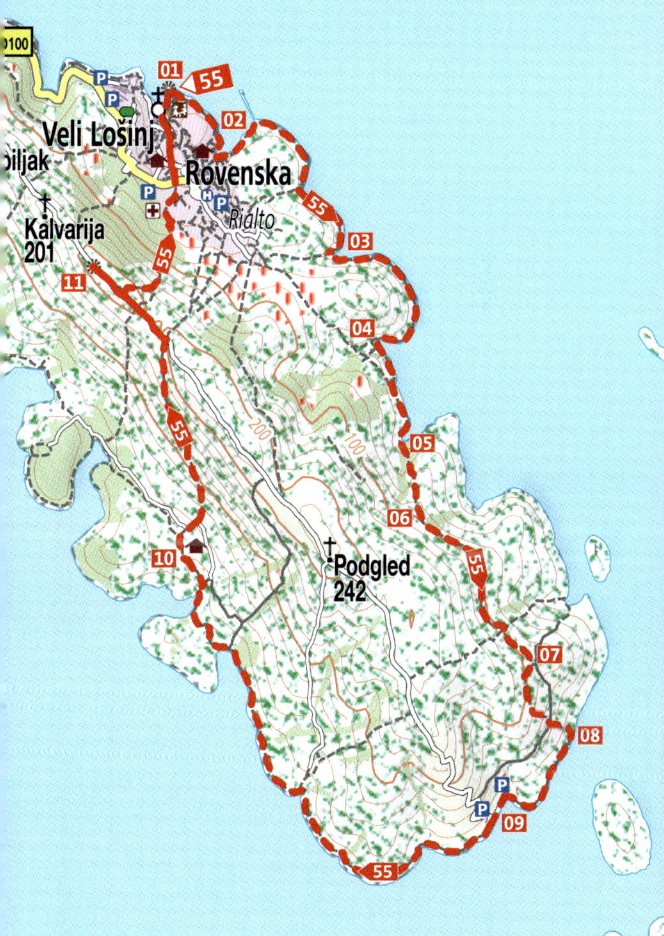

D100
Veli Lošinj
Rovenska
Rialto
Kalvarija
201
Podgled
242
200
100
01
02
03
04
05
06
07
08
09
10
11
55
0
500 m

Mali und Veli Lošinj

Die Ursprünge der beiden Siedlungen gehen zurück auf das Ende des 13. Jhs., als Familien, organisiert von der damaligen Inselhauptstadt Osor, vom Festland aus übersiedelten und hier an zwei günstigen Buchten zwei Dörfer gründeten: Velo Selo, das große Dorf, und Mali Selo, das kleine Dorf. Veli Lošinj war einst größer als Mali Lošinj, im Laufe der Geschichte entwickelte sich Mali jedoch schneller, die Namen blieben aber bestehen, 1806 wurde die Insel Lošinj von Osor (Cres) unabhängig.

Die kroatisch- und italienisch-sprachigen Bewohner lebten zunächst vom Ackerbau und Fischfang, bereits unter venezianischer Herrschaft wurde jedoch Seefahrt und Handel immer wichtiger. In den Werften der Städte wurden Segelschiffe gebaut, eine Reihe berühmter Kapitäne, vor allem aus Veli Lošinj, war auf allen Weltmeeren unterwegs und ließ im Heimatort repräsentative Villen mit Gärten errichten.

Nach dem Ende der Segelschifffahrt zu Beginn des 20. Jhs. begann eine neue Ära, die des Tourismus. 1892 wurden Mali und Veli Lošinj zu Luftkurorten erklärt, ein großes Aufforstungsprogramm umgesetzt und ein Dampfschifflinienverkehr mit Triest, Pula und Rijeka eingerichtet. Auch Mitglieder des Kaiserhauses besuchten die Insel gerne im milden Winter, am Beginn des Tourismus stand nämlich der winterliche Kurtourismus, jedoch bald überholt vom Badetourismus im Sommer. Auch wenn Krisen, Kriege und politische Umwälzungen im 20. Jh. immer wieder Rückschläge brachten, ist Lošinj heute eine der beliebtesten Ferienregionen Kroatiens.

Sie gehen durch den Gastgarten, ein idealer Ort zum Einkehren, und danach durch das Holzgatter den breiten Weg nach rechts hinauf. Nach einem kurzen Stück auf einer breiten Schotterpiste beginnt ein schöner alter Weg zwischen Trockensteinmauern hinauf bis zur Straße. Auf dieser nach links gelangen Sie zur nahen **Kapelle Sv. Ivan** **11**. Diese dem hl. Johannes dem Täufer geweihte Kapelle wurde 1755 errichtet, von 1807–1834 lebte knapp darunter der Eremit Petar Kokorin. Von der Kapelle bietet sich ein schöner Blick hinunter nach Veli Lošinj, einen Panoramablick, besonders eindrucksvoll nach Westen auf den Inselrücken, genießen Sie vom Aussichtsturm 200 weiter an der Straße.

Der Abstieg nach Veli Lošinj beginnt bei der Kapelle oder dort, wo der Weg von der Straße zur Kapelle hinaufführt. Auf teilweise steinigem, teilweise steilem Pfad steigen Sie entlang von Trockensteinmauern und durch Kiefernwald ab, bei den ersten Häusern von **Veli Lošinj** **01** links hinunter zur Kirche Sv. Petar, geradeaus weiter zur Hauptstraße und auf dieser rechts kommen Sie zur Busstation.

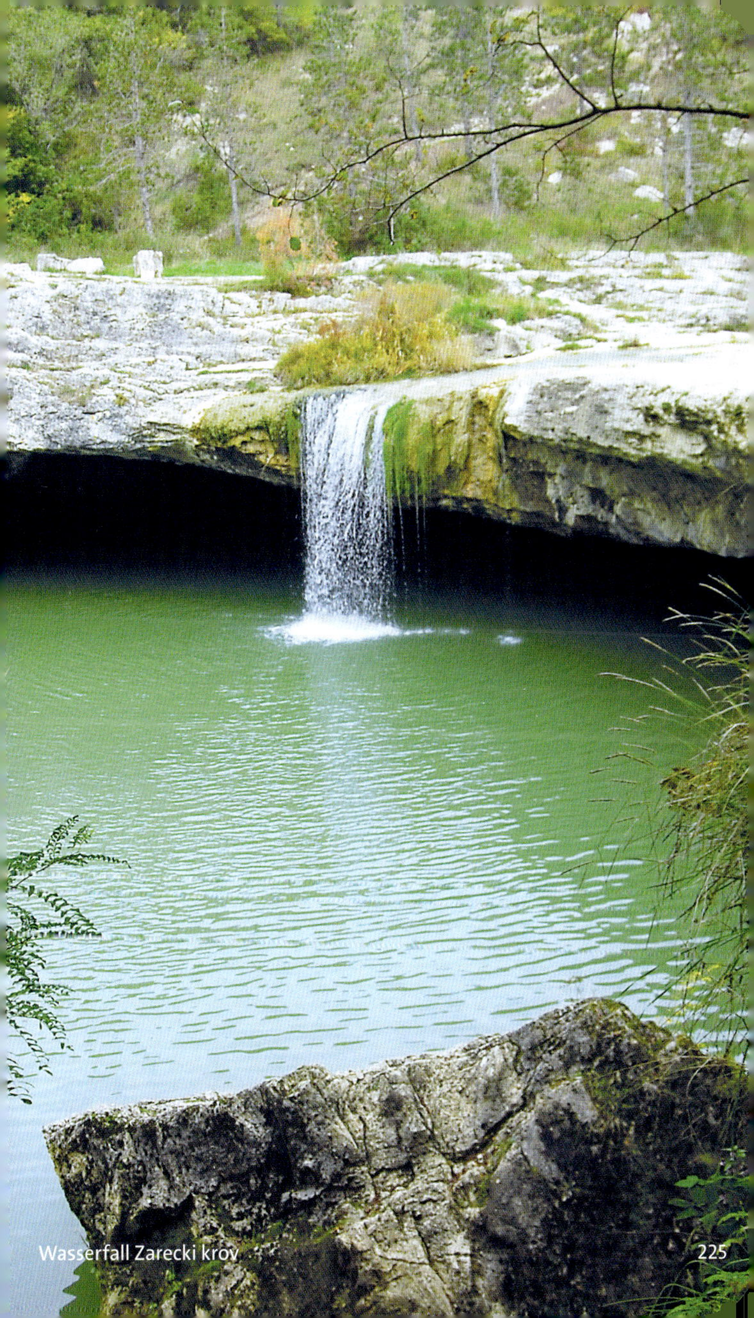

Wasserfall Zarecki krov

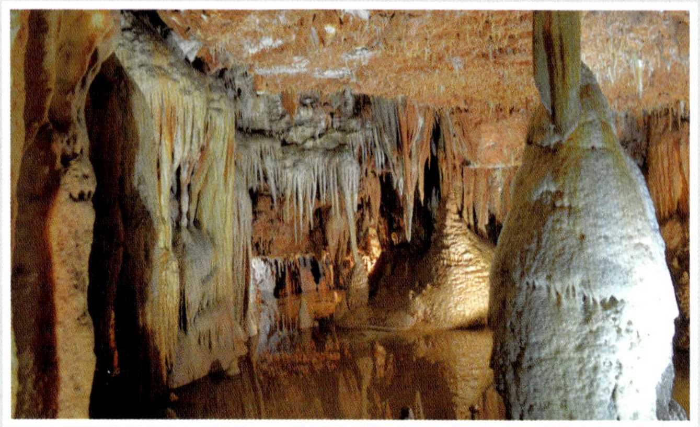

Jama Baredine

MEINE TIPPS FÜR ...

... Naturinteressierte

Tropfsteinhöhle Baredine
In den Karstregionen gibt es zahlreiche Höhlen, die bekannteste ist die Adelsberger Grotte in Postojna, Slowenien. Nahe von Poreč befindet sich Istriens bekannteste Schauhöhle, die **Jama Baredine**. Sie ist insgesamt 132 m tief und kann bis in eine Tiefe von 55 m besichtigt werden. Am unteren Ende liegen zwei Seen, in diesem für die Besucher nicht zugänglichen Bereich lebt eine Population von Grottenolmen. Zu besichtigen sind fünf Säle mit interessanten Tropfsteinformationen wie die hängende Gardine, der weiße Turm von Pisa, der Schneemann oder die Madonna. Wie Keramikfunde belegen, ist die Höhle schon seit ca. 4.000 Jahren bekannt, die wissenschaftliche Erforschung begann im 20. Jh., 1986 wurde die Höhle zum Naturdenkmal erklärt und 1996 als Schauhöhle der Allgemeinheit zugänglich gemacht. In der Höhle herrscht konstant eine Temperatur von 14 °C. Neben der Höhle befinden sich ein Traktormuseum und das **Höhlenkletterzentrum**, das Klettertouren in die Höhle anbietet.
www.baredine.com

Delphinsafaris
Im Meer vor Istrien und in der Kvarner Bucht leben Kolonien von Großen Tümmlern, der bekanntesten Art der Delphine, mit etwas Glück kann man sie bei den Küstenwanderungen beobachten. In Veli Lošinj hat die Organisation Blue-World, die sich der Erforschung und dem Schutz der Delphine widmet, nahe dem Hafen ihren Stützpunkt. Eine Filmvorführung im Ausstellungsraum informiert über die Delphine und ihren Lebensraum.
Infozentrum Veli Lošinj
Kaštell 24
www.blue-world.org

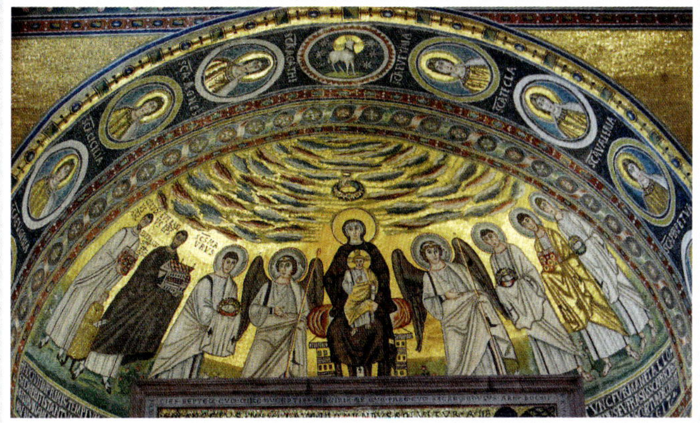

Mosaiken in der Euphrasius-Basilika

Von Veli Lošinj, aber auch von etlichen Hafenstädten Istriens wie Novigrad, Poreč, Vrsar oder Rabac starten Boote zu Delphinsafaris, Infos erhält man in den lokalen Tourismusbüros.

... Kulturinteressierte

Museum des Apoxyomenos
1999 entdeckten Taucher vor der Küste von Mali Lošinj eine 192 cm große antike Bronzestatue, eine Variation des Apoksiomen-Prototyps, die einzige ihrer Art an der Ostküste der Adria. Sie stammt aus dem 2. bis 1. Jh. v. Chr. und stellt einen jungen, unbekleideten Athleten dar, der in einem Moment der Ruhe nach dem Wettkampf seinen Körper säubert. Für die kunstvoll ausgearbeitete Statue wurde eigens ein Palast im Zentrum von Mali Lošinj renoviert und als Museum gestaltet. Di – So 10 – 18 Uhr.
Riva lošinjskih kapetana 13
www.muzejapoksiomena.hr

Poreč: Euphrasius-Basilika
Die Euphrasius-Basilika wurde im 6. Jh. während der byzantinischen Herrschaft unter Bischof Euphrasius errichtet und stellt heute ein einzigartiges Beispiel frühchristlicher Architektur dar. Zu sehen sind u. a. das Atrium, der Bischofssitz, die alte Kapelle und die prächtige dreischiffige Basilika mit ihren berühmten Mosaiken in der Apsis, 1997 wurde sie In die UNESCO Weltkulturerbeliste aufgenommen.

... Sportbegeisterte

Parenzana – Radweg der „Gesundheit und Freundschaft“
Um die starke Dominanz des Badetourismus an der Küste Istriens etwas zu verringern, wurden einige Radrouten ausgeschildert, die meist auf Landstraßen zu Sehenswürdigkeiten und schönen Städten im Landesinnern führen. Eine Ausnahme bildet der 110 km lange Radweg

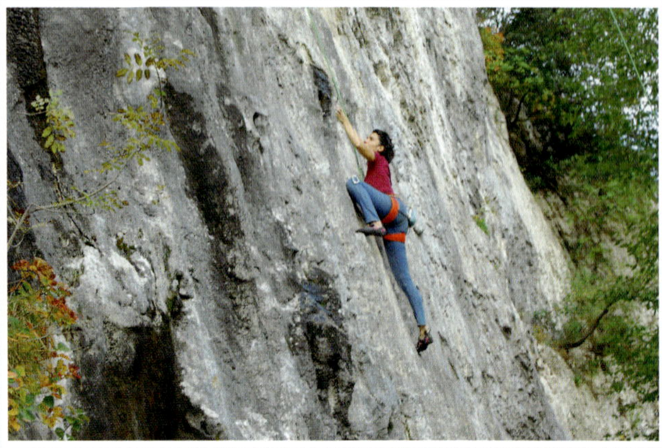

Istrien bietet attraktive Klettergebiete...

Parenzana, der auf der ehemaligen Strecke der k. u. k.-Schmalspurbahn von Triest nach Poreč/Parenzo verläuft.

Die Bahnlinie mit ihren 33 Haltestellen, 9 Tunnels und 11 Viadukten wurde 1902 eröffnet und sollte das nordwestliche Istrien aus seiner wirtschaftlichen Randlage befreien und an die Handelsstadt Triest anschließen. Sie führte von Triest über Muggia und Koper der Küste entlang und schwenkte dann bei der Bucht von Piran ins Landesinnere hinauf nach Buje, Grožnjan und Motovun, bevor sie über Vižinada zur Hafenstadt Poreč wieder an die Küste zurückkehrte. Die Bahn, die dem Personen- und Güterverkehr diente, wurde 1935 stillgelegt, zu Beginn unseres Jahrhunderts begann man mit Hilfe von EU-Mitteln die Idee eines Radweges auf der ehemaligen Strecke zu verwirklichen.

Der Einstieg ist inzwischen von Muggia aus möglich, der slowenische Teil ist gut ausgebaut und asphaltiert. Im kroatischen Abschnitt ist der Belag zum Teil recht ruppig oder grobschottrig, hier empfiehlt sich ein Mountainbike. Der schönste Abschnitt von Grožnjan auf halber Höhe über dem Mirnatal bis Motovun mit mehreren kleinen Tunnels und Viadukten ist auch ideal zum Wandern.

Klettern in spektakulärer Landschaft: Vela-Draga-Schlucht

In Istrien gibt es mehrere attraktive Klettergebiete, u. a. bei Buzet und im Mirnatal. Besonders spektakulär sind die Felsen der **Vela-Draga-Schlucht**, seit den 1930er-Jahren wird hier Klettersport betrieben. 1963 wurde die durch Erosion des Kalksteingebirges entstandene Schlucht mit imposanten Steilwänden und einzelnen, bis zu 100 m hohen Steinsäulen unter Naturschutz gestellt. Ein kurzer Spaziergang vom Parkplatz „Vela Draga" am Westportal des Učkatunnels führt zu einem Aussichtspunkt mit beeindruckendem Blick über die Schluchtlandschaft – auch für Nichtkletterer ein lohnender Spaziergang. Kletterer steigen von hier ab in die Schlucht zu den Felswänden mit unterschiedlichen Schwierigkeitsgraden.

... Wellness Suchende

Die Wanderungen an der Küste führen immer auch an Stränden und versteckten Buchten vorbei. Neben den beliebten See- und Luftkurorten an der Küste gibt es in Istrien auch ein altes, bewährtes Kurbad, das **Thermalbad Istarske Toplice** im Mirnatal. Es ist seit der Römerzeit bekannt, unterhalb eines 85 m hohen Felsens strömt heilsames schwefelhaltiges und radioaktives Wasser mit einer Temperatur von 30 – 35° C an die Oberfläche und bringt Erleichterungen bei rheumatischen Beschwerden, Schäden an der Wirbelsäule und Entzündungen der oberen Atemwege, auch gut geeignet als Standort für Wanderungen in der Umgebung.
www.istarske-toplice.hr

.. Freunde des istrischen Weins

Schon in der Monarchie galt Istrien als „Land des guten Weins". Teran, Refosco, Malvazija, Muskat... – auf verschiedenen Böden werden unterschiedliche Rebsorten gezogen. Die Wegweiser „Vinska Cesta Porestine" leiten Sie auf vier Weinstraßen durch die wichtigsten Weinbaugebiete Istriens – das Gebiet um Buje, die Umgebung von Poreč, die Region Pazin – Buzet und das Gebiet um Rovinj.

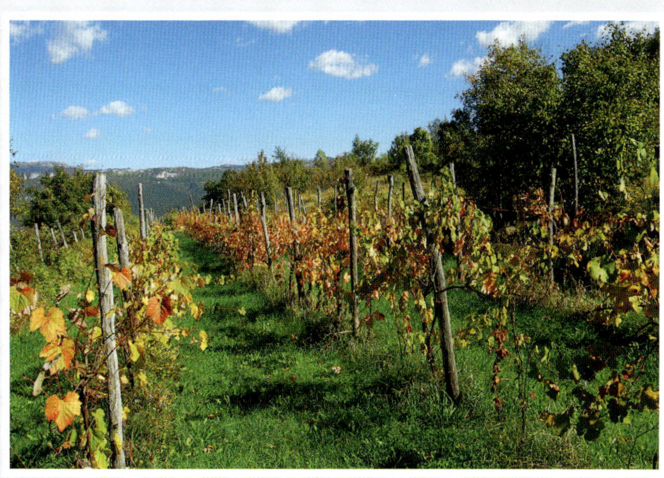

...und guten Wein

ÜBERNACHTUNGSVERZEICHNIS

Triest
B&B Hotel Trieste, Via Sant'Anastasio, 1, I-34132 Trieste (TS), Tel. +39 040 364242, www.hotel-bb.com

Poreč
Hotel Porec, Tel. +385 52 451811, www.hotelporec.com
Emma Apartment, 18 Ulica Bože Milanovića
Sobe Eufrazijva, Eufrazijeva 35, Tel. +385 995933343

Rovinj
Luxury Apartments Rovinj 30, Trg brodogradilista 4, Tel. +385 52 841145

Pula
Hotel Amfiteatar, Tel. +385 52 375600, www.hotelamfiteatar.com

Labin und Rabac
Appartment Giovanna, Matka Laginje 16, Tel. +385 98 1863116

Rabac
Apartments Agava Romantic, Lošinjska ulica 34, Tel. +385 98 772966

Pazin
Apartment Palma, 13 Ulica Mate Balota

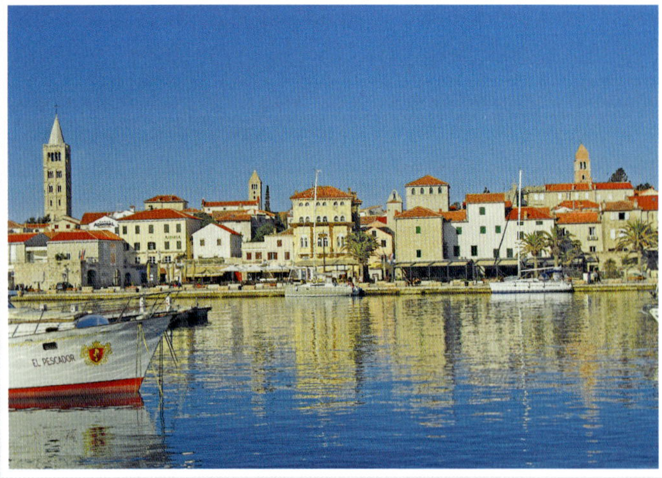

Altstadt von Rab

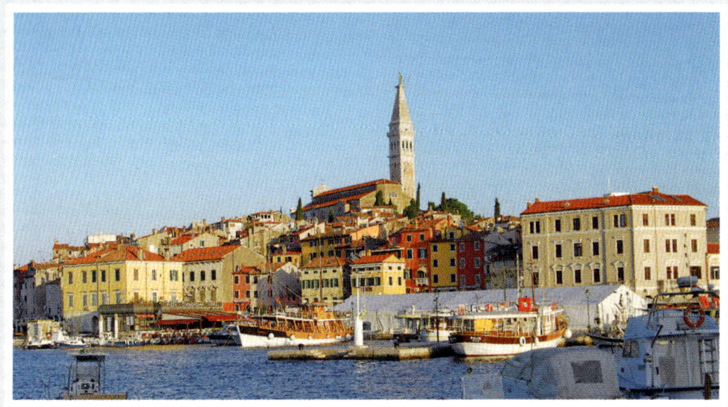

Rovinj

Buzet
Hotel Fontana, Tel. +385 52 662596, www.hotelfontanabuzet.com
Istarke Toplice, Thermalbad, Hotel Mirna: Tel. +385 52 603410, www.istarske-toplice.hr

Lovran
Hotel Park Lovran, Šetalište maršala Tita 60, Tel. +385 51 706200, www.hotelparklovran.hr

Crikvenica
Car Apartments, 4 Petak ulica

Delnice
Hotel Risnjak, Lujzinska cesta 36, Tel. 00385 51 508160, www.hotel-risnjak.hr

Krk
Heritage Hotel Forza, Kralja Zvonimira 98, 51523 Bask, Tel. +385 51 864036, www.hotelforza.hr

Rab
Guest House Sobe Kalocira, Bobotine 3, 51280 Rab, Tel. +385 51 771

Cres
Apartman Dado, Grabar 35b, 51557 Cres

Mali Lošinj
Fioretta, Ferienwohnung, 19 Malin ulica, 51550 Mali Lošinj

TOURISMUSINFORMATIONEN

Die lokalen Tourismusbüros heißen „**Turistična Zajednica Grada**..." (TZ, Tourismusverband der Stadt) – nicht zu verwechseln mit den kommerziellen **Turist Biros**, den Reisebüros.

Die Seite informiert über Unterkünfte, Preise und Veranstaltungen:
www.istra.hr

Auf der folgenden Homepage finden Sie Tipps und allgemeine Informationen über touristische Highlights und aktuelle Themen:
www.reiseinfo-kroatien.com

Infopoint Trieste
Piazza Unità d`Italia 4b
www.prolocotrieste.org

TZ Poreč
Zagredbačka 9
(nahe Trg Slobode)
Tel. 0038552451293
www.istria-porec.com

TZ Rovinj
Obada P. Budičina 12
Tel. 0038552811566
www.tzgrovinj.hr

TZ Pula
Forum 3
Tel. 0038552219197
www.pulainfo.hr

TZ Labin
A. Negri 20
Tel. 0385052852399
www.rabac-labin.com

TZ Pazin
Franine i Jurine 14
Tel. 0038552622460
www.tzpazin.hr

Zentralistrien
www.istria-central.com

TZ Buzin
TZ beim Hotel Fontana
Trg Fontana 7
Tel. 0038552662343
www.tz-buzet.hr

TZ Opatija
Ul. M. Tita 101
Tel. 0038551271310
www.opatija-tourism.hr

TZ Lovran
M. Tita 15
Tel. 0038551291740
www.tz-lovran.hr

TZ Rijeka
Korzo 14
Tel. 0038551335882
www.visitrijeka.hr

TZ Crikvenice
Trg Stjepana Radića 1c
Tel. 0038551784101
www.rivieracrikvenica.com

Info Gorski Kotar
Lujzinska cesta 47
www.gorskikotar.hr

TZ Krk
Trg Sv. Kvirina 1, Krk
Tel. 0038551221359
www.krk.hr

TZ Grada Raba
Trg Municipium Arba 8
Tel. 0038551724064
www.rab-visit.com

TZ Cres
Cons 10, Cres
Tel. 0038551571535
www.tzg-cres.hr

TZ Lošinj
Priko 42, Mali Lošinj
Tel. 0038551231884
www.visitlosinj.hr

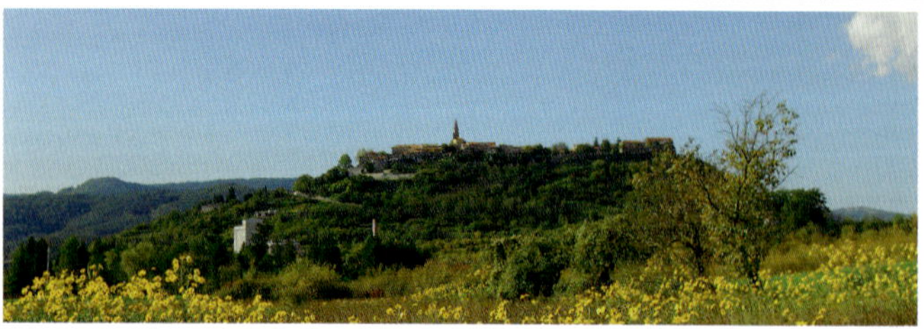

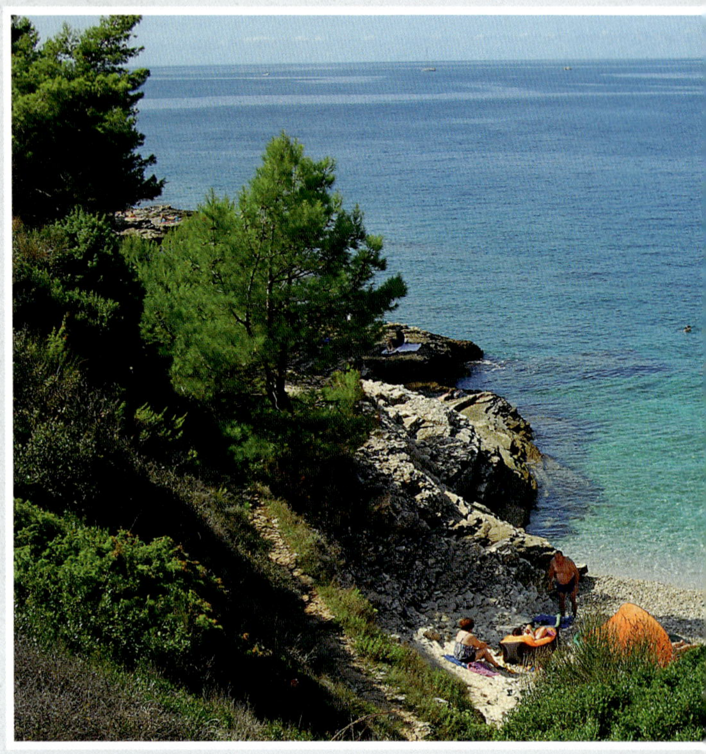

Bucht am Kap Kamenjak

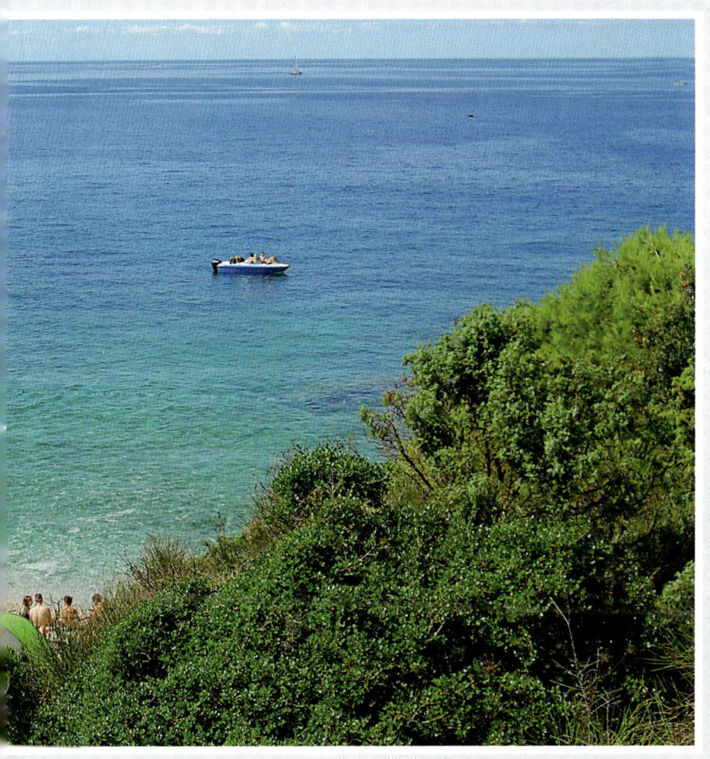

IMPRESSUM

2. Auflage 2023 Verlagsnummer 5968 ISBN 978-3-99121-821-0

Texte und Bilder soweit nicht anders angegeben: Franz Wille

Titelbild: Die Südspitze von Istrien
(© naturenow - stock.adobe.com)

S. 2–3: Bei Kap Prklog
S. 226: Tropfsteinhöhle Baredine (PixelPower/Adobe Stock)

Grafische Herstellung und
Wanderkartenausschnitte: © KOMPASS-Karten GmbH
OpenStreetMap Contributors (www.openstreetmap.org)
Kartengrundlage für Gebietsübersichtskarte S. 12-13, U4:
© MairDumont, D-73751 Ostfildern 4

KOMPASS-Karten GmbH
Karl-Kapferer-Straße 5, A-6020 Innsbruck
www.kompass.de/service/kontakt

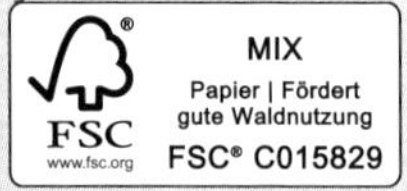